HEYNE <

Susanne Gaschke

Die Erziehungskatastrophe

Kinder brauchen starke Eltern

WILHELM HEYNE VERLAG
MÜNCHEN

HEYNE SACHBUCH
19/860

Umwelthinweis:
Dieses Buch wurde auf
chlor- und säurefreiem Papier gedruckt.

Taschenbucherstausgabe 05/2003

Lizenzausgabe mit Genehmigung der
Deutschen Verlags-Anstalt, Stuttgart / München

Der Wilhelm Heyne Verlag ist ein Verlag der
Ullstein Heyne List GmbH & Co. KG
http://www.heyne.de
Printed in Germany 2003
Umschlaggestaltung: Hauptmann und Kampa
Werbeagentur, München – Zürich
nach einer Idee von Fischer & Berndt, Berlin
Druck und Bindung: Elsnerdruck, Berlin

ISBN 3-453-86907-9

Meinen Eltern

INHALT

1

DIE SPÄTSCHÄDEN VON ACHTUNDSECHZIG

Antiautoritäre Nachhut und neue Kapitalisten demontieren die Erziehung

Wie groß muß der Schaden sein, damit man klug wird? Der Philosoph Peter Sloterdijk rechnet vorsichtshalber mit der Katastrophe. »Welche Größenordnung aber müßte eine Katastrophe haben, ehe von ihr der erwartete allgemeine Erkenntnisblitz ausstrahlt?« Sloterdijk beantwortet diese Frage in seinem Buch *Eurotaoismus* ernüchternd: »Nur der real geschehende Weltuntergang wäre eine Warnung vor dem Weltuntergang. Somit wäre die einzige Katastrophe, die allen einleuchtet, die Katastrophe, die keiner überlebt.«

Die Behauptung, wir würden heute in Deutschland Zeugen einer »Erziehungskatastrophe«, wie der Titel des Buches es nahelegt, wird nicht allen einleuchten. Den Indizien, die überhaupt in diese Richtung weisen, fehlt die apokalyptische Dimension. Um Weltuntergang geht es offensichtlich noch nicht. Wer über Probleme und Gefährdungen der Kinder und der Kindheit in diesem Land nachdenkt, muß sich darüber im klaren sein, daß er sich mit Wohlstandsphänomenen beschäftigt. Von wirklicher Not wissen unsere Kinder nichts.

Was sich bei uns beobachten läßt, was aus einigen Zahlen amtlicher Statistiken, mehr noch aus den besorgten Berichten von Lehrern, Erziehern und Kinderärzten spricht, sind Hinweise auf eine Art von seelischer Verwahrlosung, von Abstumpfung, Grobheit und Unempfindlichkeit. Und zwar sowohl bei einer wachsenden Zahl von Kindern, die heute erzogen werden, als auch bei den Eltern, die sie erziehen. Oder nicht erziehen, weil sie dies nicht mehr für ihre persönliche, sondern für eine Aufgabe des Staates halten. Die »andere Armut« hat der schwedische Schriftsteller Henning Mankell diese Erscheinung genannt. In seinen Kriminalromanen beschreibt er einen schleichenden, nur gerade eben spürbaren Wandel der schwedischen Gesellschaft: eine Brutalisierung der üblichen, gewissermaßen gewohnten Kriminalität; ein Gefühl der Oberflächlichkeit und Distanz in sozialen Beziehungen; immer mehr Menschen, die von den Hilfsangeboten des Wohlfahrtsstaats nicht erreicht werden. Schweden ist ein reicheres, gewiß ein idyllischeres, vielleicht ein glücklicheres Land als Deutschland. Was sich dort unter acht Millionen Einwohnern anzudeuten scheint, hat eine Entsprechung unter achtzig Millionen Deutschen.

Die unheimlichen Veränderungen, die Verhärtung des Alltags, die auch hierzulande in den geschützten Raum der Kindheit eindringt, zeigt sich auf Schulhöfen und in Klassenzimmern, in Kindergärten und Jugendtreffs, auf privaten Partys. Sie nimmt die Gestalt von Graffiti auf jeder sauberen Hauswand an oder die Form von *Fast food*-Kartons, verschmiert mit dem Rest ihres geschmacklosen Inhalts, achtlos fallengelassen auf den Boden seelenloser Einkaufsstraßen. Sie flackert demjenigen aus hundert Fenstern bläulich entgegen, der abends an beleuchteten

Wohnblöcken vorbeigeht; sie spricht aus dem speziellen Regal in der Videothek, in dem »indizierte Spiele« angeboten werden (damit die Eltern wissen, daß sie sie nicht ihren Kindern mitbringen sollen, erklärt die Aufsicht).

Wer bereit ist, den Jugendlichen zuzuhören, den Mädchen aus dem Kirchenchor, den jungen Männern aus der Türkengang, den Fünftklässlern in der Hauptschule, den Teilnehmern des Geschichts-Leistungskurses, den Besuchern des Jugendclubs im ländlichen Raum, der hört ganz unterschiedliche Dinge. Verallgemeinernde Aussagen über »die« Jugend sind schwer zu machen, selbst wenn, wie im Fall der prominenteren Jugendstudien, erheblicher empirischer Aufwand getrieben wird. Wollte man dennoch versuchen, aus dem bloßen Zuhören gemeinsame Merkmale dieser Nicht-mehr-Kinder, dieser jungen Leute zu gewinnen, dann kämen vor allem drei Dinge in Betracht: Erstens eine gewisse Artikulationsschwäche. Sie scheinen nicht besonders gern zu reden, jedenfalls nicht mit Erwachsenen. Wenn sich zu viel Aufmerksamkeit auf einen von ihnen richtet, sucht er diesem plötzlichen Angeleuchtetwerden in der Menge zu entgehen. Es fällt Jugendlichen schwer zu sagen, was sie sagen wollen. Die Gründe dafür mögen von mangelnden Deutschkenntnissen bis zum jahrelangen Fehlen eines Gegenüber reichen, mit dem sie Konversation hätten treiben können. Besonders ausgeprägt scheint ihr Widerwille, sich mit einer Meinung zu gesellschaftlichen oder politischen Angelegenheiten nach vorne zu wagen. Jeder hat eben *seine* Meinung, die kann sein, wie sie will, das ist Privatsache. Irgendjemand hat diesen Jugendlichen so gründlich beigebracht, »tolerant« zu sein, daß sie auch gegen offensichtlichen Unsinn nichts in der Hand haben.

Zweitens steht das »Ich« schon relativ allein im Zentrum ihrer Sorgen. Die augenblicklichen Befindlichkeiten des Ichs, Lust, Unlust, vor allem Spaß, sind sehr wichtig. Frustration wird als persönlicher Angriff empfunden. *Nur* um Spaß geht es aber auch wieder nicht: die Zukunft, der Arbeitsmarkt, das haben sie aus den Medien gelernt, sind irgendwie bedrohlich. Dabei fehlt jeder Gestus der Schuldzuweisung an »die Erwachsenen« oder »die Gesellschaft« – ihr späterer Job, das scheint ihnen klar, wird ihr persönliches Problem sein. Diese Wahrnehmung führt allerdings nicht notwendig zu Aktivität, zu irgendeiner Art von Engagement; eher zu einem Mal-sehen-Gestus, mit dem Hintergedanken, etwas werde sich schon finden. Was ja in vielen Fällen auch stimmt.

Drittens spielt das Fernsehen – weit mehr als das Internet – eine große Rolle im Leben junger Menschen (und dabei das Privatfernsehen eine weit größere als das öffentlich-rechtliche). Weder Bücher noch Zeitungen scheinen unter Jugendlichen in der sogenannten Wissensgesellschaft als Medien des Wissenserwerbs sonderlich beliebt zu sein.

Zu all diesen Beobachtungen lassen sich einleuchtende Gegenbeispiele finden; nur belegen diese nicht, daß die hier angedeuteten Tendenzen nicht existieren, nicht zunehmen, keinen Grund zur Sorge bieten.

Nimmt man zusätzlich zu den Jugendlichen die Kinder in den Blick, dann ergibt sich schon rein statistisch ein Bild vom Aufwachsen in diesem Land, das angesichts des enormen materiellen Wohlstands eigentlich niemanden zufriedenstellen kann.

Kinder sind rar: Deutschland zählt zu den geburtenschwächsten Ländern der Welt. Der kinderlose Teil der Gesellschaft organisiert sich Arbeitsprozesse und Ladenöffnungszeiten, Innenstadtbebauung und Verkehrsführung nach seinen Bedürfnissen. Die seltenen Kinder werden von ihren Eltern überfordert – fast die Hälfte von ihnen hat das Gefühl, im Unterricht nicht mitzukommen. Der Nachhilfemarkt boomt. Trotzdem verläßt fast jeder zehnte Schulabgänger das Bildungssystem ohne Hauptschulabschluß. Die Freizeit des Nachwuchses wird straff organisiert. Auf den Streß reagieren Kinder wie Erwachsene: mit psychosomatischen Beschwerden. Ihnen fehlen Spiel und Bewegung an der frischen Luft. Die Folgen werden als Fett greifbar: Rund ein Drittel der 15,6 Millionen Unter-Achtzehnjährigen in Deutschland sind übergewichtig. Kinderärzte beobachten eine Zunahme von Konzentrationsschwierigkeiten, von Hyperaktivität und Verhaltensauffälligkeit. Immer mehr Kinder zwischen acht und dreizehn Jahren begehen Straftaten.

1999 wurden rund 190.000 Ehen geschieden, mehr als 150.000 Kinder erlebten die Scheidung ihrer Eltern (1970: 76.000 Ehescheidungen im Westen). Der Anteil der Alleinerziehenden wächst. Immer mehr Kinder leben von Sozialhilfe: 1998 waren es 1.073.185.

Neben den harten Zahlen gibt es weichere Anmutungen, und auch diese sind beunruhigend. Kindergarten- und Schulkinder haben nicht nur Konzentrationsstörungen, sie brüllen auch viel. Wer neben einem Spielplatz lebt, hört, wie sie schreien (um fröhliches Jauchzen geht es nicht): Was ertönt, sind Fernsehgeräusche. Was man sieht, sind die eckigen Bewegungen der Trickfilmfiguren im *Nickelodeon*-Stil. Merkwürdig distanzlos sind viele Kinder, so als gäbe es keinen Verhaltensmodus zwischen totaler Schüchternheit und totaler Belagerung. Sehr kindlich wirken diese Kinder nicht mit ihren blassen, hektisch-angespannten Gesichtern. Freude, Offenheit, Versenkung und Staunen bekommen Erwachsene, die beruflich mit Kindern arbeiten, weit seltener zu sehen, als es die bunten Bilder der *Bennetton*-Reklame oder die zahllosen Broschüren für den nächsten kinderpolitischen Kongreß suggerieren.

Andererseits wiederum wirken viele Erwachsene, die heute Kinder haben, nicht sehr erwachsen: weder sehr selbstdistanziert noch sehr zielstrebig, weder fähig zum Bedürfnisaufschub noch in der Lage, Verantwortung für andere zu übernehmen. Der (bequeme) Glaube, das Kind wisse schon selbst am besten, was gut für es sei, scheint das hartnäckigste Sediment der antiautoritären Ideologie zu sein, die dreißig Jahre lang durch alle gesellschaftlichen Schichten, durch alle Formationen des Bildungswesens gesickert ist.

Natürlich ist diese Bestandsaufnahme zugespitzt. Auf viele, wahrscheinlich auf die Mehrheit der Eltern, trifft sie nicht zu. Aber auch eine große Minderheit kann das Klima in einem so engen Gemeinwesen wie dem unseren beeinflussen. Es ist ja nicht so, daß wir alle, jeder für sich, im Wald lebten: Zivilisation bedeutet letzten Endes vielleicht nicht mehr, als daß viele Menschen einander auch auf engem Raum genug Platz lassen. Dafür muß man überhaupt in der Lage sein zu spüren, daß der andere Platz brauchen könnte; und bereit sein, sich selbst zurückzunehmen, um ihm diesen Platz zu geben. Doch solche Einsicht und Bereitschaft entstehen nicht von selbst: Sie sind das Ergebnis von Erziehung.

Vielleicht ist es hilfreich, sich in diesem Zusammenhang noch einmal zu vergegenwärtigen, was mit dem Begriff

Erziehung eigentlich gemeint war – und welche Ziele Erziehung sinnvollerweise haben könnte. An einem kurzen Blick auf die Theorie läßt sich zeigen, wie problematisch und defizitär mitunter die Praxis ist.

Der Entwicklungspsychologe Heinz Remplein unterscheidet in seinem aktuell gebliebenen Buch *Die seelische Entwicklung des Menschen im Kindes- und Jugendalter* (1958) zwischen dem natürlichen Entwicklungsprozeß des Menschen und dem Aufbau seiner Persönlichkeit, seiner inneren geistigen Welt. Die natürliche Entwicklung eines Kindes ist durch bewußte Einwirkung der Eltern nicht wirklich beeinflußbar, sie kann höchstens durch Pflege unterstützt, durch Vernachlässigung gehemmt werden. Der Aufbau der Persönlichkeit hingegen ist ohne Erziehung unmöglich, er vollzieht sich nicht spontan, sondern bedarf der Hilfe anderer Menschen. Auch der Erzogene selbst muß daran mitwirken. Die Kulturwelt verlange mehr als nur die natürlichen Fähigkeiten, schreibt Remplein: Sie erfordere Kenntnisse, Erfahrungen, Fertigkeiten und bestimmte Werthaltungen. All dies muß in einem mühsamen Prozeß der Fremd- und Selbsterziehung gelernt werden: »Das Erziehungsziel, die reife Persönlichkeit, deckt sich inhaltlich nicht mit dem Entwicklungsziel, dem ausgewachsenen Menschen. Vielmehr muß auch noch der Erwachsene sein ganzes Leben lang um den Aufbau der geistigen Welt in sich ringen: Die Reife der Persönlichkeit zu erlangen, stellt eine immerwährende Aufgabe dar, die erst im Tode endet.« Es sei denn, so muß man hinzufügen, die geistige Welt wäre im wesentlichen mit den Geschehnissen der täglichen *Soaps* im Privatfernsehen gleichgeschaltet; dann fände ihr Aufbau seinen Abschluß mit dem Ende der letzten Sendestaffel. Oder schon mit deren Anfang.

Zur geistigen Welt in Rempleins Sinn gehören transsubjektive, also zwischen Menschen weitervermittelbare Inhalte: zum Beispiel eine Sprache, zum Beispiel das Zahlensystem. Während Intelligenz die formale Denkfähigkeit beschreibt (die an natürliche Entwicklungsgrenzen stoßen kann), steht »Geist« für die Gesamtheit solcher Inhalte.

Antriebe, Gefühle und Wille entfalten und strukturieren sich nach immanenten Entwicklungsplänen, doch ihr unerzogenes Ergebnis wäre nur ein Rousseauscher »Naturmensch«. Um in der Kultur zu leben, muß jeder Mensch Regeln, Anstand und ethische Normen lernen. Dabei brauchen Heranwachsende Hilfe; und daß sie diese Hilfe bekommen, ist, so pathetisch das klingen mag, eine Voraussetzung dafür, daß der Prozeß der Zivilisation nicht abbricht oder sich in sein Gegenteil verkehrt.

»Natürlicherweise entwickeln sich die leiblichen Triebe, die egoistischen Bedürfnisse, die Stimmungen, Affekte und Leidenschaften«, schreibt Remplein, »die Gesellschaft aber erwartet von der reifen Persönlichkeit, daß sie sich beherrsche, auf selbstsüchtige Wünsche verzichte, sich auf Mitmenschen und sachliche Forderungen einstelle, sich den Maßstäben der Sitte und des Rechtes unterwerfe, sich im Wollen und Handeln letztlich an ideale Grundsätze und Wertnormen binde. Diese Haltung der Verbindlichkeit und Verantwortlichkeit, die wir mit dem Begriff Charakter meinen, wächst nicht von selbst, sondern muß durch eigene und fremde Leistung aufgebaut werden.«

Von »Charakter« ist in der heutigen Erziehungsdiskussion freilich selten die Rede: Vielen Eltern, Modepädagogen und Schulgesetzpräambeln geht es um »Sozialkompetenz«, »Teamfähigkeit«, »Flexibilität« – und, unausgesprochen, auch um die Anpassungsfähigkeit der Kinder an die potentiellen Wünsche eines künftigen Arbeitgebers. Unglücklicherweise wird ein sozialkompetenter, teamfähiger, flexibler Mensch ohne Charakter (und mit unzureichender formaler Bildung) wahrscheinlich trotz aller Erfolge im *Assessment-Center* keine herausragenden Leistungen erbringen. Hat er aber den Charakter, der für solche Leistungen die Voraussetzung wäre, dann ist er vielleicht nicht mehr »team«-, fast sicher nicht mehr beliebig anpassungsfähig.

Die freie Entfaltung der Persönlichkeit ist lange Jahre ein wenig reflektierter Maßstab aller erzieherischen Bemühungen in der Bundesrepublik gewesen. Die freie Persönlichkeit war das Gegenmodell zum autoritären Charakter, dem man die Schuld für das historische Versagen der Deutschen vor den moralischen Herausforderungen des Dritten Reiches gab. Dabei haben viele progressive Pädagogen übersehen, daß die Abwesenheit von »Autorität« und Fremdzwang besonders hohe Ansprüche an das Individuum stellt: Es muß um so mehr zum Selbstzwang fähig sein, je größer seine Freiheit ist. Eine Persönlichkeit, die aus freien Stücken darauf verzichtet, sich auf Kosten anderer zu entfalten, wäre eine reife Persönlichkeit. Diese Reife kann man von Erwachsenen (mit einigem Optimismus) verlangen, von Kindern noch nicht.

Eine Erziehung, die Kinder mit Freiheiten überfordert (oder, in der Bequemlichkeitsvariante, einfach ohne pädagogische Ambitionen tun läßt, was sie wollen), ist fast sicher geeignet zu verhindern, daß sie reife Persönlichkeiten, *Charaktere,* werden. Es ist der fundamentale Irrtum der antiautoritären Pädagogik, das Erziehungs*ziel*, den freien, verantwortungsvollen Menschen, mit dem Weg zu diesem Ziel verwechselt zu haben.

Der Mensch, schreibt Immanuel Kant, ist das einzige Geschöpf, das erzogen werden muß: Es kann nur Mensch werden durch Erziehung. Seit Aristoteles unterscheidet man drei Formen der Zuwendung zu Heranwachsenden: die Pflege, die Führung und die Bildung. Pflege richtet sich naheliegenderweise auf Säuglinge und Kleinkinder; sie ist eine Art Entwicklungshilfe für Prozesse des Wachsens und Reifens, die ohnehin stattfinden. Führung zielt auf den künftigen Charakter des Kindes oder Jugendlichen, auf seine Werthaltung, auf seine volle Verantwortlichkeit; ihre Methode ist das Vorbild, die Aufforderung und Ermunterung durch einen Erzieher. Bildung schließlich wirkt indirekt, durch ihre Inhalte, auf die geistige Entwicklung eines Kindes ein. Die formale Bildung beginnt im Schulalter. Man kann beobachten, wie neugierig und lernwillig Kinder sind; trotzdem brauchen sie die Hilfe der Erwachsenen dabei, sich zu konzentrieren und ihre Spielinteressen vorübergehend zurückzustellen. Es ist die Frage, ob man ihnen letzteres durch die Einrichtung von Kuschel- und Spielecken in den Klassenzimmern eigentlich leichter oder schwerer gemacht hat.

Das kollektive, das gesellschaftliche Ziel von Pflege, Führung und Bildung ist die Aufrechterhaltung und Weiterentwicklung der Zivilisation; das Ziel der individuellen Erziehung die Entwicklung eines Charakters, der den einzelnen Menschen befähigt, sich dem Rückfall in die Barbarei entgegenzustemmen: Um nicht weniger geht es. Und es ist das große Mißverständnis der Achtundsechziger – ja, geradezu ihr Verrat an ihren eigenen ehrenwerten Idealen –, daß sie in den Bemühungen zur Einhegung, Zähmung und Zivilisierung des barbarischen menschlichen

Ichs nur Unterdrückung oder spießbürgerliche Verlogenheit erkennen wollten.

»Die Forderung, daß Auschwitz nicht noch einmal sei, ist die allererste an Erziehung«, schreibt der Sozialphilosoph Theodor W. Adorno: »Sie geht so sehr jeglicher anderen voran, daß ich weder glaube, sie begründen zu müssen noch zu sollen. (...) Sie zu begründen hätte etwas Ungeheuerliches angesichts des Ungeheuerlichen, das sich zutrug. (...) Jede Debatte über Erziehungsideale ist nichtig und gleichgültig diesem einen gegenüber, daß Auschwitz sich nicht wiederhole. Es war die Barbarei, gegen die alle Erziehung geht. Man spricht vom drohenden Rückfall in die Barbarei. Aber er droht nicht, sondern Auschwitz war er; Barbarei besteht fort, solange die Bedingungen, die jenen Rückfall zeitigten, wesentlich fortdauern.«

Den einzelnen aber stärkt man nicht gegen Barbarei, indem man ihn möglichst unbehelligt im Naturzustand aufwachsen läßt, sondern indem man ihm – liebevoll, respektvoll, in Anerkenntnis dessen, was er werden soll – die Werte der Kultur nahebringt. Die Instrumente, die diesen Werten – vor allem der Achtung vor der Würde des Mitmenschen – im alltäglichen Umgang Geltung verschaffen, sind die Umgangsformen, auch die Höflichkeit. Dabei geht es nicht um die korrekte Benutzung der Hummerzange. Aber das schmatzende Kaugummikauen mit halbgeöffnetem Mund im überfüllten Zugabteil, aus dem niemand flüchten kann, gehört bereits zu den Anmaßungen, die zivilisatorische Standards verletzen. »Überall dort, wo Bewußtsein verstümmelt ist«, schreibt Adorno, »wird es in unfreier, zur Gewalttat neigender Gestalt auf den Körper und auf die Sphäre des Körperlichen zurückgeworfen. Man muß nur bei einem bestimmten Typus von Ungebildeten einmal darauf achten, wie bereits ihre Sprache – vor allem, wenn irgend etwas ausgesetzt oder beanstandet wird – ins Drohende übergeht, als wären die Sprachgesten solche von körperlicher Gewalt.«

Bezeichnenderweise sieht Adorno bereits in den sechziger Jahren eine Gefahrenquelle für das unbeschädigte Bewußtsein in der damaligen Technikanbetung: »Im gegenwärtigen Verhältnis zur Technik steckt etwas Übertriebenes, Irrationales, Pathogenes«, schreibt er: »Das hängt zusammen mit dem ›technologischen Schleier‹. Die Menschen sind geneigt, die Technik für die Sache selbst, für Selbstzweck, für eine Kraft eigenen Wesens zu halten und darüber zu vergessen, daß sie der verlängerte Arm des Menschen ist. (...) Das Bestürzende dabei ist – bestürzend, weil es so hoffnungslos erscheinen läßt, dagegen anzugehen –, daß dieser Trend mit dem der gesamten Zivilisation gekoppelt ist. Ihn bekämpfen heißt so viel wie gegen den Weltgeist sein.«

Der Weltgeist ist heute noch viel technikverliebter als in den sechziger Jahren; und immer mehr Bildungspolitiker scheinen ihre Hoffnung darauf zu richten, der Computer oder das Internet würden die traditionelleren, mühsameren Formen von Führung und Bildung ersetzen. In dem Maße, in dem Eltern ihre Erziehungsaufgabe an die Schulen zu delegieren versuchen, wird ein solches Heilsversprechen attraktiv. Unsere Schulen sind in keiner Weise gerüstet, umfassende Erziehungsinstitutionen zu werden, und selbst wenn man sich darüber einig wäre, daß sie es werden sollten, wäre der Computer dabei keine Hilfe: Dann bräuchte man vor allem mehr, jüngere, noch besser ausgebildete Lehrer, also Menschen. Je mehr man aber klassische Bildungsinhalte dem vordergründig technischen Bedienen von Maschinen opfert (weil man für ein Heilsversprechen ja auch einen Kult braucht), desto größer wird die technokratische Bedrohung der geistigen Entwicklung der Kinder. Latein zu *können*, ist eben etwas anderes, als im Internet nach einem Stichwort zu suchen; Lesen und Schreiben sind qualitativ andere Fertigkeiten als das Erstellen einer Excel-Tabelle.

Technikbesessene Bildungspolitiker sollten sich, nur um sich in ihrer Zukunftsfreude ein wenig selbst zu erschrecken, gelegentlich fragen, ob am logischen Ende ihrer Bemühungen nicht wieder ein »Netzwerkspezialist« stehen könnte, der den reibungslosen und effizienten Zugverkehr nach Auschwitz organisiert. Wobei Auschwitz natürlich niemals wieder Auschwitz wäre; man kann heute gar nicht wissen, in welcher menschenfreundlichen Verkleidung die nächste Menschheitskatastrophe, der nächste Rückfall in die Barbarei, auftreten wird.

Ungünstig für die Bildung von Charakter, der allein vielleicht helfen könnte, solch einen Rückfall rechtzeitig zu erkennen und sich ihm zu widersetzen, ist jedenfalls die gegenwärtige Mischung von zwei Erziehungsideologien, die auch durch Kombination nicht besser werden: Gemeint sind die vulgarisierten Restbestände des Achtundsechziger-Denkens und der kalte Effizienzglaube des neuen, der amerikanische Soziologe Richard Sennett nennt ihn »flexiblen«, Kapitalismus.

Die Achtundsechziger-Debatte mag man kaum noch führen, aber wir werden mit ihr noch lange zu tun haben. Dabei ist es vollkommen egal, welche idealistischen Hoffnungen, hehren Ziele und furchtbaren Gegner diese ewige Generation hatte: alles geschenkt, die rituelle

Verbeugung vor der neuen sexuellen Freiheit und den Garaus eines bestimmten Spießermiefs inklusive. Weil sie uns heute Probleme machen, müssen uns allein die unbeabsichtigten »Nebenfolgen« von Achtundsechzig interessieren: die latente Feindseligkeit gegen gewachsene Strukturen und Traditionen jeder Art, die in der neuen Unübersichtlichkeit Orientierung und Identität hätten stiften können; die Verunglimpfung der zivilisierenden Umgangsformen; die Relativierung *aller* Tabus (auch jener, die etwa Kinderpornographie oder Rechtsextremismus einzudämmen geholfen haben mögen); die Entwertung von Liebesbeziehungen zu Konsumgütern. In der heutigen Erziehungspraxis sind diese Haltungen kein bewußtes Programm, sondern bewußtlose Ablagerungen, die mit der natürlichen menschlichen Bequemlichkeit eine zähe Verbindung eingehen.

Ob man die armen Achtundsechziger denn nun für sämtliche Defizite des Erziehungssystems verantwortlich machen wolle, barmt Jochen Bölsche im *Spiegel*: Seien sie etwa auch noch schuld an den Rechtschreibfehlern der Schüler von heute? Die Antwort lautet einfach: ja. Natürlich ist ein individueller Straßenkämpfer wie Joschka Fischer nicht schuld an den individuellen Rechtschreibfehlern von Dennis, Kevin oder Patrick. Aber die Achtundsechziger als prägende Generation haben ein gesellschaftliches Klima geschaffen, in dem man auf der Einhaltung von Rechtschreibregeln nicht mehr bestehen konnte, ohne sich ein bißchen lächerlich zu machen – und das gilt auch für andere Arten von Regeln.

Die Schüler, die in diesem Klima aufgewachsen sind, scheinen nicht mehr in der Lage zu sein, das gleiche Regelwerk zu meistern, das ihre Eltern noch ohne größere seelische Schäden bewältigten. Ein Teil der Achtundsechziger ist mittlerweile innerhalb der Kultusbürokratie aufgestiegen und hat das Problem auf generationentypische Weise gelöst: Wenn die Kinder nicht mehr schreiben können, dann muß man eben die Regeln so umdefinieren, daß auch falsches Schreiben richtig ist – das war der Sinn der Rechtschreibreform. Veränderung hat sie zweifelsohne bewirkt, Fortschritt allerdings nicht. Denn Fortschritt bestünde darin, daß Menschen mehr und nicht weniger könnten und wüßten als ihre Eltern.

Die Kinder, denen man die Anstrengung des richtigen Schreibens, des Lernens und der Konzentration auf Bildungsgegenstände, die keinen unmittelbaren Profit versprechen, nicht mehr zumuten wollte, sind schlecht gewappnet, wenn sie von anderer Seite als durch die jahrelang denunzierte »Paukschule« unter Druck geraten. Lebten wir in irgendeiner freundlichen, nicht-kompetitiven Kommune-Gesellschaft, dann wären Permissivität, eine gewisse Schlappheit und auch mangelnder charakterlicher Tiefgang vielleicht bedauerlich, kollektiv aber weitgehend unproblematisch. Unglücklicherweise haben es allerdings selbst die Achtundsechziger durch all ihre politischen Bemühungen nicht vermocht, den Kapitalismus zu zähmen – auch oder gerade ohne »Systemalternative« ist er zu einiger Raubtierhaftigkeit fähig. Das bedeutet: Die, die nichts wissen und nichts können, werden heute zurückgelassen, egal welchen Schulabschluß man ihnen freundlicherweise bescheinigt hat. Und die anderen? Zu viel Charakter, zu sperrige Werthaltungen dürfen sie, wenn sie beruflich erfolgreich sein wollen, nicht ausbilden: Dann stören sie nämlich die reibungslosen Abläufe in einer durchökonomisierten Welt. Das ist eine fatale Wirkung der Achtundsechziger-Bewegung gewesen: Sie hat Werte, Verbindlichkeit, Traditionen, gewachsene Milieus aufgelöst und damit die gesellschaftlichen Voraussetzungen für ein Zusammenleben gekappt, das sich den reinen Marktmechanismen widersetzen könnte.

Das ideale Persönlichkeitsprofil für die Menschen in den neuen Dienstleistungsberufen heißt: stromlinienförmig, alert, clever, dauerfröhlich. Solche Leute sind an geistigen Gegenständen nicht interessiert, stolz, wenn sie von sich sagen können, daß sie keine Zeit hätten, Bücher zu lesen; und sie befleißigen sich einer seltsamen, unwirklichen, antrainierten, fast zombiehaften Sprache. »Masken der Kooperation« nennt Richard Sennett diese Formen der Kommunikation, die die neuen Chefs von ihren neuen Angestellten verlangen. Dabei geht es nicht wirklich um Verständigung, sondern um die Demonstration der Anpassungs- und »Team«-Fähigkeit. »Das ist ungeheuer interessant, was sie da vorschlagen«, müssen die armen *Consultants* (aber auch Redakteure, Versicherungsmitarbeiter, Marketingspezialisten und Verwaltungsangestellten) zu den idiotischen, wichtigtuerischen Einlassungen ihrer Kollegen sagen – und sie müssen versuchen, auch Aufgaben im »Team« zu lösen, die sie allein viel besser bewältigen könnten. Doch das »Team« ist integraler Bestandteil der neuen, »nichthierarchischen« Mitarbeiterführung. Die Manager wollen keine Vorgesetzten mehr sein, die im Zweifel die Verantwortung auch für Mißerfolge übernehmen müßten, sondern höchstens noch »Trainer«: der gesamte Erfolgsdruck lastet auf den Spielern. Eine Abneigung gegen das »Team«, ein zu ausgeprägter Individualismus und persönliche Kreativität können da nur stören.

Der flexible Kapitalismus, schreibt Richard Sennett, erhebe den Anspruch, dem einzelnen Beschäftigten mehr Freiheit zu verschaffen. »In Wirklichkeit schafft das neue Regime neue Kontrollen, statt die alten Regeln einfach zu beseitigen – aber diese neuen Kontrollen sind schwerer zu durchschauen.« Genau darin liegt die Analogie zwischen antiautoritärer Erziehung und neuem Kapitalismus. Wer als Kind mangels altersangemessener Führung verwildert, wer als Angestellter die neuen Kontrollen nicht durchschaut oder die Masken der Kooperation nicht aufsetzen will, der wird ausgesondert, der eine wird zum Jugendhilfefall, dem anderen kann man bei der nächsten Reorganisation kündigen.

Gewiß, es sind vor allem amerikanische Verhältnisse, die Sennett beschreibt – bei uns sieht die Arbeitswelt dank des heute oft als zu behäbig, zu unflexibel und zu bürokratisch geschmähten deutschen Modells der sozialen Marktwirtschaft immer noch freundlicher aus. Doch die Angst vor den neuen unsicheren Zeiten greift um sich, geschürt von jenen neoliberalen Propheten, die beständig den Wandel predigen, ohne je zu sagen, was denn besser werde, wenn alles anders wird. Auch in der blinden Reformverliebtheit, die nie auf die Ergebnisse schaut, reichen sich die Achtundsechziger und die Modernisierer aus der Welt der Wirtschaft die Hände. Doch allein die Qualität der Ergebnisse, die Lebensqualität der Betroffenen, wäre ein zuverlässiger Maßstab dafür, ob eine Veränderung auch ein Fortschritt ist.

Der Reformfanatismus hat vor allem das Bildungswesen seit dreißig Jahren nicht zur Ruhe kommen lassen. »Es gab einmal eine Zeit, da Erzieher dafür berühmt wurden, daß sie Gründe für das Lernen lieferten«, schreibt Neil Postman in seinem Buch *Keine Götter mehr*: »(...) jetzt werden sie berühmt, weil sie eine Methode finden.« Der Psychologe und Philosoph Karl Jaspers ahnte bereits in den sechziger Jahren die totale Erziehungsverunsicherung voraus, mit deren Spätfolgen wir noch heute zu tun haben: »Dann wieder scheint das Charakteristische unserer Situation die Auflösung substantieller Erziehung zugunsten eines endlosen pädagogischen Probierens, einer Zersetzung in gleichgültige Möglichkeiten, einer unwahren Direktheit des Unsagbaren. Es werden Versuche gemacht und kurzatmig Inhalte, Ziele, Methoden gewechselt. Es ist, als ob die Freiheit des Menschen, die errungen wurde, sich selbst aufgäbe in der leeren Freiheit des Nichtigen. Ein Zeitalter, das sich selbst nicht vertraut, kümmert sich um Erziehung, als ob hier aus dem Nichts wieder etwas werden könnte.«

Viele heutige Eltern jedenfalls vertrauen dem Zeitalter nicht – deshalb trimmen sie ihre Kinder frühzeitig auf die vermeintlichen oder tatsächlichen Bedürfnisse des neuen Arbeitsmarktes. »Auf die Familie übertragen«, schreibt Sennett, »bedeuten diese Werte einer flexiblen Gesellschaft: bleib in Bewegung, geh keine Bindungen ein und bring keine Opfer.« Auch dieses Lernprogramm läßt sich nahtlos anschließen an das Lernziel »freie Entfaltung der Persönlichkeit« (und den Bequemlichkeitsliberalismus).

Es ist nur die Frage, ob eine solche Gesellschaft besonders attraktiv ist, um darin zu leben: sowohl für die Kinder, die in ihr nicht wirklich Kinder sein dürfen, als auch für die Erwachsenen, die nach diesen Maßstäben zugerichtet worden sind. Die Kindheit als separater Lebens- und Erfahrungsraum war eine der großen zivilisatorischen Errungenschaften der bürgerlichen Gesellschaft. Der dreizehnjährige *Start-up*-Unternehmer hingegen, der neben der Schule übers Internet Kondome vertreibt, ist nicht wirklich ein Produkt gesellschaftlichen Fortschritts.

Sentimentalität im Blick auf das Konzept »Kindheit« gilt heute als weich, als Zeichen von Schwäche. Es gäbe nun einmal keine heile Welt, sagen die selbsternannten Progressiven. Wer wollte behaupten, daß sie heil ist? Aber könnte nicht trotz allem ein klein wenig Sentimentalität, ein bißchen Weichheit und eine entschlossene Verteidigung des Lebensraums Kindheit für die Kinder einiges verbessern? Woran sollen sich unsere Kinder eigentlich einmal erinnern, wenn sie an ihre Kinderzeit denken – an welche Momente der Freude, der Überraschung, des Triumphs? An den Tag, an dem sie zum ersten Mal die Hauptverkehrsstraße überqueren konnten, an der ihre Wohnung lag? An den ersten Nachmittag mit einem neuen Computerspiel? An die Teletubbies, die Pokémons oder welche anderen Wesen aus der Welt der Konsummaximierung auch immer ihnen gerade angepriesen worden waren?

Wer seinen Kindern die Kindheit erhalten will – und viele Menschen wollen das in einer feindlichen Umwelt immer noch –, der kämpft an vielen Fronten: gegen Zeitnot und Geldmangel, gegen das Unverständnis und die Rücksichtslosigkeit der Single-Gesellschaft, gegen die eigene Erziehungsverunsicherung und den Zeitgeist, der das Recht der Kinder auf Erziehung vergessen hat; gegen die kommerzielle Vereinnahmung der Kinder als Konsumentenzielgruppe, gegen den unglaublich lieblosen Ramsch, der auf dem Spielzeug- und Kinderbuchmarkt feilgeboten wird; gegen die Belagerung durch das Fernsehen und den

Computer und nicht zuletzt auch gegen Gewalt, verbale wie körperliche, unter den Kindern und von seiten Erwachsener.

An seiner Seite findet er höchstens jene Lehrer und Erzieher, die in der Praxis beobachten können, wie es um all die Kinder steht, deren Eltern den Kampf aufgegeben haben. Es bleibt ein individueller Kampf, weil Erziehung immer auch eine Herausforderung der eigenen Bequemlichkeit ist. Das staatliche Erziehungswesen in seinem heutigen Zustand kann den Eltern diesen Kampf nicht abnehmen – und man muß darüber streiten, ob es wirklich dazu aufgerüstet werden sollte.

Die Expansion des Bildungswesens in den sechziger und siebziger Jahren wurde von einem Schlagwort begleitet, das alle Argumente für diese gigantische Anstrengung auf den Punkt zu bringen schien: die »Bildungskatastrophe«. Inzwischen sind durch den enormen quantitativen Ausbau des höheren Schul- und Hochschulwesens fast alle Bildungsreserven erschlossen, deren Verkümmern man damals befürchtete.

Heute, da höhere Bildung im Prinzip für jeden (auch nachträglich noch) erreichbar ist, stehen wir vor einem nicht minder schweren Problem: Dieser Gesellschaft kommt die Fähigkeit zur Erziehung abhanden, und sie hat den Respekt vor der Kindheit verloren. Viele Eltern sind kaum noch in der Lage, ihren Kindern Grenzen zu setzen, ihnen verbindliche Werte zu vermitteln und ihnen die einfachsten Kulturtechniken beizubringen. Schulen und Kindergärten sind mit den unerzogenen Kindern überfordert. So wird die Verbreiterung der Bildungschancen, die durch die Bildungsreform erreicht worden war, durch die Erziehungsverweigerung der Eltern in der Ego-Gesellschaft untergraben. Das ist die Erziehungskatastrophe. Sie hat einstweilen keine apokalyptischen Ausmaße. Sie erscheint nicht so dramatisch wie der Reaktorunfall in Tschernobyl. Sie schleicht. Aber sie ist im Gange.

Dieses Buch ist kein Erziehungsratgeber. Neben Analysen zur Erziehungssituation in Kindergärten und Schulen, den Betrachtungen zur Lage von Kindern und Eltern in diesem Land, kann es höchstens eine Haltung empfehlen: eine Haltung des Respekts für Kinder und der Liebe zu Kindern. »Manche Erwachsenen legen ihre Kindheit ab wie einen alten Hut«, schreibt Erich Kästner. Manches Mißverständnis kindlicher Bedürfnisse, manche Herablassung, manche Heuchelei in der Kinder-, Familien- und Bildungspolitik läßt sich wohl solchen Erwachsenen zurechnen. Sie werden nicht weniger. Für alle anderen, die sich als einzelne weiter bemühen, ihre Kinder gut zu erziehen, gibt es ein ermutigendes, rührendes Bild am Ende des zweiten Bandes von A. A. Milnes *Pu, der Bär*: »Und sie gingen zusammen davon. Aber wohin sie auch gehen, und was immer ihnen zustoßen mag, an jener verzauberten Stelle des Waldes wird ein kleiner Junge immer mit seinem Bären spielen.« Wenn unsere Kinder nur ein wenig in dieser Weise auf ihre Kindheit zurückblicken können, werden sie uns die Sentimentalität des Bildes gewiß verzeihen.

2

JENSEITS VON BULLERBÜ

Kinder hätten Idylle verdient. Sie bekommen Fernsehen, Freizeitparks und Fruchtzwerge

Kindheit in Deutschland? Katharina, sechs Jahre, ist noch ein bißchen müde. Erst gestern sind sie und ihre Mutter mit dem Privatflugzeug aus Miami gekommen. Heute, auf Sylt, gibt es ein volles Programm: Frühstück in der »Sansibar«, einem Edelimbiß am Strand von Rantum. Papa spricht mit Journalisten. Mama trifft Bekannte. Immerhin: Katharina findet ein paar andere Kinder, mit denen sie über den Strand tobt. Es regnet, ein kühler Tag. Dann: Fahrt durch die Dünen in Papas Jeep – das neue Ferienhaus angucken, so etwas kann dauern. Nachmittags: Golftraining mit Mama. Abends: Im Reetdachhaus wartet schon das Hausmeisterehepaar. Die beiden hüten Katharina, wenn die Eltern ausgehen. Freundliche Leute, die Babysitter wie die Eltern. Ein schönes Haus, ein nettes Kind. Nur ein bißchen einsam manchmal: Es ist schwer, Freundinnen zu finden, wenn man ständig unterwegs ist. Das wird aber im nächsten Jahr besser, sagt Katharinas Mutter: Dann kommt Katharina in Miami zur Schule, und es ist erst einmal Schluß mit der Herumreiserei.

Kindheit in Deutschland? Die kann kurz sein. Romeo ist sechs Monate alt, als er stirbt. Die Kriminalpolizei holt seine ausgetrocknete Leiche aus einer verwahrlosten Wohnung in einem Sozialhilfeghetto. Der leblose kleine Körper ist mit offenen Ekzemen bedeckt und mit Kot beschmiert – wie die Wände der Wohnung. Die Mutter, Anfang zwanzig, hält dort einen Pitbull, zwei weitere Hunde, zwei Katzen, Meerschweinchen. Die Tiere sind gepflegt. Die junge Frau besitzt ein Pferd, das außerhalb der Stadt bei einem Bauern untergebracht ist. Zur Familie gehört außerdem ein dreijähriges Mädchen. »Auffällige Einseitigkeit der Bewegungen«, notiert der Kinderarzt, dem sie vorgestellt wird: »angebunden?« Die Mutter der Mutter, die ihren Säugling verdursten ließ, ihr Pferd aber täglich striegelt, ist von Beruf Sozialpädagogin. An die Kollegen vom Allgemeinen Sozialdienst schreibt sie nach dem Tod ihres Enkelkindes, man müsse jetzt eine »vernünftige Lösung« für ihre Tochter und die überlebende Enkelin finden; es könne nicht darum gehen »zu moralisieren«.

Kindheit in Deutschland? Carlas Mutter ist Ärztin. Sie trennt sich von Carlas Vater, als das Mädchen vier ist. Ein paar harte Jahre, die Facharztausbildung ist noch nicht abgeschlossen, die Dienste im Krankenhaus sind aufreibend, die Großeltern, die helfen könnten, wohnen in einer anderen Stadt. Außerdem will man ja auch spüren, daß man noch lebt: sich wieder verlieben, einen neuen Mann finden, der einen nicht enttäuscht. Carlas Mutter findet ihren Traummann: Rechtsanwalt, gutaussehend, drei erwachsene Kinder, geschieden. Zur neuen Liebe gehört ein neues Baby: Tobias. Ein Junge – und ganz entzückend. Auch für den Anwalt, der das Kleinkinderlebnis schon hinter sich zu haben glaubte. Carla stört kaum. Nur ist es so, daß auch niemand sie zu brauchen scheint: weder ihr richtiger Vater, der sie verlassen hat, noch die neue Kernfamilie ihrer

Mutter. Keine schlimmen Verhältnisse, keine allzu offensichtlichen Ungerechtigkeiten. Nur ein kleines Mädchen, das ständig aussieht, als ob es fröre.

Kindheit in Deutschland? Till wird von seiner Mutter um fünf Uhr morgens geweckt. Um halb sechs ist er angezogen und hat gefrühstückt – am liebsten »Smacks« mit Milch, im Kindergarten gibt es nachher ohnehin noch Brötchen. Um sechs liefert seine Mutter ihn dort ab und fährt weiter, sie macht ein Berufspraktikum. Till ist immer das erste Kind in der Tagesstätte. Um 15 Uhr holt seine Oma ihn ab. Andere Kinder bleiben länger. Aber Till hat um diese Zeit schon *neun Stunden* Gruppe, Spiel, Spaß und Unruhe hinter sich. Seine Mutter erzieht ihn allein. Das Geld ist knapp. Um ihre Ausbildung zu finanzieren, jobbt sie nachmittags im Supermarkt. Um 19.30 holt sie Till bei der Großmutter ab. Die Fahrt quer durch die Stadt dauert eine Stunde. Um 21 Uhr gibt es Abendbrot. Um halb zehn liegt der Junge im Bett, um zehn schläft er ein. Gemessen an seinem Tagesablauf ist Till ein ruhiges Kind.

Kindheit in Deutschland? Arbeit gibt es nur in einem Krankenhaus in Brandenburg, nahe der polnischen Grenze. Deshalb, sagen die Eltern von Marlies, Carsten und Stefan ihren Kindern, müsse man umziehen. Marlies ist noch klein, ihr bereitet die Veränderung wenig Kummer. Aber Carsten und Stefan sind traurig. Der neue Hort gefällt ihnen nicht: Dort dürfe man, berichtet Stefan nach dem ersten Tag empört, beim Essen nicht sprechen. Die Eltern, beide Ärzte, fragen ungläubig nach: In der Tat. Es gehe einfach schneller so, sagen die Erzieherinnen, die im übrigen freundlich sind. Mehr noch als die Gepflogenheiten im Hort beunruhigt die Eltern, daß Kinder im Alter ihrer Söhne, Grundschulkinder, in der neuen Nachbarschaft stundenlang unbeaufsichtigt herumziehen. Die neuen Freunde erwarten das auch von Carsten und Stefan. Kann man es ihnen immer verbieten? Die beiden Jungen, sechs und acht Jahre alt, kämpfen zu Hause weinend dafür, sich die Köpfe kurzrasieren lassen zu dürfen. In buchstäblich jedem Kinderzimmer ihrer neuen Freunde gäbe es einen Fernseher, sagt die Mutter. Und in kaum einem ein einziges Kinderbuch.

Kindheit in Deutschland. Zwischen den hier beschriebenen Extremen spielt sie sich ab. Die Kinder aus den Beispielen sind vor allem zwei Anfechtungen ausgesetzt: der Vernachlässigung oder der vollständigen Unterordnung ihrer autonomen, kindlichen Interessen unter die Bedürfnisse der Erwachsenen. Nicht immer ist letzteres Schuld der Eltern: Auch sie sind starken gesellschaftlichen, vor allem ökonomischen Zwängen ausgesetzt. Und natürlich bedeutet Kindheit in Deutschland auch jede Menge freundlicher Normalität, bedeutet Aufwachsen in einem der reichsten Länder der Erde, mit stets gefülltem Magen, vor überquellenden Spielzeugregalen. Viele Eltern kümmern sich rührend um ihre Kinder, wollen das Beste für sie, bieten ihnen Anregungen und Hobbys, legen sich krumm für ein Reihenhaus, damit der Nachwuchs Auslauf und Platz zum Draußenspielen hat. Auch historisch betrachtet dürfte es Kindern in diesem Land kaum je besser gegangen sein als heute.

Warum bleibt trotzdem ein Unbehagen? Angesichts der materiellen Fülle, der Abwesenheit von Krieg und Hunger müßte das Kinderleben in Deutschland eigentlich ein Bild irdischen Glücks sein. Doch Fröhlichkeit will sich nicht recht einstellen: Zu sehr spürt man allenthalben den Mangel an Verständnis und Mitgefühl für Kinder – das ist die eine Seite des Problems. Die andere besteht in der Unfähigkeit, ihnen Maßstäbe und Grenzen zu zeigen. Davon sind nicht nur jene Kinder betroffen, die in den Verantwortungsbereich der »Wohlfahrt« fallen. Viel deutet auf eine unglückliche Parallelentwicklung zweier Sphären hin: In subproletarischen Milieus schwindet die Bereitschaft, vielleicht auch die Fähigkeit, für Kinder in einem traditionellen Sinne anständig zu sorgen. Die Mittelschichten aber, denen in Erziehungsfragen eine zumindest indirekte Vorbildfunktion zukäme, sind verunsichert: Wer würde sich trauen, »anständig« außerhalb des eigenen Wohnzimmers zu definieren? Wer wollte anderen Leuten – oder auch den eigenen Kindern – wirklich etwas vorschreiben? Wo die einen sich aus Ignoranz und Unfähigkeit nicht kümmern, da sind die anderen durch verwässerte Restbestände der antiautoritären Ideologie gelähmt. Womit sich natürlich Egoismus und Gleichgültigkeit hervorragend maskieren lassen: Beides gibt es auch in formal bürgerlichen Familien reichlich, und beides macht die Familienmisere aus.

Was überschattet die Kindheit? Erstens die Tatsache, daß Kinder so selten werden. 1970 kamen auf jedes Kind 2,6 Erwachsene – heute sind es 4,4. Nur noch in jedem vierten Privathaushalt leben Kinder unter 18 Jahren. Kinder sind keine Normalität mehr, keine Selbstverständlichkeit, nicht der Regelfall. Augenfällig wird das im Erscheinungsbild der Innenstädte: Sie sind allein an den Bedürfnissen junger berufstätiger Erwachsener orientiert. Eine Kindergartengruppe, eine Schulklasse wirkt in der Hamburger City so fremd wie eine Herde Gnus: Man schaut zweimal hin.

Dabei ist es nicht so, daß diese Gesellschaft sich nicht an einzelnen Punkten symbolisch und demonstrativ um Kinder bemühte; kinderfeindlich will sie gar nicht sein. Auf dem Münchner Flughafen zum Beispiel, irgendwo am Rande jener endlosen Förderbänder, die eilige Reisende von den *arrivals* zur *central shopping area* transportieren, befand sich lange Jahre ein Kinderspielplatz. Es gab eine bunte Plastikrutsche, ein Spielhaus aus Plastikquadern, ein Klettergerüst. An der Wand waren Hartschalensitze für erwachsene Begleitpersonen befestigt. Die Szene lag, ein wenig gespenstisch, im Neonlicht. Kinder sah man dort nie. Kein Wunder: Flughäfen sind, wie Innenstädte, keine Orte, an denen sie natürlicherweise vorkommen. Die vorbeihastenden Handy- und Aktenkofferträger, die ihren globalisierten, flexiblen Tätigkeiten nachgehen, scheinen keine Kinder zu haben. Oder wenn doch, dann geben sie sich der Hoffnung hin, diese Kinder seien wohlversorgt bei der Mutter, Tagesmutter, im Kindergarten, in der Schule.

Der kleine Spielplatz eignet sich als herzzerreißendes Bild für den Umgang, den unsere Gesellschaft mit Kindern pflegt. Er ist durchaus nicht unfreundlich: Die Einrichtung einer Spielecke zeigt ja gerade das Bemühen der Verantwortlichen, Eltern und Kindern irgendwie gerecht zu werden. Nur hat eben die ganze Lebensweise, die so ein Flughafen repräsentiert, mit den Belangen von Kindern rein gar nichts zu tun. Die moderne spätkapitalistische, postindustrielle, wiedervereinigte Bundesrepublik ist kinderentwöhnt. Seit 1998 leben bei uns mehr Menschen über sechzig als solche, die jünger als zwanzig Jahre sind.

Es gilt als reaktionär, den Umstand zu thematisieren, aber es ist besonders die gesellschaftliche Gleichstellung der

Frauen, die die individuellen Lebensbedingungen von Kindern verschlechtert hat. Frauen bekommen ihre Kinder immer später – der relativ größte Teil (34,6 Prozent) mit 30 bis 35 Jahren. Und Mütter sind immer häufiger berufstätig (1972: 39,7 Prozent; heute: 59,8). Beides bringt den Frauen – jedenfalls unter günstigen Umständen – echte Freiheitsgewinne, echte Verbesserungen ihrer beruflichen (und damit persönlichen) Perspektiven. Es geht nicht darum, diese Gewinne zu beschneiden. Aber es ist unehrlich, so zu tun, als seien die älteren, abwesenden Mütter für Kinder ein Vorteil gegenüber den jüngeren, anwesenden von vor dreißig Jahren.

Das Standardargument in dieser Debatte lautet, daß eine unzufriedene, frustrierte Mutter zuhause keine Freude verbreite. Das ist gewiß richtig: Aber die Anwesenheit irgendeines – frustrierten oder nichtfrustrierten – Elternteils daheim, überhaupt ein Zuhause, zu dem man nach der Schule zurückgehen kann, wo jemand nach den Ereignissen des Tages fragt, ein warmes Essen bereithält und womöglich freundlich und anteilnehmend mit einem spricht, ist doch ein objektiver Vorteil gegenüber einer leeren Wohnung – oder einer institutionellen Betreuung, in der nur ein Zwanzigstel eines Erwachsenen auf jedes einzelne Kind wartet.

Die Mütter waren zu Hause, jetzt sind sie es nicht mehr; eine neue Verteilung der Erwachsenenanwesenheit unter den Geschlechtern ist mißlungen. Die Kinder baden diese Entwicklung aus. Man kann das in Ordnung finden; man kann es für einen Interessenkonflikt, einen unauflösbaren Widerspruch halten – aber man sollte nicht die Existenz dieses Konfliktes leugnen. Niemand würde vernünftigerweise fordern, die Frauen sollten an den Herd zurückkehren. Aber es besteht kein Grund zur Heuchelei: »Mehr Schlüsselkinder!« oder »Mehr Gruppenbetreuung!« sind auch keine besonders attraktiven Parolen einer neuen sozialen Bewegung.

Mit 35 mögen die älteren Eltern noch recht fit sein – mit Ende vierzig sind sie für ihre pubertierenden Kinder nicht mehr zuverlässig die geeignetsten Begleiter. Die Nerven lassen nach. Eltern im Großelternalter sind mit den eigentümlichen Bedürfnissen und Verhaltensweisen von Teenagern konfrontiert: Das führt fast zwangsläufig entweder zu achselzuckendem *laisser faire* – oder zu hysterischer Strenge. Auch bedeutet das fortgeschrittene Alter ihrer Eltern für die Kinder, »daß ihre Großeltern schon alt sind, wenn sie selbst noch sehr jung sind«, schreibt Markus Wehner in der *Frankfurter Allgemeinen Zeitung*, »und daß die Großeltern meist nicht mehr da sein werden, wenn sie selbst erwachsen werden. (...) Für die Generation der Großeltern bedeutet es, daß sie zu dem Zeitpunkt, zu dem sie Großeltern werden, schon ein Alter erreicht haben, in dem sie den Zumutungen und Aufgaben, die kleine Kinder mit sich bringen, oft nicht gewachsen sind.«

Die Generationenabfolge wird verzerrt, traditionelle Formen familiärer Pflege, Erziehung und Fürsorge werden außer Kraft gesetzt, das Miteinander der Generationen nimmt ab: »Die Ansichten, die früher über eine Generation von Großeltern an Enkel vermittelt wurden, werden nicht mehr weitergegeben; auch die Alten werden kaum noch mit der Welt der Jugend direkt konfrontiert«, schreibt Wehner: »In einer Zeitspanne, die früher für fast vier Generationen ausreichte, wachsen heute kaum mehr als zwei Generationen heran. (...) In den immer mehr dominierenden Zwei-Verdiener-Familien muß sowohl die Kinder- als auch die Altenbetreuung an Institutionen abgegeben werden. (...) Das Leben von Kindern wird zwischen den Terminen der Eltern eingepaßt, die mit den Terminen der Tagesmütter abgestimmt werden müssen. So führen die Kinder das termingebundene Leben kleiner Erwachsener.«

Zu diesen Terminen der Eltern gesellen sich dann auch noch die fördernd-fordernden Termine der modernen Kinder-Freizeit-Organisation: die Kurse und Sportvereine, das arrangierte Spielen mit ausgesuchten, oft weit entfernt wohnenden Freunden. Es ist inzwischen ein Gemeinplatz, daß es zweier Vorzimmer bedarf, um manche Neunjährigen zwischen Kieferorthopäden, Reitstunden, Kinderchor, Ballett und Computerkurs terminlich zu koordinieren.

Wer Nachteile in der Berufstätigkeit beider Eltern zu erkennen glaubt, dem wird leicht Frauenfeindlichkeit unterstellt. Ebenso macht sich verdächtig, wer auf das Elend der Scheidungskinder hinweist. Man könnte sich heute bei jeder beliebigen Abendesseneinladung nur lächerlich machen, wenn man ernsthaft die Auffassung verträte, irgendein trennungswilliges Ehepaar aus diesem Bekanntenkreis solle, *der Kinder wegen*, lieber zusammenbleiben. Gehört es doch zu den Dingen, die jeder weiß (weil es ganz praktisch sein kann, so etwas zu wissen), daß eine unglückliche, spannungsgeladene Beziehung der Eltern schlechter für Kinder ist als gar keine. Wollte man sich gar dazu versteigen vorzuschlagen, verantwortungsvolle Erwachsene könnten ihr Privatleben womöglich so organisieren, daß es auf die Kinder nicht permanent spannungsgeladen *wirke*, müßte man froh sein, einer Vorführung beim Amtsarzt zu entgehen. Denn daß Beziehungen authentisch, echt, unmittelbar und wahrhaftig zu sein haben, weiß heute ebenfalls jeder. Die entlastende bürgerliche Doppelmoral, die Strukturen erhielt, manchmal wohl auch Gefühle schonte, wo nicht alles authentisch war, ist endgültig passé. Bevor sich Erwachsene heute mit einer unbefriedigenden, aufgebrauchten Beziehung abfinden, geben sie lieber sozialwissenschaftliche Studien in Auftrag, aus denen unzweifelhaft hervorgeht, daß Trennungskinder gegenüber solchen aus heilen Familien keine Nachteile haben.

Wenn Pädagogen doch etwas über schädliche Folgen des Familienzerfalls für die Kinder sagen wollen, sind sie gezwungen, dies möglichst verklausuliert oder mit einem besonders schrägen Argumentationsansatz zu tun. Der Hamburger Erziehungswissenschaftler Peter Struck etwa identifiziert die besonderen Probleme der Jungen, denen die männliche Bezugspersonen abhanden komme – sie leiden angeblich besonders, weil ihre rechte Hirnhälfte, die die Emotionalität steuert, von Frauen nicht richtig angesprochen werde, wie Struck in einem Beitrag für das *Hamburger Abendblatt* darlegt. Dieser Angriff auf Scheidungseltern mag so überraschend klingen, daß er ohne Widerspruch bleibt. Leider ist er auch so abseitig, daß er nicht viel Wirkung zeigen wird.

Jedenfalls gehört ebenso zu dem, was man einfach wissen könnte (zumal, wenn man sich gelegentlich mit Kindern unterhielte), daß so gut wie kein Kind die Scheidung oder Trennung der Eltern als etwas Beglückendes empfindet. Sie ist vielmehr eine traurige, eine traumatische Erfahrung, die ein Gefühl von fundamentaler Verunsicherung in die Zuverlässigkeit von menschlichen Beziehungen zurückläßt. Kinder brauchen beide Eltern, und sie leiden, wenn ein Elternteil geht. Die Ehe, die einst eine konzentriertere Form der Selbstverpflichtung, eine höhere Verbindlichkeit der kinderorientierten Beziehung zu garantieren schien, ist heute fast so instabil wie jene Partnerschaften, die noch formloser – mit noch weniger Rücksicht auf die Kinder – zusammen- und wieder auseinanderdriften. Vielleicht sind die Trennungsschicksale beim gegenwärtigen Stand der Geschlechterbeziehungen, beim allgemeinen gesellschaftlichen Hunger nach noch besserem, noch neuerem Glück, ganz unvermeidlich, wie Diphtherie, Pocken oder lebensbedrohliche Grippeepidemien in vergangenen Jahrhunderten. Aber man sollte ehrlich genug sein, sie nicht in einen *Vorteil* für die Kinder umzudeuten.

Die Kinder selbst hätten sich vermutlich weder das vorausgegangene Beziehungselend noch die Trennung ausgesucht. Vieles spricht dafür, daß ihr Anliegen eher so aussieht, wie es die Berliner Journalistin Tissy Bruns formuliert hat: »Kinder sind lauter kleine Konservative: Hier die Mama, da der Papa, auf dem Tisch Spaghetti und mittendrin ich. Das ist und bleibt der beste Weg ins Leben.« Erwachsene haben heute sehr schnell die Selbstvergewisserung bei der Hand, sie könnten und müßten nicht immer ein schlechtes Gewissen haben, das soll den inneren Zweifel einlullen. Dem Trend zur Trennung entsprechend, hat sich die Quote der Alleinerziehenden in den letzten 25 Jahren mehr als verdoppelt: Waren es 1975 rund siebeneinhalb Prozent aller Kinder, die mit nur einem Elternteil aufwuchsen, so sind es heute 17 Prozent. Sechs von sieben Ein-Eltern-Kindern leben bei ihren Müttern.

Es war eine unbestreitbare Leistung der Frauenbewegung zu erreichen, daß diese Entwicklung fast ausschließlich als Fortschritt interpretiert wird: Weil sich Frauen endlich aus unterdrückerischen Beziehungen befreiten und weil der männliche Erziehungsanteil aus feministischer Perspektive ohnehin vernachlässigenswert oder gar schädlich erschien. Heute berichten Erzieherinnen und Lehrer aber von einer Teilgeneration vaterlos aufwachsender Jungen, die offenbar nicht sanfter und aggressionsgehemmter, sondern im Gegenteil mit geradezu verzweifelter Aggressivität agieren. Wie auch immer die Abwesenheit von männlichen Erziehern sich im einzelnen auswirken mag – ob das Vorbild fehlt, die Identifikationsfigur, der strenge Vater, der Kumpel, der Verbündete gegen die Mutter, das Prinzip Kantigkeit gegen das Prinzip Weichheit –, sie wirkt offenbar zum Nachteil der Kinder aus Ein-Eltern-Familien.

Es ist nicht abwegig, daß Kinder beide Rollenvorbilder brauchen, um herauszufinden, wer sie selbst sind. Zudem ist die Belastung eines alleinerziehenden Elternteils schlicht höher als die eines Paares: Zwei Eltern können sich gegenseitig feien, wenn das Kind Schwierigkeiten macht; das Kind kann auf *einen* von ihnen böse sein, ohne daß es mit der ganzen Welt überworfen sein müßte; und beide Erwachsenen brauchen es dem Kind nicht ganz so übelzunehmen, daß es ein Stück ihrer Freiheit einschränkt.

Selbstverständlich gibt es auch jene Alleinerziehendenverhältnisse – in England nennt man die entsprechenden Mütter *welfare mums* – die rein gar nichts mit Emanzipation zu tun haben: Die Frauen driften von einer verheerenden Männerbeziehung in die nächste; Verantwortung für ihre Kinder empfinden sie weder in der Väter- noch in irgendeiner anderen Frage. Kinder aus diesem Milieu haben aus einem ganzen Bündel von Gründen Schwierigkeiten;

die Vaterlosigkeit ist nur einer davon. Ganz sicher aber ist diese Lebensweise kein familienpolitisches Modell, das ein feministisches Gütesiegel verdiente. Wenn man sich im öffentlichen Diskurs einiger darüber wäre, daß es vermutlich für kein Kind *besser* ist, bei nur einem Elternteil aufzuwachsen, könnte man den Blick vielleicht endlich stärker auf jene *Männer* richten, die verantwortungslos genug sind, ihre Kinder zu verlassen.

Kinder in Deutschland sind selten; sie haben immer ältere Eltern, sie haben immer häufiger berufstätige Eltern und sie sind immer öfter dem Risiko ausgesetzt, daß ihre Eltern sich trennen und neu gruppieren: All dies muß kein Problem werden, überschattet aber in vielen Einzelfällen das Aufwachsen. Wie sieht, neben diesen statistischen Belastungen der Familienstruktur, die Kulturphysiognomie der Kindheit aus? Gibt es eine Art typisches Erscheinungsbild, typische Merkmale, die Kinder heute aufweisen, und die mit den Bedingungen zusammenhängen, unter denen sie groß werden? Lehrer erwähnen in diesem Zusammenhang häufig eine Beobachtung, die sie auf Klassenfahrten machen: Daß nämlich die Fähigkeit zum Gebrauch von Messer und Gabel, zum halbwegs manierlichen Essen auf breiter Front zurückweiche. Ähnliches kann mit ansehen, wer die Freunde seiner Kinder zum Mittagessen einlädt: Man darf bei Acht-, Zehn-, Zwölfjährigen nicht voraussetzen, daß sie essen können. Nudeln in Tomatensauce werden mit der Hand in den Mund gestopft und bei offenem Mund gekaut; die Hand mit den Saucenresten wandert unter den Tisch zur Jeans. Auch wenn die systematische Empirie fehlt, die diese Einzelbeobachtungen in eine soziologische Tatsache verwandelt: Es scheint Eltern heute schwerzufallen, bestimmte allgemeine Verhaltensstandards zuverlässig in ihren Kindern zu verankern.

Man kann die Leute, die sich für aufgeklärte Linke halten, bereits aufjaulen hören, wenn man mit der bloßen Schilderung des Phänomens an diesem Punkt angelangt ist: Will man denn Dressur? Kinderabrichtung? Sind »Umgangsformen« nicht längst entlarvt als bourgeoise Verzierungen, als un-eigentlich, bigott, Stoff für die lächerlichen und traurigen Bemühungen von Benimm-Buch-Autoren? Dieser Irrtum hat rund dreißig Jahre Antiautoritär-Pädagogik beherrscht. Das war unvermeidlich, wenn man die Umgangsformen für einen sinnentleerten, willkürlichen Selbstzweck hielt. Sie sind aber kein Selbstzweck – sie sind der Ausdruck von etwas anderem. Norbert Elias, der große, von den Nazis in die Emigration getriebene Soziologe, hat dieses andere den »Prozeß der Zivilisation« genannt. In der Fülle von Beispielen, die Elias für die langsame Aufrichtung zivilisatorischer Standards anführt, ist das Essen mit Messer und Gabel nur eines. Aber wie die sich verändernde Haltung zum »Spucken« oder die »Wandlungen in der Einstellung zu den Beziehungen von Mann und Frau« illustriert der Gebrauch des Bestecks die Zähmung und Einhegung der menschlichen Antriebe und Affekte durch Tabus, die das Zusammenleben vieler Menschen auf engem Raum erst erlauben. »Wozu braucht man also eigentlich eine Gabel?« fragt Elias. »Warum ist es ›barbarisch‹ oder ›unzivilisiert‹, Speisen vom eigenen Teller mit der Hand zum Munde zu führen? Weil es ein peinliches Gefühl ist, sich die Finger schmutzig zu machen oder wenigstens mit schmutzigen und fettigen Fingern in Gesellschaft gesehen zu werden. (...) Hier, in der Beobachtung unserer Empfindung gegenüber dem Gabelritual, zeigt sich mit ganz besonderer Deutlichkeit: Die primäre Instanz für unsere Entscheidung zwischen ›zivilisiertem‹ und ›unzivilisiertem‹ Verhalten bei Tisch ist unser Peinlichkeitsgefühl. (...) Verhaltensweisen, die im Mittelalter nicht im mindesten als peinlich empfunden wurden, werden mehr und mehr mit Unlustempfindungen belegt.«

Elias zeigt anhand zahlreicher Zitate aus historischen Benimmbüchern, wie, in einer Phase der Entwicklung, als die Benutzung der Gabel noch nicht selbstverständlich ist, das Peinlichkeitsempfinden langsam ausgebreitet wird: »Von den Vorbild gebenden Kreisen her«, schreibt Elias, »wird durch viele Instanzen und Institutionen allmählich die Scham darüber, einen solchen (peinlichen, d.V.) Anblick zu bieten, und die Angst, solche Assoziationen auszulösen, in weiten Kreisen erweckt. Sind sie aber einmal erweckt und durch bestimmte Ritualien, wie das Gabelritual, allgemein in der Gesellschaft verfestigt, dann reproduzieren sie sich immer wieder von neuem, *solange die Struktur der menschlichen Beziehungen sich nicht grundlegend ändert*. Die jeweils ältere Generation, für die ein solcher Standard des Verhaltens selbstverständlich geworden ist, drängt die Kinder, die solche Gefühle, die diesen Standard nicht mit auf die Welt bringen, bald heftiger, bald milder, sich ihm entsprechend zu beherrschen und ihre Triebe, ihre Neigungen zurückzuhalten.« Aus der Vermeidung von Peinlichkeit werde mehr und mehr »ein innerer Automatismus, der Abdruck der Gesellschaft im Innern, das Über-ich«. Der gesellschaftliche Standard, in den der einzelne zunächst von außen, durch Fremdzwang, eingepaßt worden ist, reproduziert sich schließlich in ihm mehr oder weniger reibungslos durch Selbstzwang.« Der Prozeß der Zivilisation müßte also immer weiter fortschreiten, das menschliche

Zusammenleben würde immer schwächerer »Fremdzwänge« bedürfen – *solange sich die Struktur der menschlichen Beziehungen nicht grundlegend änderte.*

Gewiß sollte man das unmanierliche Essen von Schulkindern nicht als Beweis dafür nehmen, daß die Gesellschaft in ihrem zivilisatorischen Fortschritt stagniert. Es gibt genug Leute, die schon die empirische Grundlage, die Behauptung, es werde schlechter, peinlicher, rücksichtsloser gegessen, bestreiten würden. Dazu gehört freilich eine gewisse Entschlossenheit zum Augenschließen – oder Umgang ausschließlich mit Leuten aus ausgewählten Kreisen der Gesellschaft. Jeder Gang durch eine Fußgängerzone mit Hamburger-*outlets*, jeder Besuch in einem Kindergarten, jede Teilnahme an einer Klassenfahrt bietet andere Anschauung. Es ist ja auch nicht so, daß das Defizit an Umgangsformen nicht an bestimmten Punkten schmerzlich empfunden würde: Nicht umsonst schicken manche großen Unternehmen Mitarbeiter aus dem mittleren und höheren Management zu Benimm-Kursen. Da mag es dann allerdings nur um Äußerlichkeit gehen, um den korrekten, andressierten Gebrauch der Austerngabel – und nicht um die Zivilisation, das friedliche und distanzierte, innengeleitete Zusammenleben von Menschen in modernen Gesellschaften.

Wenn weder die Gesellschaft als Ganzes, noch ihre Erziehungsinstanzen (wie der Kindergarten), noch die einzelnen Eltern es schaffen, ihren Kindern das Essen mit Messer und Gabel beizubringen, dann ist das vielleicht nicht an sich beklagenswert – aber es mag Ausdruck für eine beklagenswerte Veränderung der Beziehungen zwischen Erwachsenen und Kindern sein.

»Zwang« ist in Deutschland als Verhaltensmodell gründlich denunziert worden – fast immer mit Verweis auf das Dritte Reich und den »autoritären Charakter« der Deutschen, der die Naziverbrechen erst ermöglicht habe. Das mag insofern stimmen, als die Deutschen mit ihrer mangelnden Demokratie- und im Überfluß vorhandenen Obrigkeitserfahrung zu leicht geneigt waren, jedwedem Fremdzwang nachzugeben: Daß sie sich, mit anderen Worten, auf einer zurückgebliebenen zivilisatorischen Entwicklungsstufe befanden. Was ihnen fehlte, war aber nicht die Freiheit von jedwedem Zwang, sondern die Fähigkeit zum Selbstzwang, zur innengeleiteten Mitmenschlichkeit. Die kollektive Barbarei konnte auch deshalb stattfinden, weil die Selbstzwänge des zivilisierten Umgangs in den Individuen nicht zuverlässig verankert waren – so daß man sie relativ leicht über Bord werfen und seinen Mitmenschen gegenüber zur Bestie werden konnte. Elias meint mit dem »Selbstzwang«, der den »Fremdzwang« ersetzt, ja nicht das duckmäuserische Verinnerlichen willkürlicher Vorschriften – wohl aber die Tabuisierung wilder, distanzloser, zudringlicher Affekte. Indem die Antipädagogik auf jede Art von »Zwang« allergisch reagierte, hat sie ironischerweise gerade jedes »Nie wieder« untergraben, das sie sicherstellen wollte.

In den Kinderstuben unserer Tage mag es inzwischen einfach an der Zeit, an der Geduld, und auch an dem Bewußtsein fehlen, es könne wichtig sein, wie die Kinder essen: Soll man wirklich den ganzen Aufwand auf sich nehmen, der nötig ist, um einem Kind beizubringen, wie man die Gabel (kontraintuitiv) in der linken Hand hält? Es fehlt ja nicht nur die Zeit dafür; es fehlt die Zeit zur elterlichen Anteilnahme an ganz vielen Aspekten des Kinderlebens.

Die Vorstellung davon, was für eine Leistung es ist (und welche Anstrengung es dementsprechend erfordert), die ganze Zivilisationsgeschichte Europas in einem einzelnen Menschen nachzubilden, geht verloren, war nie vorhanden – oder die Eltern wenden sich mit Blick auf ihre Terminkalender schaudernd von ihr ab.

Natürlich zwingt man Kinder auch nicht länger zu essen, was gut für sie ist. Die Kriegsgeneration erinnert sich mit Grauen an Dorsch und Steckrüben, doch ohne Dorsch und Steckrüben hätte man damals verhungern müssen. Heute gibt es jede Menge Alternativen, und es wäre unsinnig, Kindern verhaßte Speisen aufzunötigen. Aber der Trend geht nicht dahin, nun in Gottes Namen das Gemüse herauszufinden, das notorisch gemüsefeindliche Kinder akzeptieren. Sondern vielmehr zu einer möglichst bequemen Abfütterungstechnik, entweder in einer Betreuungseinrichtung, bei der Tagesmutter oder zu Hause vor dem Fernseher. Daß Familien sich tatsächlich gemeinsam zum Essen an den Tisch setzten, kommt immer seltener vor. Die Lebensmittelindustrie hat natürlich die entsprechenden Produkte parat: Wenn die Kinder kein Gemüse essen, muß man eben die Nudeln vitaminisieren, wenn sie Messer und Gabel nicht gebrauchen können, muß man ihnen Chicken-Nuggets und Fischstäbchen in *finger-food*-Form anbieten – oder gleich Brei, Joghurt, die vielen beliebten »Fruchtzwerge«, die »Kindermilchschnitten« und »Schoko-Wikinger«. Gesund ist diese Ernährungsweise (von ihrer regressiven Anmutung abgesehen) definitiv nicht. Für die Vermutung, daß in Deutschland viele – zu viele – Kinder fehlernährt sind, braucht man sich nicht auf Einzelbeobachtungen und Anmutungen im Straßenbild zu stützen: Gab es 1975 noch rund 12 Prozent übergewichtige

Mädchen (Jungen: 11 Prozent), so sind es heute 33 Prozent (Jungen: 29).

Das Übergewicht ist nicht allein eine Folge falscher, nachlässiger, liebloser Ernährung; vielen Kindern fehlt es an Spiel- und Bewegungsmöglichkeiten. Entweder sie wachsen an gefährlichen Straßen und in grauen Hochhausghettos auf und sind bei schlechtem Wetter in winzige Kinderzimmer gepfercht. Oder überbesorgte Eltern kutschieren sie überall hin, auch zu den inselhaft und stundenweise organisierten Sportaktivitäten, die allein keinen Ausgleich für tägliches Toben und Spielen an der frischen Luft bieten. Der Fernseher, der Computer und der Gameboy tun ein übriges. Anfallweise und kurzfristig modische Sportgeräte wie Inline-Skates oder Kickboard scheinen diese Situation nicht wesentlich verändern zu können. Es ist, als ob Kindheit immer mehr unter einer Giesharz-Käseglocke stattfinde: Vertieft in die Ersatzwelten des Fernsehens, gefüttert mit nährstoffreichem Astronautenbrei sitzen die Kinder in ihren Kapseln und werden immer unabhängiger *von*, aber auch immer unfähiger *zu* echter Kommunikation, echter Interaktion mit Gleichaltrigen, echter Bewegung, der Aufnahme echter Nahrung.

Ein Lagerfeuer ist für Kinder heute ein phantastisches Ereignis ganz außerhalb ihrer üblichen Erfahrungswelt; das gleiche gilt für unkontrolliertes Baden; den Umgang mit Tieren; Höhlen, Kletterbäumen, überhaupt jede Art von unbeaufsichtigten Verstecken; spontane Verabredungen: alles, mit anderen Worten, was man selbst als Kind für beglückend und aufregend hielt. Den kollektiven Kindheitstraum hat Astrid Lindgren in den Geschichten von den *Kindern aus Bullerbü* erzählt: Dort sind die Jahreszeiten immer ausgeprägt, der Winter verschneit, der Sommer herrlich und endlos. Alle Familienstrukturen sind zuverlässig und dauerhaft, die Freunde und Geschwister immer da, wenn man spielen möchte; es gibt Tiere und *Landschaft* in der man sich stundenlang ohne Aufsicht aufhalten kann, weil keine unkalkulierbaren Gefahren drohen (auch wenn man den Eltern von der einen oder anderen überhängenden Klippe besser nicht erzählt). Es herrscht keine Not, aber auch kein Überfluß: Darum behalten die jahreszeitlichen Feste ihren herausgehobenen, besonderen Charakter.

Eine Idylle, gewiß, vermutlich selbst für das Schweden der fünfziger Jahre. Doch eine, von der man sagen möchte: So könnte Kindheit gut sein. So sollte sie sein. Die Realisten, die Aufklärer von der sozialkritischen Fraktion, haben hier schon wieder Anlaß zum Zetern: Eskapismus! So kann man doch in einer modernen Gesellschaft keine Kinder großziehen! Welche pädagogischen Handlungsanweisungen lassen sich aus einem Traumbild ableiten? Es gibt nun einmal das Fernsehen in der Welt – also brauchen die Kinder Medienerziehung, keine kleinen lebendigen Lämmer. Es gibt heute Elend in der Welt – darüber müssen die Kinder Bescheid wissen, nicht über Bauernhöfe der Vergangenheit.

Richtig ist, daß es das Fernsehen (mit all seinen verhängnisvollen Folgen) gibt – und die Scheidungsrate, und den Zeitmangel und die vitaminisierten Nudeln. Falsch ist, daß aus diesem Sein automatisch ein Sollen folgt: Man darf Fernsehen, Scheidung, Zeitmangel und Fast-Food für bedauerliche Entwicklungen halten. Um sich ihnen intelligent zu widersetzen, mag eine utopische Vorstellung davon, wie das Zusammenleben organisiert sein *könnte,* durchaus nützen. Lindgrens *Bullerbü*-Kindheit enthält all jene Bedingungen des Aufwachsens, die Kindern, hätten sie die Wahl, vermutlich recht lieb wären. In einer Hochhauswohnung können Eltern diese Bedingungen nur schwer nachbilden. Aber für die einzelnen Fragen – der Ernährung oder der Freizeitorganisation –, in denen es noch Entscheidungsspielraum gibt, dürfte die Kontrollfrage nach der Authentizität von Erlebnissen (hier ist Authentizität in der Tat einmal erstrebenswert) hilfreich sein.

Es ist ja nicht so, daß heutige Eltern sich nicht bemühten, ihren Kindern »etwas zu bieten«: Nur sind es eben häufig Ereignisse unter der Käseglocke. Am Wochenende fährt man nicht mit dem Fahrrad, nicht in den Wald oder ans Meer, sondern mit dem Auto, und in den Freizeitpark. Dort probiert man die Looping-Bahn aus, grillt (wenn es hochkommt) vor kleinen Gartenbuden-Blockhütten, kauft Eis und Hamburger und eine batteriebetriebene blinkende Plastikhalskette und erlebt einen tollen Tag für die ganze Familie. Ersatzweise sucht man ein Spaßbad auf, in dem die Kinder zwar nicht Schwimmen lernen – die Zahl der Kinder, die richtig schwimmen können, sinkt –, aber unter Plastikpalmen eine Wasserrutsche hinunterrutschen dürfen. Kommt beides nicht in Frage, dann bleibt noch der Besuch eines wochenendgeöffneten Einkaufszentrums.

Kindergeburtstage werden immer seltener in der nervenaufreibenden traditionellen Form gefeiert: mit Topfschlagen und Eierlaufen, Schokolade-Auspacken und Reise nach Jerusalem. Zum einen sind viele Eltern offenbar nicht mehr bereit, sich den Mühen eines solchen Nachmittages auszusetzen: Schließlich muß man die Wohnung dekorieren, irgendwelche Nahrungsmittel herbeischaffen, die die kleinen Gäste tatsächlich essen mögen, die Spiele anleiten (oder gar mitspielen), Streit schlichten, Preise verteilen,

Kinder beruhigen und nach alledem noch Staubsaugen. Da ist die Variante, ein paar Kinder zum Bowling, ins Kino, zu McDonalds oder in eine Pizzeria einzuladen, wesentlich schonender – wenn auch ein kleines bißchen liebloser. Auch im Feld der Kinderfeste herrscht Konkurrenzdruck: Es geht darum, daß der Sprößling mit seiner Feier gegenüber den Klassenkameraden bestehen kann. Also verfrachtet man die Kinder ins Legoland, heuert einen Zauberer an oder läßt gleich die ganze Veranstaltung (mit Catering) von einer professionellen Event-Agentur ausrichten: edle Themengeburtstage unter dem Motto »Piraten« oder »Burgfräulein«. Eltern der unterschiedlichsten Einkommensklassen treiben einen erheblichen materiellen und Transportaufwand, um das eine nicht tun zu müssen: drei Stunden lang mit ihren Kindern und deren Freunden zu spielen.

Ähnliches läßt sich als Trend in der Feriengestaltung beobachten: Den Urlaub verbringt man nach Möglichkeit nicht im schwedischen Blockhaus, sondern, sofern man es sich leisten kann, in exotischen Clubanlagen – mit Miniclub und Animation für die Kinder, damit die gestreßten Eltern (die ohnehin kaum Zeit für ihren Nachwuchs haben) wenigstens ein bißchen ausspannen können. In solchen Miniclubs materialisieren sich gleich mehrere gesellschaftliche Tendenzen: die zur Kinderaufbewahrung durch Profis und die zu einer Modellierung der Kinderwelt nach »erwachsenen« Freizeitbedürfnissen. Siebenjährige sind dort zur Kinder-Disco und zur Mini-Playback-Show aufgerufen – obwohl, genaugenommen, weder das eine noch das andere ganz dringenden kindlichen Bedürfnissen entspricht.

Werbebotschaften, die versuchen, Kinder frühzeitig für Popmusik, Mode, Kosmetik und ähnliches zu interessieren, gibt es massenhaft – sie verfolgen allerdings ausschließlich das kommerzielle Interesse, Kinder als Konsumentenzielgruppe zu erschließen. Einen pädagogischen Auftrag haben sie nicht, und darum sind Eltern auch nicht verpflichtet, besonders viel Ehrfurcht vor ihnen zu haben. Man darf es getrost für Unfug halten, wenn Viertkläßler eine »Party« veranstalten wollen; man kann ihnen sogar erklären, warum. Womöglich tut man damit auf lange Sicht mehr für die Autonomie der Kinder als mit der eilfertigen Zustimmung zu »Bedürfnissen«, die allein der Werbe- und Konsumwelt entstammen. Für Erwachsene haben sowohl bestimmte Aspekte der Mode als auch »Feten«, »Partys«, »Discos« sexuelle Konnotationen – Erwartungen, die zwar nicht immer realisiert werden, aber bei solchen Veranstaltungen mitschwingen und einen Teil ihres Sinnes ausmachen. Für Kinder kann es diesen Hintersinn noch nicht wirklich geben; man bietet ihnen also mit einer »Kinderdisco« eine ganz leere Form an. Eine Form allerdings, die, wenn sie angenommen wird, weiter dazu beiträgt, den Unterschied zwischen Kindern und Erwachsenen für den Augenschein zu verwischen.

Norbert Elias erkannte den zivilisatorischen Fortschritt unter anderem darin, daß die Gesellschaft eine Vorstellung von Kindern entwickelte, die Grenzen aufrichtete – indem sie das Wissen über Sexualität, Gewalt, Krankheit und Tod vor den Kindern aufschob, geheimhielt, nur stückchenweise preisgab. Die Tabus, mit denen diese Themen belegt wurden, dienten aber nicht der Unterdrückung der Kinder in der (spieß)bürgerlichen Kleinfamilie, sondern dem Schutz vor psychischer Verletzung und sexueller Ausbeutung, wie sie im Mittelalter gang und gäbe waren. Daß Kinder nicht die Objekte der sexuellen Begierden von Erwachsenen sein dürfen, ist eine zivilisatorische Errungenschaft. Schreckliche Berichte von Kinderpornografie und sexueller Gewalt lassen ahnen, daß Rückfälle durchaus möglich sind. Aber auch sexualisierte Werbung mit Kindern, eine Fotostrecke nackter Kindermodelle (wofür eine Nummer der Zeitschrift *Vogue* indiziert wurde) und Mädchenunterwäsche, die Erwachsenendessous nachempfunden ist, sind geeignet, zivilisatorische Grenzen wieder zu verwischen. Wer solche Trends skeptisch beurteilt, setzt sich leicht dem Verdacht der Sexualfeindlichkeit aus. Es geht aber nicht darum, Kinder an der Entdeckung und Entfaltung ihrer Sexualität zu hindern. Es geht darum, sie vor Mißbrauch und Ausbeutung zu schützen. Deshalb ist die klare Unterscheidung zwischen Kindern und Erwachsenen nirgends so wichtig wie in diesem Punkt.

Die ständige Präsenz, das ständige Drängen und Locken der Warenwelt führt nicht nur in der Art des Sich-Gebens und Sich-Kleidens zu Annäherungen zwischen der Kinder- und der Erwachsenensphäre. Kinder werden dadurch auch zu Verhaltensweisen animiert, die zu verhindern bisher als Aufgabe der Eltern galt: Während die Kriminalitätszahlen allgemein zurückgehen, steigen sie bei den Kindern zwischen 8 und 13 Jahren an. 150.000 Unter-Dreizehnjährige wurden 1998 als Tatverdächtige ermittelt (1997: 140.000), fast 110.000 davon wegen Diebstahl (Sachbeschädigung: 22.000, Körperverletzung: 14.000). Dazu kommen rund 300.000 tatverdächtige Jugendliche zwischen 14 und 17 Jahren (auch bei ihnen liegen die Diebstähle weit vorn).

Kinderkriminalität hat es historisch immer gegeben: Doch die Bedingungen, unter denen etwa die jugendlichen Gelegenheitsräuber aus den Romanen von Charles Dickens aufwuchsen, unterscheiden sich erheblich von den Lebensumständen heutiger Kinder. Was vor 150 Jahren im delinquenten Milieu der Londoner Elendsquartiere galt, läßt sich schwerlich auf heutige Verhältnisse, selbst in Sozialhilfeghettos, übertragen. Die materielle Absicherung ist unvergleichbar besser; fast niemand ist gezwungen, für das nackte Überleben, gegen Hunger und Frieren, zu stehlen. Um so verheerender wirken die Signale der Konsumgesellschaft. Es reicht nicht, sauber und angemessen warm gekleidet in die Schule zu kommen: Von allen Seiten wird Kindern in einem medialen Mehrfrontenangriff deutlich gemacht, daß sie nur jemand sind, wenn sie den *dress-code* erfüllen können. Heute heißen die angesagten Marken vielleicht »Chiemsee« oder »Fubu«, morgen werden sie anders heißen, wie, ist ganz egal. Der Preis der Trendmarken läßt sich kaum je über Qualität rechtfertigen, er fungiert als Ausschlußkriterium. Wer sich die nötigen Requisiten leisten kann, gehört zur Gesellschaft; wer es nicht kann, steht am Rand. Es ist nicht schwer zu erkennen, daß ein solches Klima von den Eltern besondere erzieherische Leistungen verlangen würde: Sie müßten ihren Kindern wieder und wieder den Rücken stärken, ihnen – gegen eine Menge Anschauung – klarmachen, daß der Wert eines Menschen nicht von Äußerlichkeiten abhängt. Und natürlich müßte aus ihrer gesamten erzieherischen Haltung unzweifelhaft abzulesen sein, daß »Klauen« als Lösung des Preisproblems bei Kleidungsstücken auf keinen Fall in Frage kommt.

Genau diese Einflußnahme findet aber offensichtlich zu wenig statt: Viele Mittelschichtseltern kaufen sich, vielleicht sogar mit einem gewissen Stolz, von dem Gequengel nach Markenklamotten frei; im übrigen hat man selbst eine entspannte Haltung zu kleinen Regelübertretungen. Das gilt ohnehin für Steuern und Falschparken (schließlich läßt man sich nicht obrigkeitlich gängeln); aber auch für zugespitztere Situationen. »Ach«, sagt Sinas Mutter, die ihre Tochter am Vortag bei der Polizei hat abholen müssen, weil sie gemeinsam mit zwei Freundinnen beim Diebstahl von Kosmetika erwischt worden war, »wir haben doch alle geklaut, als wir jung waren.« Sinas Familie bewohnt ein freundliches Einfamilienhaus mit Kamin, auf dem Küchenfensterbrett schnurrt eine Katze. Beide Eltern haben Arbeit. Wie – genau – soll die dreizehnjährige Sina die Botschaft ihrer Mutter interpretieren? Gewiß ist dies eine Einzelbeobachtung. Aber sie läßt sich so tief drinnen in der bundesdeutschen Durchschnittlichkeit und Normalität anstellen, daß man sich sorgen darf.

Für finanziell unterprivilegierte Eltern, für viele Sozialhilfeempfänger und Alleinerziehende ist es noch erheblich schwerer, das Selbstvertrauen ihrer Kinder zu stärken – schließlich leiden die Kinder massiv darunter, daß sie stets genau das nicht haben können, was andere haben, und was offenbar so wichtig ist. Und selbstverständlich gibt es in diesem Milieu auch Eltern, die an der Verteidigung moralischer Standards generell wenig interessiert sind. Der schlichte und eigentlich kaum erklärungsbedürftige Grundsatz, daß »man« nicht stiehlt, wird den meisten Kindern von ihren Eltern gewiß noch erfolgreich vermittelt. Aber im öffentlichen Klima auf Schulhöfen und an den Freizeitorten von Jugendlichen gerät er unter Druck. Eltern müßten mehr Zeit aufwenden, um ihre Kinder gegen diese Entwicklung zu wappnen – und sie haben weniger.

Die Käseglockenatmosphäre der künstlichen Freizeit- und Erlebniswelten bezieht die Schulen nicht mit ein. Dort herrscht ein erheblicher, allerdings eigenartig ambivalenter Leistungsdruck, der eher von den Eltern als von den Lehrern oder der Institution Schule ausgeht: Schon Grundschulkinder, so wünschen es die Eltern, sollen berufsrelevante *Kompetenzen* erwerben; allerdings ohne daß sie, die Eltern, dadurch Mehraufwand haben. Von der Schule fordert man Orientierung am Arbeitsmarkt, nicht klassische Bildung oder Stärkung der Persönlichkeit. Mehr als 600.000 Kinder in Deutschland sind bei privaten Nachhilfeorganisationen angemeldet, fast zwei Milliarden Mark geben die Eltern im Jahr dafür aus. Eine Untersuchung des Instituts der deutschen Wirtschaft unter nordrhein-westfälischen Schülern 1997/98 ergab, daß landesweit mehr als jeder dritte Schüler ab der fünften Klasse Nachhilfeunterricht erhielt. Rund 80 Prozent dieser Nachhilfestunden wurden in den Fächern Mathematik, Englisch und Deutsch erteilt, also in Fächern, in denen es nicht um exotische Spezialisierung, sondern um den Erwerb von ganz elementaren Kenntnissen geht. Man kann vielleicht nur erahnen, welchen Druck die Massennachhilfe für die Schüler bedeutet – sie erleben die Schule als Dauerüberforderung. Doch die Konsequenz, ihre Kinder vielleicht den ersten Abschluß an der Realschule machen zu lassen, statt sie aufs Gymnasium zu zwingen, ziehen die wenigsten Eltern – zu wichtig scheinen ihnen möglichst hochrangige Schulabschlüsse für die Lotterie auf dem Arbeitsmarkt.

Überforderung ist nicht das einzige Problem, dem Kinder in der Schule begegnen. Mehrere Untersuchungen der vergangenen Jahre weisen besonders für den Haupt- und Sonderschulbereich (aber nicht nur für diesen) eine Zunahme physischer und psychischer Gewalt aus, die Schüler einander antun. Befragungen von Schülern in größeren Städten (Leipzig, Hamburg, Hannover, Stuttgart, Kiel) ergaben, daß zwischen 15 und 20 Prozent von ihnen Opfer tätlicher Angriffe geworden waren; 12 bis 17 Prozent der Schulkinder hatten erlebt, daß ihr Eigentum mutwillig zerstört wurde, rund 10 Prozent waren massiv gehänselt worden. Bei einer repräsentativen Befragung von Neuntkläßlern in Hannover ergab sich zudem, daß nahezu jeder dritte Schüler das Opfer drangsalierender, beschimpfender und psychisch quälender Schulkameraden geworden war. Viele Kinder reagieren auf die schulische Doppelbelastung – fachliche Überforderung und latent gewalttätige Atmosphäre – mit klassischen Streßsymptomen und psychosomatischen Beschwerden. Kopf- und Magenbeschwerden bei Schulkindern nehmen zu; der letzte »Jugendgesundheitssurvey« (1992/93) ergab, daß sich 54 Prozent aller Siebt- bis Neuntkläßler gestreßt und erschöpft, fast 50 Prozent überfordert fühlten. Auch die morgendliche Müdigkeit liegt im internationalen Vergleich in Deutschland sehr hoch: Der »Health-Behavior in school-aged Children-Survey« der WHO (1997/98) nennt als mögliche Gründe für die Mattigkeit der Kinder »hohen Fernsehkonsum, den Gebrauch psychoaktiver Substanzen, mangelnde Bewegung und Depressionen«.

Das Wohlbefinden ist schichtspezifisch: Während 47 Prozent der Kinder aus oberen sozialen Lagen ihren Gesundheitszustand als sehr gut einschätzen und 37 Prozent von ihnen sich für »sehr glücklich« halten, bescheinigen sich nur 21 Prozent der Kinder aus der untersten sozialen Schicht einen sehr guten Gesundheitszustand und nur 17 Prozent von ihnen fühlen sich »sehr glücklich«. Angesichts der vielen ungünstigen Vorzeichen, unter denen Kindheit in unserem Land heute steht – von den zerbrechenden Familien über den Zeitmangel der Erwachsenen, die Künstlichkeit vieler Erlebnisse und den allgegenwärtigen Konsumterror bis hin zu den Überforderungs- und Gewalterfahrungen in der Schule, muß man möglicherweise die »Unglücklichen« aus jener untersten sozialen Schicht als Avantgarde, als Vorhut einer künftigen Normalität betrachten.

3

DAS KUMPEL-SYNDROM

Wie der Unterschied zwischen Erwachsenen und Kindern verschwindet

You don´t decide to have children. They decide to be born: Diese schönen Sätze über das Schicksal, ein Kind zu bekommen, schrieb die britische Autorin Margaret Drabble in den sechziger Jahren. In ihrem Roman *The Millstone*, aus dem sie stammen, geht es um die Fährnisse im Leben einer alleinerziehenden Akademikerin. Die hier noch anklingende Schicksalhaftigkeit von Schwangerschaft und Geburt ist allerdings ziemlich relativiert worden. Und das in wenigen Jahren.

Zugang zu Verhütungsmitteln haben heute bei uns buchstäblich alle Menschen. Man kann eine Schwangerschaft relativ unkompliziert abbrechen lassen (die Zahl der Abbrüche steigt). Man kann Eizellen künstlich befruchten, man kann befruchtete Eizellen jahrelang einfrieren lassen (und als Frau mit sechzig noch Kinder bekommen). Man kann das Geschlecht eines Kindes frühzeitig bestimmen, man kann erkennen, ob das Kind eine Behinderung haben wird. Einige dieser Möglichkeiten ziehen einfache Entscheidungen nach sich – blaue oder rosafarbene Strampelanzüge –, andere sind sehr ernst: Soll man, zum Beispiel, im Zeitalter der pränatalen Diagnostik, ein behindertes Kind zur Welt bringen?

Alle Möglichkeiten zusammen machen aus einer einstigen Selbstverständlichkeit, dem Kinderkriegen, einen weitgehend voluntaristischen Akt: Man muß es wollen. Erwachsene sind gezwungen, sich aktiv für Kinder zu entscheiden – gegen einen Zeitgeist, der erstens die freie Entfaltung der eigenen Persönlichkeit und zweitens eine nahezu unbegrenzte Biegsamkeit gegenüber beruflichen Anforderungen verlangt. Man muß also, kraß gesagt, ein bißchen blöd, ein bißchen fanatisch, ein bißchen altmodisch sein, um Kinder zu bekommen – oder reich. Der Zwang zu höchst individualistischen, und dann eben auch: selbstverantworteten Lebensentwürfen beschränkt sich keineswegs auf die Kinderfrage. Die Erosion der traditionellen Milieus, Nachbarschaften und Familien hat jeden einzelnen zum Lebenslaufdesigner gemacht – nichts ist mehr selbstverständlich, einfach, unmittelbar. Diese Ausgangslage bedeutet Freiheit, sicher, aber eben auch Last: Was, wenn man sich falsch entscheidet? Was, wenn Kinder einen zu unflexibel machen? Was, wenn die Beziehung nicht hält? Was, wenn die Kinder, zu denen man sich eventuell nach langem Zögern durchgerungen hat, nicht den Erwartungen entsprechen?

Junge Paare legen sich angesichts dieser Fragen gern erst einmal einen Hund zu. Kinder können froh sein, wenn sie unter solchen Umständen überhaupt geboren werden; und es gibt Eltern, die ihre Kinder das, absichtlich oder unabsichtlich, spüren lassen. Kündigt sich Nachwuchs an, dann fehlt wiederum jede Selbstverständlichkeit: Der Großfamilienzusammenhang (wahrscheinlich war er nervenaufreibend), in dem man manche Fragen gar nicht hätte zu stellen brauchen und manche Beobachtungen einfach hätte machen können, ist längst dahin. Alles Wesentliche über Schwangerschaft, Geburt und neues Kind wird aus Büchern und in Kursen gelernt. Dabei steht viel Unsinn auf dem Programm, den unerfahrene Erst-Eltern aber nicht sofort identifizieren können: Man möchte ja nun, da man sich einmal entschieden hat, wirklich nichts falsch machen.

Wenn das Kind schließlich auf der Welt ist, setzt sich der mühsame Prozeß fort, in dem jedes einzelne Elternpaar die Kindheit ganz neu erfindet. Die Unsicherheit geht sehr weit. Nicht einmal Basisvermutungen über die Grundbedürfnisse von Babys sind noch allgemein verbreitet. Man kann junge Eltern beobachten, die ernsthaft an jedem späten Nachmittag oder frühen Abend darüber rätseln, warum ihr Kind weinerlich und quengelig wird. Der Erklärungsvorschlag, das Kind sei vielleicht *müde*, kommt ihnen wie eine Offenbarung vor. Daß man aus dieser immerhin denkbaren Erklärung nun noch den Schluß ziehen könnte, das müde Baby in ein ruhiges Zimmer zu legen, damit es dort einschläft, geht vielen schon fast zu weit. Denn hat es nicht etwas Autoritäres, Kinder immer nur schlafen legen zu wollen? Haben nicht engagierte Autoren der einschlägigen pädagogischen Jahrgänge Generationen von Eltern beigebracht, daß Kinder eigentlich nie schlafen müssen? Oder wenn, dann am besten auf dem Sofa im lauten, fröhlichen Wohnzimmer? Und daß man ein Baby nie schreien lassen darf?

Nun wird, wer nicht extrem abgestumpft oder gefühllos ist, ein kleines Kind ohnehin nicht lange schreien lassen – aus Mitleid und aus Selbstschutz, weil normale Erwachsene davon wahnsinnig werden. Doch daß man das Baby beruhigt und tröstet, heißt ja noch nicht, daß man es gar nicht mehr schlafen lassen darf; man muß ihm schon Gelegenheit geben, überhaupt zur Ruhe zu kommen. Ruhe und Rhythmus fehlen heute so vielen Kindern, daß eine der möglichen Ursachen – Schlafmangel – offenbar zu naheliegt, um noch identifiziert werden zu können. Das Übermüdungsproblem beginnt mit der Unfähigkeit der Eltern, ihrem ganz kleinen Kind ein regelmäßiges Schlafverhalten beizubringen. Damit soll nichts gesagt sein über all die Gründe, aus denen auch das ruhigste Kind außerplanmäßig wach sein kann. Es soll nur behauptet werden, daß Kinder in einem dunklen, ruhigen Zimmer besser einschlafen können als neben der laufenden Stereoanlage.

Die Eltern müssen sich allerdings selbst an den Rhythmus halten, den sie etablieren wollen. Wenn also das Kind normalerweise um 19 Uhr einschläft, dann sollte es immer um 19 Uhr einschlafen. Dafür muß man gegebenenfalls auch einen netten Grillabend oder den Kaffeeklatsch bei der Freundin rechtzeitig verlassen. Die Entsagung lohnt sich: Je regelmäßiger das Kind schläft, desto babysitterfähiger wird es; desto sicherer können die Eltern des Abends zu sich selbst kommen. Doch dieses Bedürfnis empfinden viele Erwachsene offenbar gar nicht so dringend: Es stört sie weder, daß ihre nachtwachen Kinder morgens unausgeschlafen sind, noch daß sie selbst niemals einen klaren Gedanken fassen können. Solche Eltern stöhnen zwar einerseits darüber, daß ihre Kinder keine Ruhe geben, aber sie bringen andererseits nicht das Minimum an eigener Disziplin auf, das die Voraussetzung für Ruhe wäre. Eine symbiotische Pädagogik hat ihnen eingeredet, daß die klare Trennung zwischen Kinder- und Erwachsenensphäre von Übel sei.

Ähnliches ist zu beobachten bei der Art, wie Kinder fremden Erwachsenen begegnen. Daß man nicht jeden Bekannten anspringen sollte, daß Fremde eher gesiezt als geduzt werden, daß es ein distanziert-höfliches Verhaltensmuster diesseits der Schüchternheit gibt – man muß es Kindern beibringen. Das hat auch eine Schutzfunktion, die nicht gleich als Schwarzer-Mann-Hysterie gedeutet werden sollte. Man muß Kindern erklären, wozu Höflichkeit und Distanz im zwischenmenschlichen Umgang gut sind, kurz: Man muß sie belehren, weil man als Erwachsener etwas besser weiß, als sie selbst es wissen können. (Dabei kann die Belehrung durchaus höflich und respektvoll sein.) Warum ist all dies so vielen Eltern offensichtlich unangenehm – oder gleichgültig?

Eine möglicher Grund liegt darin, daß »Belehrung« oder »Unterweisung« eine Erwachsenen-Rolle voraussetzt, mit der sich die nominellen Erwachsenen immer weniger identifizieren können. Wer heute kleine Kinder hat, ist – von den fünfundfünfzigjährigen Ausnahmen mit zweiter oder dritter Ehefrau abgesehen – zwischen zwanzig und vierzig Jahre alt, also zwischen 1960 und 1980 geboren.

Es ist schwer, wahrscheinlich fast unmöglich, allzu viele gemeinsame Merkmale für diese Elterngeneration zu definieren. Einige typische Bedingungen haben ihr Aufwachsen aber doch geprägt. Anders als ihre eigenen Eltern haben sie das Vertrauen in die endlos expandierende westdeutsche Wohlstandgesellschaft verloren oder nie gehabt. Die Höher-weiter-besser-Perspektive galt für sie nicht länger: Vielmehr war in den achtziger Jahren endgültig Schluß mit der unbegrenzten Dehnbarkeit des öffentlichen Dienstes, der zuvor noch die unambitioniertesten

Absolventen des weiträumig ausgebauten Bildungssystems aufgesaugt hatte.

Die achtziger und neunziger Jahre in Westdeutschland (insgesamt natürlich immer eine Gesellschaft auf hohem materiellem Niveau) waren geprägt von Massenarbeitslosigkeit und dem Aufkommen einer neuen Verzichtsethik: Die Jahrgänge, die selbst alles gehabt hatten, begannen auf einmal besorgt zu verkünden, daß es ihren eigenen Kindern keineswegs besser gehen werde als ihnen selbst, daß es vielmehr gelte, den Gürtel enger zu schnallen. Sie gaben damit eine traditionelle Fortschrittsperspektive auf. Aber die tonangebenden Zirkel dieser Generation – seien es die jede Autorität angreifenden Achtundsechziger, seien es die neoliberalen Macher in Management und Politik – waren sich stets selbst genug. Es reichte also, wenn *sie* in angenehmen Verhältnissen alt werden konnten. In jeder Hinsicht (politisch, ökonomisch, moralisch) war es ihnen ziemlich egal, was ihre Experimente aus den nachfolgenden Generationen machen würden. Nicht einmal an schierer Jugendlichkeit war ihr eigener Nachwuchs ihnen jemals überlegen, denn jugendlich waren (und sind) sie selbst. Die Jugendlichkeit der Achtundsechziger war darüber hinaus so nachdrücklich mit dem Gestus des politischen Protests verknüpft, daß für Absetzbewegungen der Jüngeren – außer in die demonstrative Bürgerlichkeit oder den Markenfetischismus – kaum Platz blieb. Alles in allem durfte sich die heutige Elterngeneration also als relativ unwichtig für die Weiterentwicklung der Gesellschaft fühlen. Alle Schlachten waren geschlagen, die Alten noch bei bester Gesundheit und voll auf dem Posten. Für die eigenen Biographien hingegen wurde es eng.

Die düstere Drohung mit der »Globalisierung« eignete sich aus Sicht der Sattheits-Generation wunderbar, um damit den Nachwuchs niederzuhalten. Diesem viel und gern beschworenen »Sachzwang« entsprach im wirklichen Leben der Jüngeren die Erfahrung, daß der Berufseinstieg tatsächlich immer schwieriger wurde, daß Arbeitgeber angesichts des Kandidatenüberschusses immer mehr verlangen konnten (von unbezahlter Arbeit in endlosen »Praktika« bis zu unbegrenzter Umzugsbereitschaft) und daß die erste Stelle selten ausreichte, um auf ihrer Basis eine Familie zu gründen. Für junge Leute in Ostdeutschland kamen zu all dem noch die wendebedingten Verunsicherungen, die sich besonders augenfällig in dem totalen Einbruch der ostdeutschen Geburtenrate in den neunziger Jahren zeigte.

Die konkreten Schwierigkeiten bei der Jobsuche und das modische Flexibilisierungsgerede dürften auch die beeindruckt haben, die in den achtziger Jahren noch Kinder waren und jetzt erst langsam ins potentielle Eltern-Alter vorrücken. Diejenigen, die in den neunziger Jahren bereits erwachsen waren, zogen zwei Konsequenzen: Entweder sie beschlossen, überhaupt keine Kinder zu bekommen, um dem wählerischen Arbeitsmarkt ganz und gar zur Verfügung zu stehen; oder sie verlängerten einfach die Phase ihrer Jugendlichkeit. Akademiker schoben die Abschlüsse immer weiter hinaus. Auf diese Weise konnten sie sich die zentralen Einstiegsentscheidungen ins Erwachsenenleben, Berufswahl und Familiengründung, noch ein wenig vom Hals halten, ohne die eigene Situation als ausweglos empfinden zu müssen.

Doch die verlängerte Jugendphase zeigt sich auch in anderen gesellschaftlichen Sphären, nicht nur in der akademischen. Und sie ist nicht allein von den Achtundsechzigern erzwungen, die die bürgerliche Erwachsenenwelt gleichermaßen lächerlich gemacht hatten und besetzt zu halten schienen. Während es irgendwann, als die Achtundsechziger biologisch jung waren, noch richtige, echte Erwachsene gab, und die Jugend, wie Wolfgang Pauser einmal in der *ZEIT* schrieb, nur den Rang einer Vorbereitungsphase auf das Eigentliche hatte, so ist Jugendlichkeit heute selbst das Eigentliche geworden. Es gibt keinen Erwachsenen-Modus mehr. Pauser spricht etwas abschätzig vom »Krawattenbürger«, zu dem jeder über dreißig einst unweigerlich geworden sei. Heute findet man zwar fünfundzwanzigjährige Unternehmensberater, die durchaus Krawatte tragen, aber diese Krawatte steht nicht länger für Erwachsenheit. Die Äußerlichkeiten haben sich angeglichen: Vom Kindergartenkind bis zum Pensionär können alle die gleiche (Freizeit-)Kleidung tragen. Es fehlt nicht nur das deutliche äußere Merkmal, das den Übergang von der Jugend- zur Erwachsenenphase markieren könnte. Auch jene jungen Leute, die schließlich Beruf und Familie, womöglich sogar ein Reihenhaus ihr eigen nennen, sind gerade nicht daran interessiert in einem – womöglich spießigen – Sinne erwachsen zu wirken.

Die selbstgestylten Lebensläufe sind alle auf den zentralen gesellschaftlichen Kult ausgerichtet: den Jugendkult. Dazu paßt die klassische Elternrolle nur schlecht, denn sie macht die Menschen älter. Es ist schwerer, jung und unbeschwert zu wirken, wenn man die Verantwortung für jemand viel Kleineren trägt. Die offensichtliche Angewiesenheit von Babys auf ihre Eltern empfinden viele junge Erwachsene als Zumutung. Solange es nur um die körperlichen Bedürfnisse, für die Eltern also um die *Pflege* des Säuglings geht, kommen sie ganz gut zurecht; doch wenn wenig später die anstrengenden Willenserprobungen des Kindes anstehen, kapitulieren sie.

Viel lieber, als die Kinder ständig zu ermahnen, ihnen ein Vorbild zu sein, ihre endlosen Fragen zu beantworten und Verbote immer wieder zu begründen, möchten diese Eltern die »Kumpel« ihrer Kinder sein: möglichst konfliktfrei, oft möglichst bequem. Vom Ethos der echten Antiautoritären, deren heiliger Grundsatz es war, keine Kinderfrage unbeantwortet zu lassen, ist nichts geblieben. »Weiß' ich nicht«, sagen die genervten Spielplatzmütter in einem fort. Bevor man sich mit autoritärem Gehabe lächerlich macht – denn man ist sich ja seines Erziehungsauftrages nicht sicherer als des tatsächlichen Schlafbedürfnisses eines Babys –, verzichtet man lieber ganz auf die Durchsetzung von Regeln.

Man stellt sich also beispielsweise bei zehn- oder elfjährigen Kindern nicht auf den Standpunkt, sie seien zu jung, um allein Popkonzerte zu besuchen (und hätten es also einstweilen zu lassen): Man geht mit ihnen hin. Frank Keil hat dieses Phänomen in der *Frankfurter Rundschau* amüsant beschrieben: »Ich war schon weit in den Zwanzigern, als meinen Eltern schlagartig klar wurde, daß sie so gut wie nichts über meine erste Jugendphase mitbekommen hatten«, schreibt er. »Es lag an einer harmlosen Bemerkung, die ich machte, über ein Konzert, wo ich am Abend recht lange herumgestanden hatte, bis es endlich anfing; es war, glaube ich, ein Konzert mit Nick Cave. ›Stehen? Wieso stehen?‹ Meine Eltern waren verblüfft. ›Da steht man?‹, fragte meine Mutter noch Stunden später. Was meine Eltern so ratlos zurückließ, passiert heute nur noch Eltern, die zu den Zeugen Jehovas oder den Fundamentalisten unter den Anthroposophen gehören. Ansonsten weiß der Erziehungsberechtigte aus eigener Anschauung, wie es auf einem Pop-, Rock- oder Hip-Hop-Konzert zugeht. Er begleitet sein Kind durch den frühen Abend, er wartet mit ihm geduldig im Gedränge an den Absperrungen, er plagt sich mit unverschämtem Personal herum, und er geleitet später ein übermüdetes und unter Umständen von hysterischen Anfällen erschöpftes Wesen geduldig von Fanartikelstand und McDonalds-Filiale bis zum Parkplatz. Und das nicht widerwillig, nicht fluchend, sondern im Bewußtsein, sein Kind in dem zu unterstützen, was es zum Leben braucht.«

Wenn es sich wirklich um diese Art Anteilnahme handelt, mag sie dem Kind zugute kommen; wenn der Erwachsene selbst Nena-, Blümchen- oder Britney-Spears-Fan ist, sind Zweifel angebracht. Und die freundliche Begleitung ist eben nicht *alles*, was das Kind zum Leben braucht: Um erwachsen zu werden, ist es auch auf eine Welt angewiesen, die nicht immer schon zugänglich ist, sondern die es sich erst erobern muß.

Früher beneideten Kinder Erwachsene: weil sie von Geheimnissen wußten, die den Kindern verschlossen blieben. Heute ist es pädagogisches Programm, keine gesellschaftliche Sphäre vor Kindern zu verbergen – und sich als Eltern keiner kindlichen (und für Erwachsene eben: kindischen) Beschäftigung zu enthalten. Warum sollen Kinder unter diesen Umständen Respekt für einen bloßen Altersunterschied empfinden? Natürlich sind die Eltern ihnen faktisch überlegen, natürlich können sie sich nicht wirklich auf die Ebene des Kindes herunterkumpeln. Sie werden auch – bei aller bequemen Liberalität – ihre eigenen Interessen im Zweifelsfall immer durchsetzen.

Erziehung ist ein ungleichgewichtiger Prozeß: »Als Erziehender übersehe ich Situation und Seele des anderen«, schreibt Karl Jaspers, »bin ich der Überlegene, habe ich Macht, stehe ich nicht gleich auf gleich, bin ich nicht absolut offen auf Gegenseitigkeit, habe Pläne, die ich dem, auf den sie sich richten, so nicht sage.« Kinder sind angewiesen auf diese Überlegenheit ihrer Erzieher, die damit freilich verantwortungsvoll und im Interesse der Erzogenen umgehen müssen. Doch genau diese Überlegenheit suchen viele Eltern heute zu verweigern und zu verschleiern: Weil sie sie selbst älter erscheinen läßt, weil sie eine unbequeme Last ist, weil vulgarisierte Restbestände des antiautoritären Denkens sie zum Relikt der Rohrstockpädagogik stempeln. Die Überlegenheit besteht fort; aber sie wird für Kinder schwerer zu identifizieren. Grenzen geben sich nicht offen zu erkennen, sie scheinen beständig zurückzuweichen. Womöglich ist das der Grund für viele der heutigen kindlichen Verhaltensauffälligkeiten: Je weniger Erwachsene bereit sind, das Chaos des Größerwerdens zu strukturieren und durch Regeln erträglich zu machen, desto verzweifelter suchen manche Kinder nach diesen Regeln.

Doch was sie erfahren, ist Gleichgültigkeit – oder herablassende Kumpanei. Wenn gelangweilte Jugendliche durch offenkundig sinnlose Graffiti-Sprüherei ästhetische Verwüstungen und Schäden in Millionenhöhe verursachen, erleben sie nicht, daß die Erwachsenen dieses Verhalten ächten: Immer findet sich noch ein Jugendkultursachverständiger, der diese Art Sachbeschädigung zu einer Kunstform adeln will – und sich rührende Gedanken um »legale Sprayerflächen« macht. Als ob es um *legales* Sprayen ginge. Wenn Jugendliche, Kinder zum Teil, sich durch Glatzenhaarschnitte, Piercings, Ghetto-Klamotten und Tätowierungen selbst stigmatisieren wollen, stoßen sie kaum auf Erwachsene, die darüber mit ihnen streiten: Das sei schließlich *ihr* Geschmack, entlasten sich die Eltern. Langfristig hat die Gesellschaft allerdings eiskalte Methoden, zwischen gutem und schlechtem Geschmack zu unterscheiden: Sie sortiert aus. Vielleicht kann man das mit zwölf Jahren noch nicht wissen. Vielleicht hat man als Kind aber auch ein Recht darauf, daß die eigenen Eltern sich so sehr für einen interessieren, daß sie es mitteilen.

Kinder suchen Vorbilder, und sie bekommen Eltern, die sich wie eine *peer group* aufführen. Sie wollen es sich erkämpfen, bis zehn Uhr abends wegbleiben zu dürfen – und haben ohnehin Ausgang bis Mitternacht. Sie möchten allein im Schreibwarengeschäft an der übernächsten Ecke einkaufen – und dürfen mit dem Bus quer durch die Stadt ins Erlebnis-Einkaufszentrum fahren. Vielleicht würden sie sogar bei einem Tobsuchtsanfall an der Supermarktkasse lieber erleben, daß ihre Mutter sich davon nicht im geringsten beeindrucken ließe – statt den hundertsten Cola-Brause-Lolli auch noch zu bekommen.

Indem die Erwachsenen jede Inszenierung ihrer faktischen Überlegenheit aufgegeben haben, haben sie erstens ihren Kindern den Widerpart genommen, mit dem zu messen es sich lohnt; sie haben zweitens auf ein Reservoir, einen Hintergrund an Autorität verzichtet, der in kritischen Situationen nun schmerzlich fehlt. Warum sollte ein Jugendlicher seinen Eltern in existentiellen Krisen plötzlich eine Art überschießendes Vertrauen, oder auch nur Respekt, entgegenbringen, wenn sie in kleinen, alltäglichen Dingen nie erkennen ließen, daß sie sich ernsthaft und glaubwürdig für seine Zukunft verantwortlich fühlten? Die hilfloseren Eltern greifen unter solchen Umständen dann wieder zu Methoden, die noch vor jeder »autoritären« Erziehung liegen: Sie suchen die Probleme mit Gewalt, mit Brutalität zu lösen. Es mag in der Bundesrepublik tendenziell keine Kinder mehr geben, die eine allgemeine Ehrfurcht für ihre Eltern empfinden. Es gibt aber mehr als genug, die deren Schläge, Tritte und tagelanges Schweigen fürchten müssen. Mit Erziehung hat das nichts zu tun.

Gewiß sind dies die extremen Verhältnisse; die allermeisten Eltern dürften sich mit einer Mischung aus Nachgiebigkeit und »Jetzt-ist-aber-Schluß«-Taktik einigermaßen durchwursteln. Und wie fühlen sie sich, diese jugendlichen, berufsgestreßten, widerstrebend erziehenden, seltenen Eltern? Darüber ist sehr schwer Klarheit zu erlangen, weil niemand »die« Eltern kennt. Sie sind so verschieden, so unterschiedlich glücklich oder verbittert, erfolgreich oder überfordert, wie Menschen es in unserer Gesellschaft eben sein können.

Verfehlt wäre es jedenfalls, die offizielle familienkämpferische Rhetorik – sei es der Familienpolitikerinnen, der Familienjournalistinnen oder der Familienverbände – allzu sehr als Ausweis für die elterliche Gesamtbefindlichkeit zu nehmen. Ginge es nach diesen Lobbyisten, dann ließe sich die Familienmisere mit einem technokratischen Politikprogramm beseitigen: mehr Krippen- und Hortplätze, Erziehungsgehalt, steuerabzugsfähige Haushaltshilfen, großzügige Anrechnung der Kindererziehungszeiten auf die Rente, vielleicht noch Strafsteuern für Kinderlose – und die Deutschen würden sich wieder vermehren.

Vermutlich ist es nicht ganz so einfach; und die Frage, ob Kinder geboren werden und ob es ihnen gut geht, hängt von mehr als den – sehr unterschiedlichen – materiellen Verhältnissen der Familien ab. Aber zweifellos ist es richtig, daß Kinder Geld kosten; und daß sie sogar, unter besonders ungünstigen Umständen, zu dem vielzitierten »Armutsrisiko« werden können, als das sie häufig in familienfreundlichen Debatten beschrieben werden. Mehr als 600.000 Haushalte mit Kindern beziehen heute in Deutschland Sozialhilfe; über eine Million Kinder sind davon betroffen. Doch das eigentliche Armutsrisiko scheinen weniger die Kinder als die Trennungen der Eltern zu sein: Deutlich mehr als die Hälfte der Sozialhilfe-Familien sind Alleinerziehenden-Familien. Natürlich ist es für eine alleinerziehende Mutter mit einem oder sogar mehreren Kindern besonders schwer, überhaupt eine zeitlich leistbare Arbeit und angemessene Kinderbetreuung zu finden; natürlich gibt es krasse und unverschämte Fälle von Unterhaltsverweigerung durch die Väter. Vor allem aber ist das finanzielle Elend der Alleinerziehenden ein Hinweis darauf, daß die Ein-Eltern-mehrere-Kinder-Konstellation nicht nur emotional, sondern auch materiell ein unglückliches Familienarrangement ist. Die Versorgung von Kindern erfordert zwei Arbeitskräfte, ganz egal, wie diese die Berufs- und Familienarbeit unter sich aufteilen (oder mittels zweifacher Berufstätigkeit deren *Outsourcing* finanzieren).

Gegen zerbrechende Beziehungen aber wird man mit Steuervorteilen nichts ausrichten können; ebensowenig wie »Familienpolitik« ein ausschlaggebender Grund dafür sein könnte, Kinder zu bekommen. Finanzielle Erleichterungen, steuerabzugsfähige Betreuungskosten: Darüber freuen sich diejenigen, die schon Kinder haben; und die

Gesellschaft kann auf diesem Wege auch symbolisch den Aufwand der Eltern würdigen, der ja einen allgemeinen Nutzen stiftet. Der gesamte Kanon der familienpolitischen Forderungen käme mittelbar sicher einem kinderfreundlicheren Klima zugute; die Entscheidung für ein konkretes Kind ließe sich aber wohl selbst mit Gebärprämien nur in den seltensten Fällen herbeiführen. Und Gebärprämien würden, wie es die stellvertretende SPD-Vorsitzende Renate Schmidt taktvoll ausdrückt, vermutlich ausgerechnet jene zu mehr Nachwuchs animieren, die ohnehin schon unter sehr schwierigen Bedingungen leben.

Die Existenz von Kindern allein zieht nicht immer Not und Elend nach sich: 65 Prozent der Ehepaare mit einem und 69 Prozent der Ehepaare mit zwei Kindern verfügen über weitgehend abbezahlten Haus- und Grundbesitz. Sie mögen Erben sein oder sparsame Reihenhausbauer – von Armut kann man in all diesen Fällen jedenfalls nicht wirklich sprechen. Es gibt verschiedene komplizierte Berechnungsweisen für die sogenannten »Kinderkosten«. Darunter versteht man im engeren Sinne die Aufwendungen für den Lebensunterhalt eines Kindes (Ernährung, Kleidung, Wohnen, Freizeit). Diese Ausgaben variieren entsprechend dem Einkommen der Familie, der Kinderzahl und den individuellen Konsumgewohnheiten. Ein Ehepaar mit zwei Kindern in Ostdeutschland gibt für jedes Kind monatlich rund 450 Mark aus, ein Ehepaar mit einem Kind in Westdeutschland rund 830 Mark. Zu diesen Grundaufwendungen wird nun in manchen Berechnungen auch der Geldwert der Kinderbetreuungszeit gezählt; bis zum achtzehnten Lebensjahr eines Kindes kommt man so, je nach Berechnungsmethode, auf Kosten zwischen rund 400.000 und 750.000 Mark pro Kind.

Es liegt nahe, daß Eltern – und zwar auch Verheiratete und nicht wie bisher nur Alleinerziehende – das Geld, das sie für die Kinderbetreuung aufwenden müssen, steuermindernd gelten machen möchten – wie andere Leute ihre Werbungskosten und Fahrten zum Arbeitsplatz. Das Bundesverfassungsgericht hat ihnen diese Möglichkeit 1999 in einem vielbeachteten Urteil endlich eingeräumt. In der Rhetorik mancher Familienverbände klingt es allerdings so, als müsse der Staat den Eltern die gesamten Ausgaben erstatten: Händeringend wird beklagt, das Pro-Kopf-Einkommen in Familien sei niedriger als in Singlehaushalten oder bei kinderlosen Paaren.

Die Vergesellschaftung dieses kinderbedingten Nachteils könnte allerdings nur zu ganz und gar unerfreulichen Verhältnissen führen. Nein, dränge der Staat tatsächlich als Vollfinanzierer der Kinder in die Familien ein, müßte dies das Ende jeglicher privater Verantwortung bedeuten. Kinder in die Welt zu setzen, bleibt aber letztlich ein privater Akt, eine höchstpersönliche Angelegenheit. Man erwirbt, wenn man Kinder bekommt, das Recht zur Sorge für sie. Und *Sorge* bedeutet nicht: Vollkasko, Totalerstattung, Rendite. Sorge kann durchaus heißen: Verzicht, Opfer, Entbehrung. Das, was es dafür zurückgibt, wenn man schon in diesen materialistischen Kategorien denken will, ist im Idealfall ja auch nicht mit Geld zu bezahlen: Liebe.

Etwas mehr liebevolle Zuwendung der Gesellschaft zu den Kindern, und zu den Leuten, die Kinder haben, wäre allerdings eine schöne Sache. Allerdings läßt sich diese Liebe nicht erzwingen, höchstens, wenn es gut geht, herbeireden. Und dann wären Wickeltische auf der Herrentoilette, die

Bevorzugung von Familien am Check-in-Schalter und die echte (nicht die geheuchelte) Einsicht am Arbeitsplatz, daß kein Familienmensch sich gern um 20 Uhr zu einer Konferenz trifft, ebensoviel wert wie Kindergelderhöhungen. All diese Dinge – und hunderte andere Alltäglichkeiten – haben mit Atmosphäre zu tun, mit dem Bild, das eine Gesellschaft von sich selbst hat: Gehört sie allein den erfolgreichen Egoisten? Oder läßt sie auch den emotionalen Erfolg eines intakten Familienlebens gelten – vielleicht endlich, ohne Eltern, besonders Mütter, schräg anzusehen, die dafür auf eine Karriere verzichten? Doch auf dieses Selbstbild der Gesellschaft hat die Politik nur einen begrenzten Einfluß.

Familienpolitikerinnen könnten freilich aufhören, in etwas fahrlässiger Weise den Aberglauben zu propagieren, eine totale *Vereinbarkeit* von Familie und Beruf sei sowohl mach- als auch wünschbar. Das Gegenteil ist richtig: Das Wesen von Beruf und Familie ist es, daß sie in einem antagonistischen Verhältnis stehen. Beide Sphären erheben einen möglichst vollständigen Anspruch auf denjenigen, der sie vereinbaren soll. Keine Kinderbetreuungseinrichtung deckt den Bedarf an *face time* ab, die ein Börsenalltag oder der klassische Schichtbetrieb verlangen. Die Kinderunterbringung findet zudem ihre natürlichen Grenzen da, wo die zu Betreuenden selbst zum strukturellen Hindernis werden: weil sie, zum Beispiel, irgendwann ins Bett müssen, zu Hause.

Daß man die Kinderbetreuung organisiert hat, heißt noch lange nicht, daß es einem gelungen ist, Familie und Beruf tatsächlich zu »vereinbaren«. Wieviel Zeit bleibt für das Familienleben? Wieviel Spontaneität, wieviel gemeinsames Spielen, Herumtoben, Essen, Vorlesen ist möglich angesichts des üblichen dichten Stundenplans: zum Kindergarten bringen – arbeiten – einkaufen – vom Kindergarten abholen – essen – schlafen? Wie sieht Kindheit unter diesen Bedingungen aus? Das wohlfeile familienpolitische Schlagwort »Vereinbarkeit« soll Widersprüche vertuschen, die nicht oder kaum auflösbar sind. Der fortschrittliche Teil unserer Gesellschaft hat die berufstätige Mutter zum Maßstab gemacht und damit etwas für die Gleichstellung von Frauen und Männern getan. Wir lügen uns aber in die Tasche, wenn wir die Kosten verschweigen: Die bestehen darin, daß Kinder heute über weite Strecken des Tages für ihre anspruchsvolle Entwicklungsaufgabe weit weniger Erwachsenen-Hilfe zur Verfügung haben als früher.

Das Vereinbarkeitsgerede schafft auch zusätzlichen Druck für Eltern, denen die Koordination von Job und Kindern immer noch schwerfällt. Und die familienpolitischen Maßnahmen, insbesondere die materiellen, beeinflussen das öffentliche Klima nicht so sehr oder so direkt zum Besseren, daß Menschen dadurch zur Familiengründung animiert würden. Geradezu entmutigend mögen hingegen jene raumgreifenden politischen Initiativen wirken, die sich so engagiert für die »Gleichstellung« von Lebensgemeinschaften einsetzen, die eben gerade keine Familien sind: die der homosexuellen Partnerschaften. Natürlich nimmt das vieldiskutierte Institut der Schwulenehe den Familien nicht wirklich etwas weg; doch das Modethema verzehrt Aufmerksamkeit, derer relevantere familienpolitische Fragen bedürfen. Und die Ehe als Versprechen der Sorge *für Kinder* wird weiter entwertet. »Artikel sechs des Grundgesetzes stellt Ehe und Familie ja nicht deshalb unter den besonderen Schutz der staatlichen Gemeinschaft, weil der Verfassungsgeber sentimental veranlagt war und etwas für die Liebe tun wollte«, schrieb Konrad Adam in der *Frankfurter Allgemeinen Zeitung*. »Er handelte in Anerkennung der Tatsache, daß ohne Nachwuchs kein Staat zu machen ist und daß die besten Voraussetzungen für das Heranwachsen der Kinder eben nicht in Kinderkrippen oder Kindergärten zu finden sind, sondern bei den Eltern.« Rotgrüne Gleichstellungsvorhaben zweckentfremdeten den Begriff »Gleichstellung«, schreibt Adam. »Wenn Gleichstellung Teilhabe an Vergünstigungen meint, die einfach deshalb keine sind, weil sie einen Ausgleich oder eine Anerkennung für Leistungen darstellen, die der auf Gleichstellung Bedachte nicht erbringen kann oder will, dann geht der Wunsch nach Gleichstellung daneben.« Die fragliche Leistung ist das Zur-Welt-Bringen und Großziehen von Kindern; die »Vergünstigung« bezieht sich vor allem auf die Steuervorteile durch das Ehegattensplitting.

In der Tat wurde dadurch eine sehr traditionelle Familienform gefördert; nun wird diesen sehr traditionellen Familien durch die aufmerksamkeitheischend inszenierten Gleichstellungskampagnen bedeutet, ihre Leistung zähle nicht sonderlich viel. Es mag also sein, daß das, was die Familienpolitik im einzelnen versäumt (und die Liste ist gewiß lang genug) weniger schwer wiegt als das, was eine vermeintlich fortschrittliche minderheitensympathische Symbolpolitik anrichtet.

Wenn sich an Eltern heute zwei typische Merkmale beobachten lassen, dann sind es Unsicherheit (oder Gleichgültigkeit) in ihren eigenen Vorstellungen von guter Erziehung – und die Erwartung, staatliche Institutionen möchten sie bitte stärker von ihrer elterlichen Verantwortung entlasten. Das folgende Beispiel – eine Reportage über einen Partyexzeß, die im November 2000 in der *ZEIT* erschien – illustriert an einem spektakulären Einzelfall diese Erziehungsverunsicherung der Eltern; ihre Anspruchshaltung gegen andere; ihre Weigerung, Verantwortung für ihre Kinder zu übernehmen – und die verzweifelte Suche der marodierenden Jugendlichen nach Grenzen. Diese Jugendlichen kann man durchaus als Opfer einer Erziehungskatastrophe betrachten – auch wenn sie in der Geschichte selbstverständlich die hemmungslos wütenden Täter sind. Die Verhältnisse, in denen sich diese Beispielgeschichte ereignet hat, sind bundesrepublikanisch-normal, wenig aufregend, durchschnittlich.

Ein Schrei nach Grenzen

Samstagnachmittag. Wochenendruhe in der Samtgemeinde Horneburg an der Unterelbe. Die Flecken Dibbern*, Agathenburg und Nottensdorf liegen im verhangenen Herbstlicht. Im Alten Land ist die Apfelernte im Gange. Auf der Bundesstraße 73, die Stade mit Hamburg verbindet, hat sich heute noch niemand totgefahren: Die Pendler sind zu Hause bei ihren Familien, die Discobesucher noch lange nicht auf der Piste.

Tatjana* und Ilka*, 13 Jahre alt, treffen sich bei Ilka in Agathenburg. Wahrscheinlich werden sie, wie fast jeden Tag, mit dem Zug nach Stade fahren und dort ins *Check in* gehen, eine Erlebniswelt mit Bowlingbahn, Spielautomaten, Kneipen, Kinos. Aufregend ist die Aussicht nicht, schon wieder in Stade rumzuhängen. Aber immer noch besser, als zu Hause zu bleiben. Um 16 Uhr dringt das Piepen eines Handys durch die Stille des zähflüssigen Nachmittags. Es ist Annika. »Party in Dibbern«, sagt sie. »Ihr könnt kommen.«

---

* Name wurde verändert.

Ein bedeutungsvoller Anruf. Er fällt in die letzten Stunden vor dem Bürgerkrieg. Im Lauf des Abends wird sich im Haus der Familie Müller* in Dibbern ein Massaker an Dingen abspielen, das seinesgleichen sucht. »Horror-Party« schreiben zwei Tage später die überregionalen Boulevardblätter. Da weiß man, daß 50 bis 70 Teenager Einrichtungsgegenstände im Wert von über 100 000 Mark zerfeiert haben.

In den Zeitungen werden rasch exotische Erklärungen für den Exzeß angeboten. Von »Partyterroristen« ist die Rede, die immer häufiger private Feste überfielen. Die Polizei wird mit Warnungen zitiert: Lassen Sie Ihre Kinder nicht allein feiern! Die *Bild*-Zeitung weist auf die Anwesenheit »Halbstarker mit russischem Akzent« hin. Doch niemand geht ernsthaft der Frage nach, ob das, was in Dibbern sichtbar wurde, nicht gerade das Gegenteil einer Ausnahme ist: ein Fall von Anomie, der so oder ähnlich an jedem Wochenende auch in Hamburg passieren könnte, in Sindelfingen oder in Goslar.

Als Ilka und Tatjana kurz vor 17 Uhr von ihrer Freundin Annika am Dibberner Bahnhof abgeholt und den kurzen Weg zum Bungalow der Müllers geführt werden, sieht alles noch harmlos aus. Neun oder zehn Gäste sind schon anwesend. Die beiden Mädchen kennen manche, darunter den 14jährigen Gastgeber Dennis* Müller, noch aus der Grundschulzeit – die Jugendszene in der Samtgemeinde Horneburg ist überschaubar. Realschule und Hauptschule befinden sich im selben Gebäudekomplex. Nur wer nach Stade aufs Gymnasium geht, verliert den Kontakt zu seinen Grundschulfreunden. Dennis' Eltern sind mit den beiden jüngeren Söhnen übers Wochenende ins Euro-Disneyland nach Paris gefahren. Die Party haben sie genehmigt: allerdings mit nur sieben Gästen, Cola und Kartoffelchips – und nur in Dennis' Kinderzimmer.

Diese Verabredung darf um 17 Uhr als gebrochen gelten. Eine Stunde später spricht ein Nachbar Jugendliche in Hängebodenhosen an, die bierselig auf dem Dach des Bungalows grölen. Aus dem Haus dröhnt Musik. Schon vorher hat die Pastorin, bei der etliche Partygäste den Konfirmandenunterricht besuchen, über den Gartenzaun gefragt, ob eine Dachparty gefeiert werde. Sie hat eine freche Antwort bekommen und sich zurückgezogen – daß kein Erwachsener zu Hause gewesen sei, habe sie nicht wissen können, sagt die Pastorin. Am frühen Abend sitzen die meisten Jugendlichen noch in Dennis' Zimmer. Sie spielen mit der Playstation und unterhalten sich: »Der und der hat Ärger gehabt in Buxtehude. Der und der ist von der Schule geflogen. Und so.« Immer wieder zückt jemand das obligatorische Handy, um weitere Schwestern, Freunde, Freundinnen oder Cousins einzuladen. Der Gastgeber hindert sie nicht.

Allmählich verbreiten sich die Besucher über alle drei Etagen des Hauses. Türen seien eingetreten worden, sagen Dennis' Eltern. Dennis habe ihnen aufgeschlossen, sagen zahlreiche Gäste. Einbruch oder Einladung? Die Versicherung zahlt nur im ersten Fall.

Dennis' Zuhause jedenfalls muß die Gäste beeindruckt haben: Bis heute hält sich unter den Jugendlichen der Umgebung die Legende, das Haus habe 58 Zimmer. Legende zwei: Dennis' Eltern hätten ihm für das Wochenende 15 000 Mark Verpflegungsgeld dagelassen. Legende drei: Dennis habe sich mit der Verwüstung an seinen Eltern rächen wollen, weil sie ihn eine Woche zuvor zum Wechsel auf eine »Hochbegabtenschule« gezwungen hätten.

Am Entstehen von Legende drei sind die Eltern nicht unbeteiligt. Sie haben Polizei und Presse in der Nachbereitung der Katastrophenfete ausgiebig über Dennis' außergewöhnliche Begabung informiert; sein IQ liege bei 140. Richtig ist, daß sie Dennis von der Realschule in Horneburg abgemeldet haben. Richtig ist, daß sie ihn auf einer privaten Hamburger Realschule angemeldet haben. Richtig ist, daß die Feier ein Abschiedsfest sein sollte.

An Dennis' früherer Schule bezeichnet man die Leistungen des Jungen als durchschnittlich. Es sei aber in der Tat so, daß Hochbegabung nicht immer an den Noten zu erkennen sei, sagt der Rektor vorsichtig. Die Klassenlehrerin murmelt auf die Frage, ob Dennis' Fähigkeiten mehr im musischen, im sprachlichen oder im mathematischen Bereich lägen, etwas von »ganzheitlichem Tun«.

Nach 20 Uhr wird es im Hause der Familie Müller voll. Laut Polizeibericht halten sich mindestens 25 Personen dort auf, immer mehr kommen dazu. Dennis hat eingekauft: Salzgebäck, Dosenbier, eine Flasche Korn. Drei bis vier weitere Flaschen höherprozentigen Alkohols hätten sich außerdem im Hause befunden, sagt Tina* Müller. Am Montag nach ihrer Rückkehr aus Paris entsorgt sie 59 leere Schnapsflaschen in den Glascontainer.

Ilka und Tatjana merken etwa um 20 Uhr, daß die Küche »unordentlich« ist. Unordentlich beschreibt den Zustand, in dem sich beispielsweise der Küchenfußboden zu diesem Zeitpunkt befindet, zurückhaltend: Eisteepulver, Cola, Ketchup, ausgepreßte Zitronen, gekochte Nudeln, Pizzareste und rohe Eier überziehen ihn als schleimige Morastschicht. Dazwischen sitzen Mädchen und verspeisen Pizza und Lasagne, die sie sich aus der Tiefkühltruhe geholt haben. Was ihnen nicht schmeckt, wird an die Wand geworfen oder fällt zu Boden.

Noch ist der Swimmingpool benutzbar. Einige Mädchen, darunter Annika, gehen schwimmen. Dann folgt eine Phase der Party, in der die Jugendlichen einander mit Kleidern ins Wasser stoßen. Klamotten zum Wechseln finden sie im Trockenkeller. Einige Stunden später treiben im Pool: Farbeimer, Zementsäcke (der Inhalt ist auf den Grund gesunken), ein Wäscheständer, Geschirr, Saftpackungen, Fischfilets, Kot.

Eine Urinspur zieht sich durch alle drei Etagen des Hauses mit Elbblick. Uriniert wird in den Swimmingpool, in Gummistiefel, Küchenschubladen, Gläser mit Sand von verschiedenen Urlaubsstränden, Betten: Reviermarkierung. Mit zunehmendem Alkoholisierungsgrad steigt die Zahl der Gäste, die sich auf den neuen Teppich erbrechen. In den Schlafzimmern werden Kleider, Hosen und Hemden aus den Schränken gerissen. Eindeutige Spuren sprechen dafür, daß sich in den Betten der Eltern Müller Orgien abspielen.

»So ab 24 Uhr« seien die ersten Leute aufgebrochen, »weil zuviel kaputtging«, sagt Andre, 16, der ein paar Tage später vor der Polizeistation Horneburg auf seine Anhörung wartet. Die Polizei schätzt, daß die Verwüstungen gegen Mitternacht ihren Höhepunkt erreichen. Dennis hat schon länger versucht, die marodierende Gästeschar zur Ordnung zu rufen. Warum ist er nicht zu Nachbarn gegangen, warum hat er keine Verwandten angerufen?

Der Alkohol. Vielen habe Dennis leid getan, weil er nichts im Griff gehabt habe, sagen Ilka und Tatjana. »Aber es war auch blöd von ihm, daß er alles aufgeschlossen hat. ›Hauptsache, ihr habt Spaß‹, hat er gesagt. Irgendwie ist er selbst schuld.« Die Selbst-schuld-Interpretation wird sich in den kommenden Wochen in der öffentlichen Deutung der »Horror-Party« durchsetzen. Sie ist eine gute Immunisierung gegen ein schlechtes Gewissen.

Mehrere Partygäste berichten, Dennis habe schließlich oben in seinem Zimmer gesessen und geweint. Filmriß I: Irgendwann schläft der 14jährige nach dem Dauergenuss von Cola/Korn ein. Filmriß II ist kollektiv: Von den jungen Menschen, deren Anwesenheit auf der Fete außer Frage steht, erinnert sich kaum jemand, andere bei Zerstörungen beobachtet zu haben. Und niemand hat selbst auch nur einen Erdnußflip auf die Auslegeware fallen lassen.

Zwischen zwei und fünf Uhr morgens gibt es immer noch ein Kommen und Gehen zwischen der Bahnstation Dibbern und dem offenen Haus. Um 5.22 Uhr erreicht die Polizei in Buxtehude der Anruf eines Nachbarn: Jugendliche rasen mit der Corvette der Müllers durch die Wohnstraße. Unter ihnen ist, als Beifahrerin, die 13jährige Jacqueline. Was sie gedacht hat, als sie in das Auto einstieg? »Ich weiß nicht. Nichts.« Und über das Chaos auf der Party? »Nichts.« Reue, sagt die Leiterin des Horneburger Jugendzentrums, zu dessen regelmäßigen Besuchern auch Jacqueline gehört, zeigten die Jugendlichen kaum jemals aus Mitgefühl mit anderen. Sondern nur dann, wenn sie selbst Konsequenzen zu befürchten hätten.

Da die Corvette zum Zeitpunkt ihres Eintreffens wieder geparkt ist, sehen die Polizeibeamten aus Buxtehude keinen Grund, ihren Streifenwagen zu verlassen.

Am Sonntag vormittag, beim Anstehen an der Kasse des Euro-Disneylands, erreicht die Müllers ein Anruf ihres Sohnes: Das Haus sähe nicht gut aus: Überall sei Ei auf dem Teppich. Die Müllers machen sich sofort auf den Heimweg. Dennis' ältere Schwester wird telefonisch alarmiert und bringt den Jungen zu den Großeltern nach Horneburg. Er habe die ganze Zeit gehofft, man könne die

Unordnung morgens aufräumen, sagt Dennis. Dabei grinst er ein bißchen und webt seine Finger ineinander. Am meisten Angst (außer natürlich um den Jungen) habe sie um ihr Hochzeitskleid gehabt, sagt Tina Müller. Ihren Mann Berni* hat sie erst vor zweieinhalb Jahren geheiratet, in Weiß. Es ist für beide der zweite Versuch. Fünf Kinder hat die Grundschullehrerin mit in die Ehe gebracht. Dennis ist der Mittlere.

Das Hochzeitskleid ist von der Zerstörungswut der Jugendlichen verschont geblieben. Am Dienstag abend besucht Tina Müller ihren Sohn bei den Eltern ihres Exmannes.

Noch am Montag liegt Alkoholdunst über dem Grundstück in Dibbern. Die Müllers ziehen in ihr Wohnmobil und beginnen mit den Aufräumarbeiten: verletzt und empört darüber, wie man mit ihrem Eigentum umgegangen ist. Freunde kommen zum Saubermachen. Ilkas Mutter ist die einzige Mutter eines Partygastes, die sich zum Helfen verpflichtet fühlt. Sie sagt aber auch: »Ich habe meine Tochter erzogen. Jetzt bin ich doch für das, was sie tut, nicht mehr verantwortlich.« Vor eineinhalb Jahren sei es mit Ilka ohnehin schlimmer gewesen als heute: Sie habe viel getrunken, geraucht, gekifft. Da war das Mädchen elfeinhalb.

Die Müllers tragen ihren Fall in die Öffentlichkeit. Sie benachrichtigen eine Mitarbeiterin des örtlichen Wochenblatts, die erste Fotos von der Verwüstung macht. Die freie Journalistin gibt die Berichterstattung allerdings an eine Kollegin ab, als klar wird, daß ihr Sohn unter den Partygästen war. RTL darf im Haus filmen, Szenen des Abends nachstellen, ein paar Tage später auch ein Interview mit Dennis aufnehmen. Das Hamburger Abendblatt, die Hamburger Morgenpost und die Bild-Zeitung steigen groß ein, Tenor der Berichterstattung: Wie können Nachbarn wegsehen, wenn ihren Mitmenschen derartiges angetan wird? Es ist dieser Zungenschlag der Müller-Zitate, der die Familie bei ihren Nachbarn Sympathien kostet. »Wir wußten nicht einmal, daß sie verreist waren«, sagt eine junge Frau in einem Haus zur Linken empört: »Natürlich helfen sich hier alle gegenseitig. Selbstverständlich hätten wir nach dem Jungen gesehen, wenn wir gewußt hätten, daß er unbeaufsichtigt feiert.« Es sei unverschämt von

Berni Müller, der sonst kaum grüße, nun die Verantwortung auf andere abzuschieben. Ähnlich redet man im Gasthof: Die Bestürzung über das Unheil, das die Jugendlichen angerichtet haben, weicht der Frage, ob man einen 14jährigen über das Wochenende allein zu Hause lassen könne, ohne seine Aufsichtspflicht zu verletzen.

Falls sich auch die Müllers im Stillen diese Frage stellen, zeigen sie es nicht. Alle anderen sind schuld: die Nachbarn, die nicht eingegriffen haben, die Pastorin, die ihre Jalousien heruntergezogen hat, die Polizei, die vorbeigefahren ist, die Eltern, die ihre Kinder nicht anständig erzogen haben. Und sie selbst? Als Eltern? Tina Müller, als Grundschullehrerin am Ort? Sie sind der Meinung, daß ein 14jähriger bei gefülltem Kühlschrank schon ein paar Tage lang allein zurechtkommen könne. »Ich habe ja versucht, vielen von denen, die unser Haus zerlegt haben, Werte und Normen beizubringen«, sagt Tina Müller. »Heute frage ich mich: Warum mache ich das eigentlich?« Und was ist mit Dennis? Finden die Müllers nicht, daß er ihr Vertrauen mißbraucht hat, vor allem jetzt, da die polizeilichen Ermittlungen eindeutig ergeben, daß von »Partyterroristen« ebensowenig die Rede sein kann wie von aus dem Nichts aufgetauchten russischen Einwandererbanden? Daß Dennis vielmehr nahezu jeden eingeladen hat, der ihm über den Weg gelaufen ist – und stets dazu sagte, es könnten noch Leute mitgebracht werden? »Inzwischen sieht er wohl ein, daß er sich falsch verhalten hat«, sagt Tina Müller. Und wie denkt ihr Mann über die Sache? Schweigen. »Ich bin mit Dennis im reinen«, sagt die Mutter. »Den Rest müssen die Männer unter sich ausmachen.«

Dennis sei das »schlaueste« ihrer Kinder, sagt Tina Müller; seine Hochbegabung habe zur Schulverweigerung geführt. – »Der kann stundenlang mit Ihnen diskutieren«, sagt Berni Müller. »Stundenlang. Der erzählt Ihnen, daß Ihr blaues Jackett grün ist. Weil er es vielleicht auch grün sieht.« Mit ständigen Auseinandersetzungen kompensierten Hochbegabte ihre Unterforderung, sagt Tina Müller. Während die Eltern sich mit den beiden kleinen Söhnen gerne draußen aufhalten, Sport treiben und wandern, bleibt Dennis lieber für sich. Was tut er dann am liebsten? »Laut Musik hören und in Ruhe gelassen werden und dabei lesen.« Sein Lieblingsbuch? *Stark* von Stephen King.

»Der Junge hätte es vielleicht eher nötig gehabt, einmal in den Arm genommen zu werden, als alleine eine Party feiern zu dürfen«, sagt ein Lehrer von der Realschule, der mit dieser Äußerung lieber nicht zitiert werden möchte. In der Schule herrscht Ratlosigkeit: Wie kam es zu der kollektiven Ausflipperei? Und wie soll man mit einem Ereignis wie der »Horror-Party« pädagogisch umgehen? Die Rahmenbedingungen sind nicht ungünstig: Die Realschule ist mit 250 Schülern klein und beschaulich; wenn ein Grafitto auf den Kacheln der Toiletten auftaucht, können die Deutschlehrer den Täter an der Handschrift überführen. Wie also erklären sich die Lehrer einen Gewaltausbruch wie in Dibbern? »Eine symptomatische Einstellung mancher Eltern gegenüber der Schule lautet: ›Mein Sohn raucht, tun Sie was dagegen‹«, sagt der Schulleiter. »Über die Hälfte unserer Elternhäuser sind kaputt: Trennungen oder Alkoholismus. Viele Leute, die hierher gezogen sind, weil man die Einfamilienhäuser in dieser Gegend noch bezahlen kann, pendeln zur Arbeit nach Hamburg – da sind die Kinder nachmittags zwangsläufig allein. Und es kommt auch immer öfter vor, daß Eltern mitten im Schuljahr eine Woche nach Kenia fliegen – ohne die Kinder.« Vieles, was heute pseudopädagogisch als »Vertrauen« verpackt werde, sei in Wahrheit eine Überforderung: Zwölf-, Dreizehnjährige müßten Dinge entscheiden, die weit über ihren Horizont gingen.

Die Lehrer der Realschule muß man drängen, überhaupt eine Theorie über den inneren Zustand der Jugendlichen zu formulieren, die den Party-Horror angerichtet haben. Eine Strategie, wie das Ereignis aufzuarbeiten sei, damit es wenigstens einer nachträglichen Normenbildung dienen könnte, haben sie nicht. Jürgen Bönninghausen, 60, Leiter der Polizeidienststelle in Horneburg, ist nicht für die moralische Nachbereitung der Ereignisse zuständig: Er hat alle Hände voll damit zu tun, eine Ermittlung zu organisieren, in der bis zu 70 Zeugen zu hören sind – viele noch nicht strafmündig, was bedeutet, daß sie nur in Gegenwart ihrer Eltern befragt werden dürfen. Die aber sind an solchen Terminen wenig interessiert – oder weit weg, bei der Arbeit. Typisch für die Gegend seien harmlosere Delikte: Fahrraddiebstahl, Ladendiebstahl, Autoaufbruch, Drogenkonsum, sagt Bönninghausen. Auch zeigt die örtliche Jugend offenbar eine Tendenz, mangels interessanterer Alternativen trinkend auf öffentlichen Plätzen zusammenzukommen. All dies habe man aber im Griff, sagt Bönninghausen; eine Verwüstung, wie er sie im Hause der Müllers gesehen habe, sei ihm in seinem ganzen Polizistenleben nicht untergekommen.

Das Verhältnis des Ermittlungsleiters zu den Tatopfern ist leicht gespannt: Bönninghausen hat es irritiert, daß er Dennis wegen angeblicher Suizidgefahr nicht befragen durfte – während der Junge, anscheinend ohne daß seine Eltern seelische Schäden befürchteten, auf die Fragen von RTL-Reportern antwortete. Auch sitzen ihm die Müllers, die die Polizei für »total überfordert« halten, ständig im Nacken; eine Liste mit 30 Namen von Partygästen werde laufend, auch samstags, ergänzt. Mehr als arbeiten könnten aber auch er und seine vier Kollegen nicht, sagt Bönninghausen, und das täten sie: zehn bis zwölf Stunden am Tag. Gelegentlich gäbe es auch einen Verkehrsunfall oder einen Autodiebstahl, um die sie sich kümmern müßten. Gerüchte über die geheimnisvolle Namensliste haben, ermittlungstechnisch, immerhin den Vorteil, daß einige Jugendliche sich vorsichtshalber freiwillig melden, um ihre Version des Abends zu erzählen. Von diesen Lichtblicken abgesehen aber gewähren die Anhörungen einen eher deprimierenden Einblick in die moralische Verfassung der Horneburger Jugendlichen: »80 Prozent sagen: ›Ich habe nicht gesehen, wer es war, da standen drei oder vier Leute zusammen, und plötzlich klirrte es‹«, berichtet Bönninghausen. Von selbst zugegeben hat noch niemand etwas; nur einige wenige konkrete Akte von Vandalismus (Pizza, Vasen, Bilder) lassen sich namentlich zuordnen. Die Hoffnung, mit den Ermittlungen noch vor seinem Herbsturlaub fertig zu werden, hat der Polizist aufgegeben.

Eine ganze Reihe jener Jugendlichen, mit denen sich Bönninghausen abmüht, frequentieren die Jugendfreizeitstätte in Horneburg – eine Baracke, einst Außenstelle des Konzentrationslagers Neuengamme. Heute sieht sie aus wie ein Trainingscamp für Vandalismus: blätternde Farbe, zerfetzte Sperrmüllmöbel, vor dem Haus ein kürzlich abgefackeltes Sofa. Die Sozialpädagogin, die diese Einrichtung im Einzelkampf führt, macht aus dem Jugendtreff gleichwohl einen letzten Außenposten der Zivilisation. Sie hat ihre Schützlinge gedrängt, freiwillig mit der Polizei zu reden. Sie duldet im Gespräch mit den Jugendlichen nicht den beliebten »Ich weiß nichts, ich war gar nicht da«-Gestus. »Hierher kommen natürlich keine Mittelschichtkinder«, sagt sie, »und wenn man nur mit Randgruppen arbeitet, gibt es keine Lernprozesse.« Die Kinder seien heute immer häufiger und immer länger sich selbst überlassen. Mädchen hätten oft schon mit 12 Jahren Sex. Nach den Wochenenden sei es das größte Thema, wer wann wo wie besoffen gewesen sei. Es gebe eine gefährliche, alkoholinduzierte Gruppendynamik: »Ich trau mich noch viel mehr.« Materielle Güter hätten gerade bei den Benachteiligten eine ungeheure Bedeutung, der Handy-Kult kenne keine Grenzen. Freiwillig melde sich kaum jemand, wenn in der Jugendfreizeitstätte eine Regel verletzt worden sei. Noch die Hausverbote, die sie gelegentlich aussprechen müsse, empfänden einige Jugendliche als Zuwendung.

»Niemand sieht diese Kinder«, sagt sie, »und doch könnten Sie jedes einzelne von ihnen retten. Wenn Sie eine Lebensaufgabe suchten.« Die Horror-Party in Dibbern? »Ein Schrei nach Grenzen.« So, wie es aussieht, gilt dieser Satz in der Samtgemeinde Horneburg nicht nur für die Randgruppen.

Wer soll die Grenzen setzen? Daß die herkömmliche Jugendarbeit der Kirchen und Kommunen in ihrem gegenwärtigen Zustand dazu nicht in der Lage ist, liegt auf der Hand. Aber es wäre ohnehin falsch, die Verwahrlosungstendenzen vieler Jugendlicher auf ein öffentliches Infrastruktur- oder Ausstattungsproblem zu reduzieren. Sie fallen in den Verantwortungsbereich der Eltern. Und nur wenn die Eltern diese Verantwortung ernst nehmen, haben die Kinder ein Chance. Im Sozialstaatsdiskurs spielt die Eigenverantwortung der Hilfeempfänger längst eine wichtige Rolle. Es wird Zeit, derartige Überlegungen auch in der pädagogischen Sphäre anzustellen; dabei werden die staatlichen Erziehungsinstitutionen den Eltern gegenüber wesentlich selbstbewußter auftreten müssen als bisher üblich.

4
MATSCHECKE UND SCHWEINETAG

Im Kindergarten dreht sich alles um Entfaltung. Wo bleibt die Geborgenheit?

Der niedersächsische Kriminologe Christian Pfeiffer brachte im Frühjahr 1999 viele Menschen in der ehemaligen DDR gegen sich auf, als er öffentlich einen Zusammenhang zwischen der Praxis staatlicher Krippenerziehung und dem vergleichsweise häufigen Auftreten rechtsextremistischer Schlägerbanden in Ostdeutschland herstellte. Pfeiffers These war wirklich etwas schlicht: Es sei unter anderem die rigide Sauberkeitserziehung in Ost-Kindergärten, die die freie Entwicklung der kindlichen Persönlichkeit behindere, so daß diese Kinder später zu leicht beeinflußbaren Mitläufertypen würden. Aber Pfeiffer war seit langem der erste, der – mit breiter Resonanz – eine Frage thematisierte, die uns wirklich interessieren sollte: Die Frage nämlich, inwiefern es eigentlich einen Unterschied macht, ob Kinder zu Hause von ihren Eltern oder von Erzieherinnen in Kindertagesstätten erzogen werden.

Wir haben uns, ohne diese Frage zu klären, längst für einen Weg entschieden: 78 Prozent der Drei- bis Sechsjährigen besuchen in Deutschland den Kindergarten; in den neuen Bundesländern sind es mehr als 85 Prozent. Die Fremdbetreuung ist, so kann man es im 10. Kinder-

und Jugendbericht der Bundesregierung von 1998 lesen, heute eine »kulturelle Selbstverständlichkeit«. Es scheint also vor allem wichtig, sich darüber zu verständigen, *wie* eine Gruppenerziehung aussehen müßte, die dem einzelnen Kind guttut und ihm keine Persönlichkeitsdefizite zufügt. Daran, daß die Mütter nicht länger (die Väter sowieso noch nie) für eine Vollzeit-Erziehung ihrer Kinder zur Verfügung stehen – weil die Familien zwei Einkommen brauchen, weil sie sich als Alleinerziehende selbst finanzieren müssen oder weil sie einem schönen Beruf nachgehen – wird sich auf absehbare Zeit nichts ändern. Eltern gehen nicht mehr automatisch davon aus, selbst für ihre Kinder verantwortlich zu sein. Die amtliche Rhetorik bestärkt sie in dieser Haltung: »Die Veränderung in der Arbeitsteilung zwischen Männern und Frauen sowie die geringer werdende Akzeptanz einer bereits seit längerem diagnostizierten strukturellen Rücksichtslosigkeit der Gesellschaft gegenüber der Familie bedingen, daß Eltern die Verantwortung für die nachwachsende Generation nicht mehr ausschließlich als private Aufgabe wahrnehmen wollen und können«, heißt es im 10. Kinder- und Jugendbericht.

Natürlich kommen die Kinder nicht nur in den Kindergarten, weil ihre Eltern auf kinderfreie Zeit angewiesen sind. Wo eine »kulturelle Selbstverständlichkeit« herrscht, ist es nicht leicht, davon abzuweichen. Eltern, besonders Frauen, die sich selbst um ihre Kinder kümmern wollen, stehen unter Rechtfertigungszwang: Sind sie vielleicht reaktionär? Oder gar faul – wollen sie nicht arbeiten? Die wenigen Männer im Erziehungsurlaub haben es etwas besser: Sie können immerhin fortschrittliches Rollenverhalten für sich reklamieren. Die Unterbringung der Kinder in »Tageseinrichtungen« (vom etwas liebevoller klingenden »Kindergarten« ist in der Profi-Pädagogenszene kaum noch die Rede) folgt noch anderen praktischen Notwendigkeiten: Wo es infolge der innerstädtischen Single-Dichte keine kinderreichen Nachbarschaften mehr gibt, oder wo einfach alle anderen Kinder im Kindergarten sind, wird es schwierig, ein Kind zu Hause zu behalten: Mit wem soll es spielen? Dementsprechend ist die flächen- und tagesabdeckende Internierung der Kinder ein selbstverstärkender Prozeß. In Ostdeutschland ist er, bedingt durch die Betreuungstradition aus DDR-Zeiten, so sehr fortgeschritten, daß man mancherorts überhaupt keine Kinder im Straßenbild sieht. Diese Beobachtung sollte uns mit Blick auf ein künftiges gesellschaftliches Klima nachdenklich stimmen.

Über die Frage, ob die »Einrichtungen« gut oder schlecht für die Kinder sind, ist damit noch nichts gesagt. Es fällt jedoch auf, mit welchem fast zwanghaften Optimismus zumindest in der Fachöffentlichkeit über die Expansion der Kindertagesstätten-Erziehung gesprochen wird: Alles ist immer prima im Kindergarten. Die Kinder sind prima, die Aktivitäten sind prima, die Zusammenarbeit mit den Eltern klappt prima, und die Erzieherinnen sind sowieso prima. Wenn mal irgend etwas nicht prima ist, dann meistens der Träger der Einrichtung, der Sparmaßnahmen durchsetzen will, wozu ihn die Politik (ebenfalls nicht prima) zwingt.

So viel Harmonie stimmt mißtrauisch. Kann in einer einzelnen pädagogischen Teilrepublik unseres Bildungswesens wirklich alles so wunderbar in Ordnung sein, während alle anderen Institutionen, von der Grundschule bis zur Universität, immer wieder Gegenstand von Krisendebatten sind? Eine Antwort auf diese Frage ist schwer zu geben, denn nichts ist so heterogen und unübersichtlich – manche würden sagen: so bunt und vielfältig – wie die Szene der Kindertageseinrichtungen. Es gibt Waldorf- und Montessorikindergärten, kirchliche Kindergärten, städtische Kindergärten, Kinderläden, Waldkindergärten. Die Kommunen finanzieren die allermeisten von ihnen, entweder im Eigenbetrieb oder über Zuschüsse an die freien Träger. Die Eltern zahlen einkommensabhängige Beiträge, die Träger übernehmen einen geringen Eigenanteil. Viele Einrichtungen leisten hervorragende Arbeit: Man sieht den liebevoll gestalteten Vorleseecken, den Wandzeitungen mit Spaghettirezepten für 100 Personen, den Miniaturgemüsebeeten an, daß hier Menschen arbeiten, die Kinder mögen. Doch es gibt auch anderes zu beobachten: Kinder, die herzzerreißend nach ihren Eltern weinen, und zwar nicht nur in der Eingewöhnungsphase, sondern jeden Tag; Kinder, die für sich sein wollen und erkennbar unter Dauerstreß in der Gruppe leiden; Kinder, die bei allzu intelligenten Fragen von ihren Erzieherinnen nicht etwa gelobt, sondern abgewehrt werden; Erzieherinnen, die aufeinander einschlagenden Dreijährigen raten, »ihre Konflikte selbst zu lösen«.

Daß in den Kindergärten nicht alles prima sein kann, läßt sich auch aus Beobachtungen der Lehrer an den Schulen rückschließen. Sie berichten vom Zuwachs an Erziehungsaufgaben, der ihnen immer weniger Zeit für den Fachunterricht läßt. Sie beschreiben Konzentrationsschwächen, mangelnde Artikulationsfähigkeit und wachsende Aggressivität bei Grundschülern, bei Fünft- und Sechsklässlern. Da ja inzwischen fast alle Drei- bis Sechsjährigen in Deutschland einen Kindergarten besuchen, müßten sich diese Phänomene eigentlich bereits hier in irgendeiner Form andeuten: auch in der Befindlichkeit der Kinder. Nicht von ungefähr haben viele Eltern ein schlechtes Gewissen, wenn sie ihre Kinder ganztags im Kindergarten abgeben. Daß derlei Unbehagen vom Alles-Prima-Gefühl überdeckt wird, liegt an einer großen Koalition aus Eltern und Erziehern, die kein Interesse daran haben kann, daß über die Schwierigkeiten, gar die möglichen Nachteile der Kindergartenerziehung allzu offen gesprochen wird. Das ist gut nachvollziehbar: Die Eltern sind, wenn sie arbeiten, nun einmal auf eine funktionierende Betreuung angewiesen und werden deshalb über störende Kleinigkeiten hinwegsehen. Das Maß an Einmischung, das zur Herstellung befriedigender Verhältnisse nötig wäre, können und wollen sie nicht aufbringen, und sie wollen sich auch nicht – das könnte ja den Kindern zum Nachteil gereichen – mit den Erzieherinnen überwerfen. Die Erzieherinnen wiederum sind aus verständlichen Gründen nicht geneigt, ihre eigene (oft sehr anstrengende und gering bezahlte) Arbeit schlechtzureden.

Ohnehin gibt es keine handfesten Kriterien für den Erfolg oder Mißerfolg von Kindergartenerziehung, keinen Katalog dessen, was ein Kind am Ende der Kindergartenzeit gelernt haben muß, und keine Messung eines Lernerfolges. So fehlt auch der symbolische Punkt, über den Eltern und Erzieherinnen miteinander in Streit geraten könnten wie über eine Schulnote.

Über die Erziehungssituation im Kindergarten wird nicht nur in einer bestimmten, ostentativ positiven Weise gesprochen: Es fällt auch auf, wie wenig die Kinder, das Kind, gar ein individuelles Kind mit einem eigenen Namen vorkommen, wenn in größerer Runde die Aufgaben der Kinderbetreuung reflektiert werden. Konsens besteht auf professioneller Seite immerhin darüber, daß die Gruppenbetreuung von Kindern, gerade von Einzelkindern, diesen förderlicher sei als das unbetreute, gleichsam wilde Aufwachsen in der Familie.

Nun gibt es in der Tat gerade in den Problemzonen der großen Städte genug Verhältnisse, in denen Kinder beinahe wild, ohne Liebe und Fürsorge, ohne erkennbare Tagesstruktur, häufig ohne regelmäßiges Essen, dafür aber mit Schlägen und Anbrüllerei aufwachsen. Wenn die Erzieherinnen nicht vom Prima-Prima-Virus infiziert sind, räumen sie übrigens durchaus ein, daß diese Kinder enorme Schwierigkeiten haben – und machen. Alleinerziehende Mütter (und zwar nicht solche, die sich emanzipieren wollen) werden in diesem Zusammenhang oft erwähnt. Für deren Kevins, Denisse und Nadines ist die Ganztagsbetreuung in einer Kindertagesstätte im Prinzip das Beste, was ihnen zustoßen wird. Doch zwei daran anschließende Fragen beantwortet dies nicht: Gilt das, was für Kevin, Dennis und Nadine stimmt, für alle Kinder? Und ist wenigstens die Förderung benachteiligter Kinder im Kindergarten heute optimal?

Es mag sein, daß es wirklich die Art des offiziellen Darüber-Redens ist, die einen daran zweifeln läßt. Das Kinder- und Jugendhilfegesetz (KJHG) möchte Kinder zu »eigenständigen und gemeinschaftsfähigen Persönlichkeiten« erzogen wissen. So weit, so gut. Gegen dieses Erziehungsziel kann niemand etwas haben. Doch ob es zur Erlangung dieses Ziels wirklich der »Weiterentwicklung interkultureller Erziehung, der Berücksichtigung geschlechtsspezifischer Sozialisation, der konzeptionellen Umsetzung einer emanzipatorischen Erziehung, der Weiterentwicklung einer integrativen Arbeit von behinderten und nichtbehinderten Kindern sowie der konzeptionellen Berücksichtigung von in Armut lebenden Kindern« bedarf, wie der Kinder- und Jugendbericht empfiehlt, ist fraglich. All dies mögen gesellschaftliche Probleme sein, für die man durchaus zu Recht Lösungen sucht. Aber sind es die Probleme der Kinder im Kindergarten?

Vielleicht sollte man sich noch einmal vergegenwärtigen, welche ganz persönlichen Entwicklungsleistungen ein Kind im Alter von drei bis sechs Jahren erbringen muß, bevor man ihm Multikulturalität oder Emanzipation vom Patriarchat aufgibt. Dreijährige arbeiten just bei Eintritt in den Kindergarten hart an der Entwicklung ihres Ichbewußtseins. Sie lernen gerade, daß sie selbst etwas anderes sind als die anderen. Zwei- bis Vierjährige entdecken, daß sie *wollen* können – und daß sie etwas anderes wollen können als ihre Eltern oder Betreuer. Nicht umsonst wird das fragliche Alter »Trotzalter« genannt: Häufig demonstriert das Kind seinen neuentdeckten Willen mit dem ganzen Körper und seiner vollen Stimmkraft. Es ist anstrengend, ein Kind in diesem Alter zu erziehen: Man muß ständig abwägen zwischen den vernünftigen Verboten, die ein Kind vor Verletzungen (auch vor der Verfestigung eines hemmungslosen Egoismus) schützen – und dem notwendigen Freiraum zur Selbstbestimmung. Wollen können heißt entscheiden können: Kinder merken, daß sie Verhaltensalternativen haben. Sie sind zugänglich für eine einfache Form der »moralischen« Beeinflussung; sie verstehen, daß Eltern ihnen bestimmtes Verhalten erlauben, anderes verbieten, und daß sie selbst wählen können.

Die Eltern kostet diese Phase der Erziehung um so mehr Kraft und Zeit, je weniger sie ihr Kind verwahrlosen lassen oder es mit Gewalt unterwerfen wollen. Haben die Erzieherinnen in den 20er-Gruppen genug Zeit und Kraft für diese zwanzigfache Ich-Findung? Liegt es nicht in der Struktur der Gruppe, daß Temperamentsausbrüche und Verzweiflungsgeschrei jedenfalls zum Teil ignoriert oder unterdrückt werden müssen, wenn überhaupt ein geordneter Tagesablauf möglich sein soll? Ist aber andererseits der Tagesablauf jemals geordnet genug, um den häufig noch sehr auf Ordnung, Pünktlichkeit und Gleichmaß fixierten Dreijährigen ausreichende Ruhe zu bieten?

Zur Entwicklung des Ich-Bewußtseins gehört der Besitzdrang: Kinder lernen gerade, was es bedeutet, wenn etwas »meins« ist. Bleibt in der Gruppe genügend Raum für diese Erfahrung, ist andererseits die Zeit vorhanden, liebevoll das Teilen zu erklären? Läßt sich schließlich das Zärtlichkeitsbedürfnis eines Kindes zwischen zwei und vier Jahren im Kindergarten stillen? So richtig es ist, daß sich Kinder im Alter ab drei oder vier Jahren gleichaltrigen Spielkameraden zuwenden, so labil sind diese Spielgruppen gleichzeitig noch. Bis weit in die Grundschule hinein haben Kinder erkennbare Schwierigkeiten, ihre Klasse als Gruppe und sich selbst als Teil dieser Gruppe zu begreifen: Sie sind ganz und gar fixiert auf den Lehrer oder die Lehrerin. Sollte das im Kindergarten völlig anders sein? »Ein echtes Gruppenbewußtsein und Zusammengehörigkeitsgefühl haben die Kinder noch nicht«, schreibt Heinz Remplein. »Die Gruppe, an die sie sich innerlich gebunden fühlen, ist nach wie vor die Familie. Wahre Liebe und tiefe Freundschaft knüpft die Kinder nicht aneinander, sondern nur die Gemeinsamkeit der augenblicklichen Spielinteressen. Persönlich haben sie sich noch nichts zu geben. Viele Vier- bis Fünfjährige sind noch nicht einmal zu echtem Zusammenspiel, sondern nur zum parallelen Spielen fähig. (...) Weil ihnen die Bindung von innen her fehlt, bedürfen die Spiele einer Bindung von außen her.«

Man kann sich gut vorstellen, daß eine derartige Sichtweise in Zeiten der altersgemischten Gruppen, der verordneten »Sozialkompetenz« und »Teamfähigkeit« auf Ablehnung stößt. Wenn aber die Hauptbindung der meisten Kinder auch heute noch zu ihren Familien besteht, wenn darüber hinaus die Spielgruppen mehr von äußerer Struktur als von innerem Halt getragen sind, dann steht zur Debatte, ob die ganztägige Gruppenbetreuung tatsächlich das ausschließlich förderungswürdige Modell sein kann. Denn was lehrt die Gruppe jemanden, der nicht viel mit ihr anfangen kann? Im schlechtesten Fall Strategien, sich gegen Überreizung und Dauerbeanspruchung durch andere Kinder abzustumpfen und unempfindlich zu machen. Für die Entwicklung von Charakter, Persönlichkeit, Identität können solche Umstände nicht zuträglich sein.

All dies würde es nahelegen, den Kindergarten möglichst familienähnlich zu organisieren, wenn die Familien selbst nur eingeschränkt als Orte der Ich-Erprobung, der Geborgenheit, Regelmäßigkeit und Zuwendung zur Verfügung stehen. Das aber scheitert nicht nur am fehlenden Geld – jedenfalls die öffentlichen Großeinrichtungen können sich kaum Fünfergruppen leisten – sondern auch an der herrschenden Ideologie in der Kita-Szene: Auf keinen Fall darf eine Einrichtung wie die Familie sein. Schließlich hat man ja auch den Erzieherinnen-Beruf mit viel Mühe professionalisiert. Infolge dieser Professionalisierung kommt es allerdings leider immer weniger auf die Persönlichkeiten der Erziehungspersonen an: Es dominiert eine technokratische Vorstellung von formalen Qualifikationen. Die freilich garantieren nicht automatisch, daß jemand mit Kindern gut zurechtkommt – man muß sie auch mögen. Groß ist die Versuchung, gerade gegenüber kleinen Kindern ganz unerfreuliche Machtphantasien auszuagieren. Die »professionelle« Ausbildung schützt vor dieser Versuchung nicht immer.

Dem kindlichen Bedürfnis nach Ruhe, Ordnung und festen Regeln trägt der Mainstream der Kindergartenpädagogik nur sehr mangelhaft Rechnung. Es reicht anscheinend nicht, daß sich in den Kindern selbst so viel verändert – auch ihre Umgebung muß ständig in Bewegung sein. Der Kindergarten hat dreißig Jahre der Entgrenzung und Entformalisierung hinter sich. Während man ihn in den siebziger Jahren als »Elementarbereich« sprachlich in das Bildungssystem eingemeindete, betrieb man gleichzeitig seine »Entschulung«. An die Stelle fester Wochen- und Jahrespläne für Basteln, Spielen, Zählen und Schleifebinden trat der »situative Ansatz«, der die Lebensumstände des einzelnen Kindes aufgreifen und zum Gruppenthema machen wollte. Dieser Ansatz ist besonders dort in die Kritik geraten, wo er als bloße Maskierung einer grundsätzlich konzeptionslosen Arbeit empfunden wurde. Die Tendenz zur Entgrenzung hat sich dennoch fortgesetzt. In den vergangenen Jahren gingen immer mehr Träger dazu über, die festen Gruppen in ihren Einrichtungen aufzulösen. Die Kinder spielen gemeinsam ohne zugewiesene Erzieherin in Großräumen und können bei Bedarf »Kleingruppenarbeit« in »Funktionsräumen« machen. Dazu paßt das Frühstücksbuffet, an dem sich jedes Kind zwischen acht und elf Uhr selbst bedienen darf. Es ist kein Wunder, daß elementare Kulturtechniken wie etwa das ordentliche Essen unter diesen Bedingungen verlorengehen.

Mit zunehmendem Alter werden die Kindergartenkinder für die Erzieherinnen nicht weniger anstrengend. Zwar hören sie irgendwann mit dem »Trotzen« auf. Zwischen dreieinhalb und etwa fünfeinhalb Jahren aber entwickeln sie ein unerschöpfliches und anstrengendes Interesse für Zusammenhänge. Gleichzeitig entwickelt sich ihr Gefühlsleben: Sie binden sich länger an Mitmenschen, lernen überhaupt erst eine Empfindung wie Mitgefühl kennen. Und ihnen wird bewußt, daß sie Heimweh haben, daß sie sich nach Hause sehnen können. Oft nehmen sich Erzieherinnen der Heimweh-Kinder liebevoll an. Aber wie oft geht das nicht? Die Kinder müssen also lernen, exzessives Heimweh zu unterdrücken. Das wäre ganz in Ordnung – wenn Verdrängung oder Ausblendung nicht als einzig mögliche Lösungen für so viele Probleme im Kindergarten erschienen.

Es stellt sich also die Frage, ob die Gegebenheiten in einer großen Gruppe von Kleinkindern eine ebenso differenzierte Entfaltung der einzelnen Persönlichkeit erlauben wie die Betreuung zu Hause. Wen auch nur der geringste Zweifel daran plagt, der muß, zumindest in der Zeit, die sein Kind nicht im Kindergarten verbringt, für einen Ausgleich sorgen: also zuhören, das Kind beachten und wenigstens versuchen, sich ein klares Bild von den täglichen Abläufen in der »Einrichtung« zu machen. Es gibt vermutlich keinen Schritt hinter die Gruppenerziehung von Kindern zurück; aber gerade weil die Entwicklung unaufhaltsam scheint, ist ein genauer Blick auf die Ideologie notwendig, die der Kita-Praxis zugrunde liegt. Welches Bild von der Gesellschaft haben eigentlich die Erzieherinnen, denen die Kinder in einer ihrer wichtigsten Entwicklungsphasen überlassen werden?

Kindertagesstätten zeichnen sich durch eine eigentümliche, durchaus gewöhnungsbedürftige Kultur aus. Wenn man sich dort zum Elternabend trifft, bekommt man den Eindruck von kollektiver Regression: Lauter Erwachsene sitzen klaglos auf winzigen Kinderstühlchen und erörtern eifrig die obligaten Themen, die seit Jahren in der Szene *en vogue* sind: Multikulti, Umweltschutzerziehung, Kinderrechte, sexueller Mißbrauch. Selbstverständlich wird geduzt: Der Umstand, daß man Kinder in derselben, vielleicht der »Regenbogen«-Gruppe hat, macht offenbar jede Distanz untereinander und zu den Erzieherinnen überflüssig. Das freilich sind Beobachtungen aus Kindergärten in sozial unauffälliger Wohnumgebung. In Problemstadtteilen bieten die Mitarbeiterinnen der Einrichtungen häufig handfestere Diskussionsthemen an. Sie nehmen, da sie die Folgen täglich vor Augen haben, energisch Stellung zu Phänomenen wie Dauerfernsehen, Fehlernährung, Gewalt; sie überreden türkische Mütter zu Deutschkursen in den Räumen des Kindergartens, weil die türkischen Kinder niemals vollständig integriert werden können, solange sie zu Hause nur Türkisch oder gebrochenes Deutsch hören. Die zahlreichen etwas surreal anmutenden Themen der politisch korrekten Pädagogik sind, mit anderen Worten, ein gewisser Mittelschicht-Luxus: Aber der birgt die Gefahr, an den wirklichen Problemen der Kinder vorbeizusehen und Debattenaufmerksamkeit aufzuzehren, die sich auf wichtigere Fragen richten könnte.

Die zu Unrecht als »rechts« apostrophierten Tugenden wie Konzentration, Ruhe, Ordnung, Höflichkeit und die Fähigkeit zu einem distanzierten Verhalten werden im Kulturraum Kindertagesstätte nicht als erstrebenswerte Erziehungsziele angesehen. Das überkommene Ideal dort heißt nach wie vor »Entfaltung«; und hartnäckig hält sich die Fiktion, das Kind habe alles schon in sich, was es zu entfalten gelte. Das Gegenteil ist richtig: Das Kindergartenkind nimmt beständig auf; versucht zu begreifen; ahmt nach. Es braucht Angebote und Anregungen, nicht jemanden, der im sogenannten »freien Spiel« darauf wartet, daß den Kleinen schon etwas einfallen wird. Natürlich darf man Kinder, wenn sie spielen, nicht dauernd stören. Aber das heißt nicht, daß sie in dem Umfang, in dem sie es heute teilweise müssen, auf Spielvorschläge und Anleitung verzichten können.

Die Kultstätte der Entfaltung ist die »Matschecke«. Sie darf bei keiner Neugestaltung der Spielplatzanlage fehlen. Jeder dürfte unterschiedliche Beobachtungen zu der Begeisterung haben, mit der Kinder sich verordnetermaßen im Matsch wälzen. Bei warmem Wetter mag das ganz nett sein. Es gibt allerdings auch Kinder, denen dieser Entfaltungsmodus zuwider ist; ebenso wie der »Schweinetag«, an dem in einer besonders fortschrittlichen Einrichtung grundsätzlich mit den Fingern gegessen wird. Daß »Entfaltung« auch etwas sein könnte, was sich an bildungsbürgerlichen Traditionen orientiert, ist den meisten Erzieherinnen ein ebenso fremder Gedanke wie die Vorstellung, sie sollten Familienersatz sein. Musikalische Früherziehung, Tanz, Rhythmus- und Bewegungsspiele, Kasperletheater, Vorlesen – all diese viel zu naheliegenden Gestaltungsmöglichkeiten des Kindergartentages führen ein Schattendasein. Das mag vor allem an Personal-, Raum-, Ausstattungs- und Zeitnot liegen. Aber nicht nur: bloß nichts vorgeben! Bloß keine milieufremden Mittelschichtswerte für Unterschichtskinder! Lieber würden die ihrem Selbstverständnis nach progressiven Erzieherinnen mit nebulösen Formen der »Medienerziehung« beginnen – und damit manchen Kindern den letzten fernsehfreien Raum in ihrem Leben nehmen.

Auch im Kindergarten verbünden sich Diffus-Achtundsechziger und Modernisierer gegen einen bürgerlichen dritten Weg: Der Kinder- und Jugendbericht reflektiert (allerdings ein wenig so, als ob auch der Textreferent es nicht ganz glauben kann), wie die ökonomische Begründung für die große Bildungsreform der sechziger Jahre inzwischen in die Kindergartendebatte eingesickert ist: »Aus der Frage nach der Zukunftsfähigkeit Europas und der Erkenntnis, daß die gegenwärtige Kindergartenpädagogik langfristig zum Rückgang der internationalen Wettbewerbsfähigkeit beiträgt, wird die Notwendigkeit abgeleitet, sowohl die pädagogische Konzeption als auch sämtliche materiellen und personellen Rahmenbedingungen auf das Ziel hin auszurichten, Unternehmergeist – *entrepreneurship* – zu produzieren.« Schwer zu sagen, wie man sich eine in diesem Geiste reformierte Kindergartenpädagogik vorzustellen hätte: Womöglich sollte das Kind, welches in der Matschecke die größten Geländegewinne verbucht, erzieherische Hilfe bei der Gründung eines Start-up-Unternehmens erhalten. Die Internetanschlüsse für alle Kindergärten sind schließlich auch kein Witz, sondern in manchen Kommunen ernsthafte Projekte. Es fragt sich allerdings, ob man es dann noch schafft, den unternehmerisch weniger begabten Kindern beizubringen, sich nicht gegenseitig mit der Schaufel ins Auge zu hauen.

Natürlich entscheidet die Erziehung im Kindergarten (zusammen mit vielen anderen Faktoren) darüber, ob ein Mensch später in der Lage sein wird, sich auszudrücken, abstrakt zu denken, Selbstdistanz und Humor, Disziplin und Mitgefühl, Zielstrebigkeit und Begeisterung zu entwickeln. Der unterstellte positive Effekt für die Wettbewerbsfähigkeit Europas, den solche Erwachsenen zweifellos hätten, ist allerdings ein sehr indirekter. Und er sollte auch in der Pädagogik keine Rolle spielen: Es geht einem verantwortungsvollen Erzieher immer um den Menschen, der eine Persönlichkeit werden soll – nicht um die Massenproduktion von künftigen Unternehmensberatern. Gleichwohl machen sich auch eifrige Deuter und *content provider* der Kindergartentheorie die ökonomistische Argumentation zu eigen: »Die heutigen (Klein-)Kinder werden als Erwachsene in einer Zeit des immer schneller werdenden technologischen Fortschritts und des zunehmenden Wettbewerbs mit anderen Ländern, aber auch des rasanten Bevölkerungsrückgangs und der Überalterung unserer Gesellschaft leben. Von ihrer Qualifikation und ihren beruflichen Leistungen wird abhängen, ob die Bundesrepublik die in den kommenden Jahrzehnten anstehenden wissenschaftlichen, wirtschaftlichen und sozialpolitischen Herausforderungen meistern kann«, schreibt Wassilios E. Fthenakis in dem Vorwort zu seinem Buch *Qualität von Kinderbetreuung*. »Aufgrund der hier nur angedeuteten Entwicklung gewinnt die Aussage, daß Kinder unsere wichtigste Ressource sind, eine neue Bedeutung.«

Wenn Kinder schon *Ressourcen* sind, dann ist es folgerichtig, für die Beurteilung der Kindergärten Begriffe aus der industriellen Fertigung von Konsumgütern zu verwenden: »Qualitätssicherung« und »Qualitätsmanagement«.

Wie überall in der Verwaltungsreformdebatte werden auch hier banale Sachverhalte mit angeberischen Etiketten versehen: Unter Überschriften wie *Qualität im Dialog entwickeln* offerieren Konzeptautoren und die Anbieter sozialpädagogischer Fortbildungskurse Handreichungen wie folgende: »Der konkrete Alltag mit seinen vielfältigen Situationen bestimmt im wesentlichen eine lebendige Programm- und Prozeßgestaltung in der Kindertageseinrichtung. Herausgehobene, besonders inszenierte Ereignisse (Highlights) geben ihm eine besondere Note und Qualität, indem sie soziale, rituelle und symbolische Muster bilden, die Leben und Erfahrung auf besondere Weise prägen.« In der real existierenden Praxis bedeutet so etwas, daß Gruppenleiterin Marion die kleine Laura auf einen Stuhl steigen läßt, wenn Laura Geburtstag hat. Die anderen Kinder singen dann ein Geburtstagslied.

Zudem erlaubt das Qualitätsmanagement Ausweichfortbildungen – manche Erzieherinnen haben einen Hang dazu, sich dem anstrengenden Alltag in ihrer Einrichtung so häufig wie möglich durch Seminare zu entziehen. Das verbessert vielleicht auch ein wenig ihre generell schlechten Aufstiegschancen: Üblicherweise können Erzieherinnen, die in der Regel eine vierjährige Fachschule besucht haben, nicht Leiterinnen einer Einrichtung werden; dafür ist das Fachhochschulstudium der Sozialpädagogen notwendig. Die einzige Möglichkeit, dem Träger aufzufallen, ist ein avantgardistisches Fortbildungsprofil und die Teilnahme an möglichst vielen Vernetzungsaktivitäten. Mit den Sorgen und Nöten von Eltern, vor allem aber mit den Fragen: Sind die Kinder in den Kindergärten glücklich? oder: Was lernen sie dort? Und was für Erwachsene sollen eigentlich aus ihnen werden? hat all das kaum zu tun.

Der vergleichsweise geringe Verdienst und die spärlichen Karrieremöglichkeiten sind vermutlich der Hauptgrund dafür, daß der Erzieherinnenberuf ein Frauenberuf ist. Die einzeln abzählbaren Männer, die in Kindergärten arbeiten, bleiben Exoten. Immer noch genießt die Erziehung kleiner Kinder wenig Ansehen. Damit verstärken die Kindertagesstätten den Trend zur vaterlosen Gesellschaft. Die Männer machen sich nicht nur in den Scheidungsfamilien davon; sie tauchen in der institutionellen Kleinkinderbetreuung erst gar nicht auf. Quoten sind bei uns ein übliches Instrument der Frauenförderung. Im Interesse der Kinder – langfristig aber auch im Interesse einer etwas weniger neurotischen Gesellschaft – müßte man nachgerade eine Männerquote für Kindergärten und Grundschulen fordern. Es liegt in der Natur einer Quote, daß sie zunächst schwer zu erfüllen ist. Im Endeffekt würde sie aber allen, die im Erziehungsbereich arbeiten, zugute kommen: Wer Männer als Kindergärtner gewinnen will, muß ganz offensichtlich andere Arbeitsbedingungen anbieten. Wie vieles ist auch dies eine Geldfrage, aber es wäre im Interesse des sozialen Friedens gut ausgegebenes Geld. Andernfalls werden wir uns intensiver mit den planlosen, suchenden Regelverletzungen vaterlos aufgewachsener Jungen zu beschäftigen haben. Den Bedarf an männlichen Kollegen stellen mittlerweile auch viele Erzieherinnen fest, besonders wenn sie an sozialen Brennpunkten mit einer hohen Alleinerziehendendichte arbeiten.

In solchen Stadtteilen sind auch die allzu offenen Konzepte der pädagogischen Arbeit jedenfalls zum Teil wieder auf dem Rückzug. Die Praxis ist der Fachrhetorik in dieser Hinsicht voraus. Offenbar erkennen viele Erzieherinnen, daß besonders ihre schwierigen Schützlinge auf Struktur, auf Ordnung und Regeln angewiesen sind. Vor diesem Hintergrund wird auch die heilige Kuh der Sozialpädagogik, die Integration, zu diskutieren sein. Integriert wird heute alles: kleinere und größere, behinderte und nicht behinderte, deutschsprachige und nicht deutschsprachige Kinder. Wem die Integration jeweils nützt, ist nicht immr ganz klar: Sie gilt, zum Beispiel, als bestmögliche Sprachförderung für ausländische Kinder. Aber da *diese* zu Hause beim Deutschlernen häufig nicht richtig unterstützt werden, ist das einfache Mitlaufenlassen kein erfolgversprechender Weg: Das zeigt sich unter anderem an den dramatisch dürftigen deutschen Sprachkenntnissen junger Türken der dritten Generation. Etwas weniger Integration, etwas mehr Differenzierung im Kindergarten (bei erheblich verbesserter Personalausstattung) würde für diese jungen Menschen später mehr Integration in die Gesellschaft bedeuten. Sie brauchen vor allem gezieltes deutsches Sprachtraining (und ganz und gar keinen »muttersprachlichen Unterricht«). In diesem Punkt könnte man den tendenziell vagen Bildungsauftrag des Kindergartens einmal ernst nehmen. Es muß möglich sein, daß ausländische Ganztagskinder nach drei Jahren perfekt deutsch sprechen. Dafür braucht es freilich zusätzliches qualifiziertes Personal; und möglicherweise ist der Fremdsprachenunterricht für sehr kleine Kinder eine Kompetenz, die man tatsächlich an einer Hochschule erwerben muß. Solcher Deutschunterricht in Kindergärten gehört ebenfalls zu den Dingen, die viel Geld kosten werden, doch wiederum wäre es Geld, das die Qualität des Zusammenlebens in diesem Land verbessern dürfte.

Auch die altersgemischten Gruppen in den Kindertagesstätten sind Ausdruck eines umfassenden Integrationswillens, und auch über ihren Nutzen muß man zumindest nachdenken. Wie gut funktionieren Gruppen, wenn ein Teil der Kinder doppelt so alt ist wie der andere? Hier wird Familie nachgebildet, wo es am wenigsten hilft. Die Sechsjährigen langweilen sich eher unter den Dreijährigen, als daß sie diese wie kleine Geschwister betrachteten. Der Kindergarten versteht sich als Teil des Bildungssystems, doch wenig ist den Lehrern in der Erzieherinnenausbildung so zuwider wie der alte Schulbegriff des Beibringens. Genau darauf aber, daß man ihnen etwas beibringen – nicht allerdings sie drillen – möge, lauern Kinder im Vorschulalter. Und genau das gibt das immer noch als fortschrittlich gerühmte Kinder- und Jugendhilfegesetz der Bundesrepublik den Kindergärten auf: die Betreuung, Erziehung und *Bildung* unserer Kinder.

5
DIE ÜBERFORDERTE ANSTALT

Bildung, nicht Benimm-Training: Die Schule kann kein erzieherischer Vollversorger sein

Eins ist sicher: Ihren einstigen Einschüchterungscharakter hat die Schule gründlich verloren. Angst vor Lehrern haben heute nur noch die wenigsten Kinder. Das ist gut.

Doch wie jeder Fortschritt bringt auch dieser Traulichkeitsgewinn Nebenwirkungen mit sich, die seine positiven Effekte untergraben könnten. Eltern drohen zu Hause nicht mehr mit dem strengen Lehrer, aber sie respektieren ihn auch selbst nicht länger als fachliche oder pädagogische Autorität.

Solche Eltern betrachten Schulen als Dienstleistungsunternehmen mit pädagogischem Servicepersonal, das vor allem dazu da ist, ihnen lästige Erziehungsaufgaben abzunehmen. Lehrer sollen die Kinder betreuen, während Vater und Mutter sich verwirklichen, sie sollen ein angenehmes Sozialverhalten der Sprößlinge sicherstellen und solchen Lernstoff in die Kinder hineinmanövrieren, daß diese später Chancen auf dem unsicheren Arbeitsmarkt haben.

Die Vorstellung, daß es nicht Sache der Eltern, sondern vielmehr der Schule, also letztlich des Staates sei, Kinder zu erziehen, taucht in der bundesrepublikanischen Diskussion zuerst in der großen Bildungsreformdebatte der sechziger Jahre auf. Damals ging es nicht allein um eine vollständige Ausschöpfung der Bildungsreserven – im Namen der wirtschaftlichen und kulturellen Wettbewerbsfähigkeit Deutschlands –, sondern auch darum, daß man der Familie als Erziehungsinstanz nicht länger traute: Sie hatte im Dritten Reich versagt, sie würde wieder versagen. Daß die Last der Erziehung dem Elternhaus zugewiesen werde, schrieb Ralf Dahrendorf in *Bildung ist Bürgerrecht* (1965), sei »eine Fiktion, an der auch dort noch festgehalten wird, wo bekannt ist, daß das Elternhaus seine *angebliche* Aufgabe nicht zu erfüllen vermag«.

Vermutlich gab es 1965 wie heute Verhältnisse am Rande der Gesellschaft, für die diese Diagnose zutraf. Gleichwohl nimmt es wunder, den großen Liberalen Dahrendorf so eindeutig für vergesellschaftete Verantwortung und gegen individuelle Zurechenbarkeit plädieren zu hören. Seine Position drückte aber den Zeitgeist angemessen aus und wurde ungeheuer erfolgreich. Die Erziehung von Kindern in der Familie geriet in den folgenden Jahren von zwei Seiten unter Druck: durch die »Professionalisierung« und Akademisierung der Erziehungsberufe, die im Zuge der Bildungsreform einsetzte; und durch die antiautoritäre Bewegung. Wenn man zum Großziehen der eigenen Kinder eigentlich einen Hochschulabschluß brauchte, wenn Erziehung ohnehin Aufgabe der Schule war und man antiautoritärerweise am liebsten gar nichts tun sollte – was blieb dann den Eltern? Sie konnten sich, beruhigt oder resigniert, zurücklehnen. Daß wohlverstandene »antiautoritäre Erziehung« nicht *laisser faire*, sondern ständige Diskussion, Zuwendung, Aufmerksamkeit und zeitraubende Aushandlungsprozesse bedeutet hätte, geriet erwartbar schnell in Vergessenheit. Die

Eltern der Kinderladenbewegung hatten sich diesem aufreibenden Geschäft gestellt. Und gerade sie, die die Kleinkindererziehung bis zur Erschöpfung zu ihrer privaten Angelegenheit gemacht hatten, waren ziemlich froh, wenn der anstrengende Nachwuchs im Alter von sechs Jahren an die Schulen abgeliefert werden konnte – deren Lehrer man dann mit dauernden Telefonanrufen und auf Elternabenden auf Linie bringen konnte.

Heute wirkt das ideologische Etikett »antiautoritär« nur noch unreflektiert im Hintergrund des Erziehungsgeschehens. Viele Eltern haben einfach keine Lust mehr, sich durch Verbote oder Diskussionen unbeliebt zu machen. Ganz unabhängig davon, ob die Institution Schule selbst unter idealen Bedingungen geeignet wäre, die vollständige Erziehung eines Kindes zu bewerkstelligen: Nicht einmal den Versuch dazu dankt die Gesellschaft den Lehrern mit Solidarität. Das regierungsamtliche Gerede von »faulen Säcken«, die Entbeamtungspolitik vieler Landesregierungen, auch die Ressentiments der Medien gegen den Berufsstand nähren die Dienstleistungserwartungen der nichterziehenden Eltern und kinderlosen Erwachsenen. Ein pädagogisches Verhältnis ist aber eine andere und umfassendere Form des staatlichen Handelns als die Aushändigung einer Kfz-Zulassung. Wer einen jungen Menschen bilden und erziehen, und das heißt eben auch: etwas von ihm verlangen und ihn fordern soll, kann nicht nur als Dienstleister auftreten.

Manche anderen Erwartungen der Eltern an die Schulpraxis und einige Kritik an ihr sind eher verständlich: Berufstätigkeit etwa läßt sich mit dem Grundschulbesuch eines Kindes, das manchmal nach zwei Stunden Unterricht wieder zu Hause auftaucht, erst zur vierten Stunde in der

Schule erscheinen muß oder wegen Krankheiten einzelner Lehrer, Eingewöhnungsphase der ersten Klasse oder Lehrerfortbildung gleich ganz frei hat, nur schwer vereinbaren. Verläßliche Halbtagsschulen mit einer gesicherten Aufsicht von 8 bis 13 Uhr bleiben darum eine sinnvolle familienpolitische Forderung, und auch für Ganztagsschulen läßt sich, gerade in sozial benachteiligten Wohngebieten, durchaus argumentieren. Allerdings sollte niemand den Fehler machen, dieses (notwendige) Betreuungsangebot mit den originären Aufgaben der Schule zu verwechseln. Aufgabe der Schule ist es, den Kindern etwas beizubringen, und zwar vorzugsweise Fakten (oh ja, auch Geschichtszahlen) und Fertigkeiten (Schreiben, Lesen, Rechnen). Auf diesen Zweck hin ist die Schule organisiert, dafür sind die Lehrer ausgebildet. Und: Es gibt keine andere Instanz in unserer Gesellschaft, die sich der Wissensvermittlung in vergleichbar systematischer Weise widmet. Dies müßte das A und O aller Schulpolitik sein.

Kinderbetreuung kann allenfalls den Charakter einer Zusatzfunktion haben, die die Schulen praktischerweise mitorganisieren. Doch dafür brauchen sie Geld, Räume und Personal. Was nicht geht, ist dies: Der Schule die neuen Erziehungs- und Betreuungsaufgaben zu Lasten ihres Bildungsauftrages aufzubürden. Denn soviel stimmt sicher am modischen Gerede von der Wissensgesellschaft: In ihr wird sich kaum zurechtfinden können, wer nicht die kulturellen Basistechniken beherrscht und darüber hinaus seinen Standort in dieser Gesellschaft, diesem politischen System und diesem Kulturkreis einigermaßen bestimmen kann.

Eltern sind hin- und hergerissen in ihren Wünschen nach Wissensvermittlung an die Kinder. Einerseits erstreben sie für diese die höchsten erreichbaren Schulabschlüsse: Schließlich ist selbst das Abitur längst keine Garantie mehr für eine Karriere, sondern nur noch eine Zugangsberechtigung für die Chancenlotterie, wie Ulrich Beck in der *Risikogesellschaft* schreibt. Dafür wird in riesigem Umfang in Nachhilfe investiert. Andererseits soll das Wissen von den schulischen Dienstleistern möglichst »ohne Druck« in die Kinder hineinvermittelt werden. Wehe den Lehrern, die dabei zu hartnäckig sind, oder den Kindern zuviel abverlangen: Die Religionslehrerin etwa, die erläutert, warum sie die Kenntnis biblischer Geschichten als hilfreiche Grundlage für das Verständnis der christlichen Religion betrachtet, muß sich empört fragen lassen, warum sie im Unterricht nicht häufiger »soziale Themen« behandele. Ein kleines Beispiel; aber jeder Lehrer kann ähnliche berichten. Und es paßt zu der Kumpel-Attitüde, die viele Eltern gegenüber ihren Kindern einnehmen, daß dem Nachwuchs zu Hause erst einmal erklärt wird, man könne das Fach Religion auch einfach abwählen.

Daß die Eltern es den Lehrern in zahlreichen Fällen ersparen könnten, Druck auf ihre Klassen auszuüben, wenn sie den Kindern bei den Schularbeiten helfen, Fragen mit ihnen besprechen und darauf dringen würden, daß man sich auch in der Schule gesittet benimmt, ist ein unpopulärer Gedanke. Ganz allgemein wird es als Zumutung empfunden, der Schule in dieser Weise zuarbeiten zu sollen: Wann denn? Wer denn, wenn beide Eltern arbeiten und spät nach Hause kommen? Man mag in der Tat gezwungen sein, im Sinne Dahrendorfs zu bilanzieren, daß die Familien diese Aufgaben nicht mehr erfüllen können. Doch das kann nicht bedeuten, daß sie unerledigt bleiben. Ein zeitlich vom Unterricht entkoppeltes Wiederholen und

Vertiefen des Stoffes gehört zu einem sinnvoll strukturierten Lernprozeß. Man kann diese Wiederholungen unter Umständen an Ganztagsschulen delegieren – verzichten kann man nicht darauf.

Doch bedauerlicherweise ist es ein Trend – sowohl in der individuellen Sicht der Eltern auf die Schule als auch in der Bildungspolitik – Mißstände nicht zur Kenntnis zu nehmen, sondern sie umzuetikettieren. Mit den Zahlen über den skandalösen Unterrichtsausfall etwa treiben die Kultusministerien so abenteuerliche Rechenkunststücke, daß es ihnen immer noch gelingt, die Wirklichkeit zu verschleiern. An Grundschulen können faktisch bis zu zwanzig Prozent der Stunden ausfallen – die Schulbehörden rechnen sich indessen mit Regelstundenzahlen reich, in denen Lehrerabsenzen wegen Krankheit oder Frühpensionierungen einfach nicht vorkommen.

Die Eltern wiederum haben für individuelle Lernprobleme ihres Kindes – die ihre Ursache durchaus im häuslichen Umfeld haben mögen – stets externe Erklärungen: Der schwache Realschüler ist ein unentdeckter Hochbegabter, das dauerfernsehende Kind, das ständig den Unterricht stört, ist hyperaktiv.

Und der Fünftklässler an der Gesamtschule? Seiner Klassenlehrerin fällt auf, daß ihr Schützling häufig verprügelt wird. Und daß das Kind ein typisches »Opferverhalten« an den Tag legt: also einerseits Stärkere provoziert, sich andererseits aber kaum zu wehren weiß. Ein Anruf bei der Mutter soll klären, ob man dem Jungen helfen kann. Ob er zu Hause Schwierigkeiten hat, die sein Verhalten in der Schule beeinflussen. Die hat er allerdings. Seine beiden älteren Brüder, sagt die Mutter, steckten ihm gelegentlich den Kopf ins Klo: »Aber da halt ich mich raus.« Da halt ich mich raus: Selten geht die Unempfindlichkeit von Eltern so weit wie in diesem Fall. Aus der Perspektive der Schule markiert der Satz das Extrem einer typischen Entwicklung: Eltern ziehen sich aus ihrer Erziehungsverantwortung zurück. Nimmt man die Beobachtungen der Pädagogen ernst, dann steht unsere Gesellschaft vor einem erheblichen Problem. Während man vor zwanzig Jahren mit ein oder zwei auffälligen Kindern pro Klasse rechnen mußte, sind es heute eher fünf oder sechs. Wenn in den Familien keine Primärsozialisation stattfindet, wachsen der Schule neue Aufgaben zu, für die sie bisher nicht vorgesehen war. Dann muss sie lehren, wie man Kontakt zu anderen Kindern aufnehmen kann, ohne ihnen ein Bein zu stellen; welche Begrüßungsrituale unter zivilisierten Menschen üblich sind; daß »alte Fotze« keine angemessene Anrede für die Musiklehrerin ist und daß sechs Dosen Coca-Cola keine vollwertige Nahrungsration für den Tag sind. All dies frißt Zeit, die so dringend für den Unterricht benötigt würde.

»Das große, unauffällige Mittelfeld wird zugunsten der Extreme kleiner«, sagt der Rektor einer Grund- und Hauptschule in einem kleinbürgerlichen Stadtteil. »Ein Teil unserer Kinder ist vollkommen überbehütet, ein anderer Teil ist verwahrlost.« Die Verhätschelten werden zur Schule gefahren und aufmerksam auf jedes Anzeichen von Krankheit untersucht. Die Verwahrlosten kommen ohne Frühstück, ohne warme Kleidung, ohne Arbeitsmaterial in die Schule. Beiden Gruppen werden zu Hause – falschverstandene Fürsorge hier, Unfähigkeit dort – kaum Grenzen gesetzt. Solche Kinder, sagt der Rektor, zeigten häufig eine geringe Frustrationstoleranz, seien empört, wütend und enttäuscht bei allem, was ihnen in der Schule mißlinge. Eine Gesamtschullehrerin drückt es drastischer aus: »Diese Kinder sind eine Belastung, aber nicht belastbar.« Sie prügelten und beschimpften Mitschüler, brächen selbst aber beim geringsten Anlaß in Tränen aus. »Und sie können nicht zuhören, weil zu Hause niemand ist, der ihnen zuhört«, sagt eine von drei Sozialpädagoginnen, die an derselben Gesamtschule für problematische Einzelfälle zuständig sind. »Manchen von ihnen fehlt jede Fähigkeit, sich in andere Menschen hineinzuversetzen.«

Die Einzelbetreuung von Kindern, die den Unterricht massiv stören, gehört bei immer mehr Grund-, Haupt- und Gesamtschulen zum Standard. Die Kinder empfinden Extrastunden in den »pädagogischen Inseln« durchaus nicht als Strafe. Sie sind vielmehr glücklich, daß sich endlich jemand um sie kümmert. Doch der Einsatz von Sozialpädagogen und Betreuungslehrern ist eine Kostenfrage; oft geht er zu Lasten des Fachunterrichts. Für den normalen Unterricht bedeutet die Verdreifachung der Problemkinder, daß beispielsweise die Deutschstunde in einer fünften Hauptschulklasse zur Dressurnummer wird: Etliche Kinder sind nicht in der Lage, den 45-Minuten-Takt auch nur annähernd durchzuhalten: Sie stehen auf, gehen umher, summen vor sich hin, piesacken ihre Tischnachbarn. Einige Jungen haben Schwierigkeiten, ihre Gesichtszüge unter Kontrolle zu halten: Sie grimassieren, lassen ihre Zungen heraushängen. Zwei Kinder sind übernächtigt. Nahezu alle haben Probleme mit dem Vorlesen. Die eigentliche Aufgabe, nämlich Teile der Geschichte von der Arche Noah in die richtige Reihenfolge zu bringen, bewältigen die wenigsten: »Es gibt ein Intelligenzproblem und ein Verhaltensproblem«, sagt die Klassenlehrerin. »Einige Kinder hier gehörten eigentlich auf die Sonderschule. Andere wachsen zu

Hause quasi wild auf, ohne alle Umgangsformen.« Seit in den Medien viel von Hyperaktivität die Rede sei, könne man beobachten, wie sich Problem-Eltern dieses Erklärungsmuster für die Schwierigkeiten ihrer Kinder zu eigen machten: Statt etwas an ihrem eigenen Erziehungseinsatz zu ändern, zögen sie sich darauf zurück, ihr Kind sei krank. Es brauche Medikamente, nicht sorgsamere Behandlung.

Viele Sonderschulen werden im Namen der »Integration« zurückgebaut, selbst schwierigste Kinder besuchen die normale Hauptschule. Ganz schwere Fälle von Verhaltensstörungen können diese Schulen dann nur noch an die Kinderpsychiatrie abgeben. Vorher lassen sich die Pädagogen durchaus einiges einfallen. Im Fall eines gewalttätigen Sechstklässlers erreichte eine Hauptschule in Zusammenarbeit mit dem Jugendamt, daß die Eltern des Jungen in jeder Pause antreten und ihr Kind auf dem Schulhof beaufsichtigen mußten. Solche unkonventionellen Lösungen erfordern aber eine enge Kooperation mit der örtlichen Jugendhilfe. Häufig scheitert sie an Zeitmangel – und an Kommunikationsschwierigkeiten zwischen den unterschiedlichen pädagogischen Professionen.

Massive Disziplin- und Verhaltensprobleme mögen in erster Linie in schwierigen sozialen Verhältnissen auftreten. Doch die Auswirkungen eines vermeintlich liberalen, in Wirklichkeit aber gleichgültigen Erziehungsstils lassen sich auch an Gymnasiasten beobachten: zum Beispiel in der Form von Markenterror und Alkoholexzessen. Manche Eltern, die das Wochenende, natürlich ohne Kinder, in ihrem Ferienhaus auf Sylt verbringen, füllen den häuslichen Kühlschrank mit Aldi-Champagner, damit die teureren Flaschen im Keller verschont bleiben. Je weniger auch die privilegierten Eltern bereit sind, ihren Kindern Zeit zu widmen und sich mit ihnen auseinanderzusetzen, desto schlechter sind deren Chancen, urteilsfähige Erwachsene zu werden. Eine Deutsch- und Geschichtslehrerin an einem Gymnasium in einem teuren Villenvorort beschreibt die mangelnde Kritikfähigkeit ihrer Schüler: »Ich kann ihnen jede noch so irrsinnige Quelle vorlegen – sie sagen dann: Ja, seltsam, aber wenn das die Meinung des Autors ist ...« Von zu Hause brächten die Schüler immer seltener die Fähigkeit mit, zwischen einer Meinung und einem Argument zu unterscheiden.

Allerdings mag es auch sein, daß ein Teil dieser Oberschüler mit dem Programm des Gymnasiums schlicht überfordert ist: Die Ausweitung der Abiturquote von sieben Prozent pro Jahrgang im Jahr 1968 auf rund dreißig Prozent im Jahr 2000 ist nicht ganz so unproblematisch vonstatten gegangen, wie die Bildungsreformer der sechziger Jahre es gehofft hatten. Gewiß galt es, das intellektuelle Potential der objektiv Benachteiligten auszuschöpfen. Die katholische Landarbeitertochter, die nun endlich studieren durfte, ist sprichwörtlich. Doch die Vermehrung der Hochschulreifen führte zur funktionalen Abwertung dieses Abschlusses: Wenn jeder das Abitur hatte, konnten Arbeitgeber es auch für Tätigkeiten verlangen, für die es, strenggenommen, nicht unbedingt nötig gewesen wäre. Darüber hinaus waren ganz offenbar nicht alle Gymnasiasten so prinzipiell »bildungsfähig«, wie die Bildungsreformer angenommen hatten. Womöglich muß man sich doch auf Begabungsunterschiede einstellen; und ganz sicher gibt es manche Unterschiede in den sozialen Voraussetzungen der Schüler, die die Schule nicht beheben kann. Man mag diese Unterschiede für ungerecht halten, man kann sie mit Sozialpolitik bekämpfen. Die Schule aber kann Sozialpolitik nicht ersetzen. Statt dies einzusehen, begannen die Bildungspolitiker in bewährter Manier, das Problem der überforderten Kinder umzuetikettieren. Wenn die Schüler so waren, wie sie waren, dann mußte sich eben die Schule ändern, was unkodiert hieß: ihre Standards senken.

So begann der Kampf um die »innere Schulreform«, um die Frage, wie man überhaupt einen fachlichen Kanon rechtfertigen könne; um die Notwendigkeit von Zeugnisnoten (der Verzicht darauf wiegt zahlreiche Grundschuleltern, die sich kein realistisches Bild vom Leistungsstand ihrer Kinder machen, in trügerischer Sicherheit); um die Verwirklichung nicht-autoritärer Erziehungsmethoden. Es begann eine Phase des permanenten Infragestellens. So wie die Schule war, durfte sie auf keinen Fall bleiben. Wie sie statt dessen aussehen sollte, war aber auch 1970 oder 1975 nicht ganz leicht zu sagen. Und so entstand die Figur der Dauerreform – nicht zuletzt befördert durch Pädagogen, die dem harten Alltagsgeschäft dadurch entfliehen konnten, daß sie sich auf Bürokratieposten retteten. Was natürlich zur Folge hatte, daß sie gezwungen waren, Reformpapiere in großer Zahl zu produzieren, um ihre Existenz zu rechtfertigen.

Die Hoffnung, die Ungerechtigkeit der Welt mit Schulpolitik heilen zu können, ist grausam enttäuscht worden. Auch die Gesamtschule als höchster Ausdruck dieser Hoffnung hat die soziale Spaltung der Gesellschaft nicht aufheben können. Die Gesamtschule war Symbol eines großen, menschenfreundlichen Machbarkeitsglaubens. Aber wenn sich die Schule in sozialen Aufgaben verzettelt, ohne mit den entsprechenden Ressourcen ausgestattet zu sein, dann enthält sie allen, die eigentlich ein Recht auf Bildung, auch auf Charakterbildung, und auf die Vermittlung von Wissen haben, etwas vor.

Der Zustand der Dauerreform, die permanente Bildungsbaustelle spiegelte sich inhaltlich in der Vorstellung wider, es gehe vor allem anderen darum, Schülern »Kritikfähigkeit« zu vermitteln. Nun ist echte Kritikfähigkeit eine hohe, aber auch schwer zu erlernende Kunst: Setzt sie doch genaue Kenntnis dessen voraus, was es zu kritisieren gilt, und darüber hinaus noch Erfahrung im Fällen von Urteilen, Meinungsfreudigkeit und Argumentationslust. Die Notwendigkeit, die Sachverhalte genau zu kennen, bevor man mit dem Studium der Sekundärliteratur und schließlich mit der Formulierung einer eigenen Position beginnt, haben die Bildungsreformer vom Kindergarten bis zur Hochschule gründlich relativiert. Indem sie die »Paukschule« denunzierten, leiteten sie eine kaum noch aufzuhaltende Erosion des Basiswissens ein, das überhaupt erst ein freies Urteil ermöglicht.

In diesem Kontext sind auch die vielen Stunden zu beklagen, die Schulen heute mit Projekt- und »Methoden«-Unterricht[1] vergeuden. Die Bildungsbürokraten, die solche

---

1 *Methodenlehre / vertiefender Unterricht* (Handreichungen für den 11. Jahrgang der Gymnasien und Gesamtschulen in Schleswig-Holstein; Hrsg.: Ministerium für Frauen, Bildung, Weiterbildung und Sport des Landes SH)

1) »Der vertiefende Unterricht vermittelt Methodensicherheit und hilft, Leistungen und Grenzen von Methoden zu erkennen.«

2) »Der vertiefende Unterricht fördert die Selbsttätigkeit und Selbständigkeit.« »Methoden des Erkennens stellen, wenn sie bewußt angewendet werden ... ein sicheres Gerüst der Wissensorganisation dar.«

Inhalt: a) Arbeits- und Kulturtechniken (sic!)
b) Rationale Standards
c) Fachwissenschaftliche Methoden
d) Fächerübergreifende Perspektiven
e) Philosophische Reflexionen

2 Wochenstunden im 11. Jahrgang

Zeitvernichtung anordnen, sind offenbar wild entschlossen, Ziele und Mittel zu verwechseln. *Ziel* ist es gewiß, die Kinder zu einer selbständigen, souveränen Arbeitshaltung zu führen, die auch im Team funktioniert. Doch diese Art des Arbeitens kann nur lernen, wer schon viel weiß; wer es versteht, sein Wissen zu strukturieren und zwischen »wichtig« und »unwichtig« zu unterscheiden. Gruppenarbeit ist vielleicht die schwerste Form, ein gedankliches Ergebnis zu erreichen. Die Gruppe ist nur so stark wie ihre Teilnehmer. Sind diese in ihren Kenntnissen vage, dazu unmotiviert und wenig konzentrationsfähig, leistet die Gruppe im wesentlichen zweierlei: den Unfähigen und Unwilligen bietet sie ein Versteck und das Engagement der Fähigen und Willigen verwässert sie. Eine Arbeitshaltung kann man im Team nicht erwerben, man muß sie mitbringen. Es ist der übliche kultusbürokratische Etikettenschwindel, die anspruchsvollste Lernform für alle auf den Stundenplan zu setzen und zu erwarten, daß auf diese Weise auch alle zu Spitzenbegabungen werden. Projektarbeit, mehr noch die abstrakte »Methodenlehre« ohne konkreten Gegenstand, sind Angebote für Fortgeschrittene, denen der reguläre Unterricht schon alles gegeben hat. Sie zu Lasten des Basisunterrichts zu verrechnen, wie es heute geschieht – nirgends gibt es ja zusätzliche Stunden für die vielen neuen Aufgaben der Schulen, stets wird umgewidmet – ist ein Unrecht gerade an den leistungsschwachen Kindern. Ihr Grundgerüst an tatsächlichen Kenntnissen wird immer fragiler, und damit schwindet ihre Fähigkeit, sich in der Welt zu orientieren.

Der Hamburger Anglistikprofessor Dietrich Schwanitz beschreibt am Beispiel des Faches Geschichte – ein wenig zugespitzt, aber im Kern korrekt – den vorläufigen Tiefpunkt dieser Entwicklung: »Die große Erzählung unserer

Geschichte ist das Gerüst, in das wir alle anderen Kenntnisse einfügen: Unser Bildungswissen ist historisch geordnet, nicht systematisch. Und diese Schematisierung der Geschichte erfolgt über die Chronologie. Man muß deshalb einen Überblick über das Zeitgerüst haben. Dabei muß man den Schwachsinn vergessen, mit dem die Bildungsreformer die chronologische Ordnung als Leitfaden des Geschichtsunterrichts zerschnitten und durch solche Trümmer wie Unterrichtseinheiten über die ›mittelalterliche Burg‹ oder den ›Reisanbau in Vietnam‹ ersetzt haben. Indem man gegen die Paukerei von Geschichtszahlen polemisierte, gab man zu erkennen, daß man den Verstand verloren hatte: Jahreszahlen sind nicht einfach Zahlen, sondern Vergleichspunkte für weit Auseinanderliegendes, Markierungen für die Gliederung von Abschnitten, Bojen auf der See der Ereignisse, erleuchtete Straßenschilder in der Nacht, die den Weg der Geschichte erst ordnen.« Wer die Straßenbeleuchtung mutwillig ausknipst, oder die Schilder willkürlich umstellt, produziert nicht Kritikfähigkeit, sondern das Gegenteil: totale Meinungsfinsternis. Die wenigsten Menschen beziehen nämlich gern Stellung zu etwas, von dem sie das dumpfe Gefühl haben, es gar nicht richtig zu verstehen. So entsteht die von manchen Älteren dann wieder als »unpolitisch« kritisierte Jugend: Man hat ihr erst systematisch die Urteilsgrundlage entzogen und klagt nun darüber, daß sie sich eines Urteils enthält, ja, daß sie es geradezu als Zumutung betrachtet, ein Urteil haben zu sollen.

Weder mit der sozialen Gerechtigkeit noch mit der allgemeinen Kritikfähigkeit sieht es also nach dreißig Jahren Dauerreform besonders gut aus. Die Liste von Dingen, mit denen es im Bildungswesen nicht zum besten steht, ließe sich fortsetzen: Da hat man, im Namen der nicht-autoritären Erziehung, den Lehrern nahezu sämtliche Disziplinierungsmittel aus der Hand genommen, um sie nun, denn die Disziplinprobleme haben erstaunlicherweise nicht aufgehört zu existieren, in manipulativen Psychotechniken zu schulen, damit sie mit ihren Schülern zu Rande kommen. Vom »Neurolinguistischen Programmieren«[2] bis zur »Kinesiologie«[3] bieten die Programme der Lehrerfort-

---

2 *NLP (Neurolinguistisches Programmieren)*
Psychotechnik, die helfen soll, »den anderen zu durchschauen«; es gibt viele verschiedene Anbieter in der Esoterik-Szene; offenbar reichen 10- bis 14tägige Kurse, um sich zum Experten schulen zu lassen.
Die Idee der NLP-Erfinder Grinder und Bandler lautet, mit den Worten eines Schülers (Jürgen Wippich) ausgedrückt: »Sie wollten die Muster menschlichen Verhaltens und menschlicher Erfahrung durchsichtig und elegant lernbar machen. Therapie und Lernen sollen Spaß machen, schnell gehen und wenig schmerzhaft sein.« Dazu schreibt Jochen Paulus in der ZEIT: »Öffentlichtlich sind Bandler und Grinder brilliante Verkäufer. Sie verprechen ihren Schülern mächtige Techniken, doch falls sie nicht funktionieren, ist die Hintertüre bereits offen: Alles ist ja nur ein Modell.«

3 *Kinesiologie*
Das Wort bedeutet »Lehre von der Bewegung«. Kinesiologie ist kein akademisches Fach wie »Soziologie« oder «Biologie«, sondern eine bestimmte Lebenshilfe-Technik. Zitat aus einer Broschüre des marktbeherrschenden deutschen Anbieters (Institut für angewandte Kinesiologie GmbH, Sitz: Freiburg i.Br.): »AK ... hat mehr den Charakter einer neuen Kommunikationsform als den einer Heilmethode. Das Spektrum ihrer Anwendungsmöglichkeiten ist nahezu grenzenlos. ... AK hilft nicht nur bei Problemen, sondern auch beim persönlichen Wachstum, beim Erschließen unseres gesamten menschlichen Potentials, beim Vervollkommnen vorhandener Fähigkeiten.«
Wichtigste »Diagnosemethode« der K. ist der sogenannte *Muskeltest*, mit dem angeblich ermittelt werden kann, ob die getestete Person »angeschaltet« oder »abgeschaltet« ist – daraus ließen sich, so die Lehre der Kinesiologen, »präzise Rückschlüsse auf eventuelle Energieblockaden bzw. auf Einflüsse« ziehen, »denen die getestete Person gerade ausgesetzt ist«.
Alle Fachleute (Stiftung Warentest, Pschyrembel Wörterbuch Naturheilkunde und alternative Heilverfahren) warnen vor der K. als unseriöse, unwissenschaftliche Methode. Trotzdem gibt es viele Angebote im Bereich pädagogischer Fortbildungen, die immer wieder auch von staatlichen Stellen eingekauft werden.

bildungen die erstaunlichsten esoterischen Methoden an. Es wäre ungerecht, den Unterrichtsausfall, der automatisch mit dem Wort »Fortbildung« assoziiert wird, allein den Lehrern anzukreiden. Outward-Bound-Kurse, Rollenspielvormittage zum Thema Drogenabhängigkeit und andere fragwürdige »Trainings« werden ihnen offiziell verordnet. Ein florierender grauer Markt von Geistes- und Sozialwissenschaftlern lebt unmittelbar vom Verkauf solcher Beschäftigungstherapie. Ob es dem Unterricht tatsächlich zugute kommt, wenn erwachsene Studienräte einander Wollknäuel zuwerfen, um »ein Beziehungsgeflecht zueinander aufzubauen«, sei dahingestellt. Daß die Kultusministerien diese Maßnahmen für notwendig halten, zeigt immerhin, daß die Verantwortlichen wenigstens latent ein Bewußtsein von den erzieherischen Problemen haben, mit denen Lehrer heute konfrontiert sind.

Gleichwohl ist die eine oder andere Umsetzung dieser guten Absicht weniger nützlich als unfreiwillig komisch. So wurden die Lehrer eines norddeutschen Gymnasiums – selbstredend am Vormittag – in »kollegialer Fallbesprechung« geschult. Auszüge aus dem Leitfaden für die Gruppenarbeit lesen sich wie eine Realsatire: »Die Gastgeber/in sorgt für gute Rahmenbedingungen. Der ›Chairman‹/die ›Chairfrau‹ moderiert und strukturiert. Die Zeitwächter/in achtet auf verabredete Zeiten. Der/die Verwalterin des ›Problemspeichers‹ ist das ›Gruppengedächtnis‹ und speichert, was nicht drangekommen ist. Die/der Ratsuchende ist die Hauptperson und bestimmt Thematik, Tempo, Tiefe. Die Gruppenpersonen fördern das Gespräch, liefern Einfälle, ›tragen‹ die positive Atmosphäre.«

Es folgt eine »Konfrontationsphase« mit Fragen durch die Gruppenpersonen: »Wo betrachtest Du Dich in dem von Dir geschilderten Problem als Akteur/in? Wo als Opfer? Was hat das Problem mit Dir zu tun? Wo hast Du in diesem Problemfall Deine Ressourcen, und welche müßtest Du eventuell noch erwerben? Wie sähe die Sache für Dich aus, wenn Du völlig angstfrei wärst? Was würde es für Dein Problem bedeuten, wenn: a) das Kind ein Ausländerkind wäre? b) der Stundenplan anders wäre? c) Du der/die Klassenlehrer/in wärest? d) wenn Dein Schulleiter eine Frau wäre? Wo könnte für Dich in diesem Problem ein Gewinn/Vorteil liegen?«

Es ist nicht ganz klar worin der Gewinn/Vorteil derartiger Schlicht-Psychotrainings für den Schulalltag liegt. Möglicherweise waren die Lehrer bei Disziplinschwierigkeiten doch besser ausgerüstet, als sie noch Einträge ins Klassenbuch, Rügen, Tadel und Verweise schreiben durften. Diese dokumentierten immerhin mit einer gewissen Verbindlichkeit, daß ein Schüler eine Grenze überschritten hatte – und seine Eltern waren gezwungen, dies zur Kenntnis zu nehmen. Gewiß genoß auch in diesen Zeiten nur ein Lehrer Respekt, der die formalen Schulstrafen mit persönlicher Autorität anzuwenden wußte. Doch um wieviel mehr gilt das für ein »problemorientiertes Gespräch«. Eltern können heute vor den disziplinarischen Schwierigkeiten ihrer Kinder lange die Augen verschließen. In einzelnen Fällen läßt sich sogar ein gewisser Stolz auf unbändige Sprößlinge beobachten: »Ja, ja, ich weiß, Robert der Rüpel«, sagt die Mutter eines Jungen, der regelmäßig seine Klasse aufmischt, auf der Elternversammlung. Unangenehm ist ihr der Spitzname ihres Sohnemanns eigentlich nicht.

Wenig hilfreich hat sich die Dauerreform auch in Fragen der Unterrichtsorganisation ausgewirkt: Da hat man den Grundschulunterricht entgrenzt, vom »starren 45-Minuten-Takt« befreit und Kuschelecken und Bilderbücher und Spielsachen im Klassenzimmer erlaubt – und die Kinder können nicht einmal mehr zehn Minuten stillsitzen. Mit anderen Worten: Schlechte Konzentrationsvoraussetzungen aus den Elternhäusern hat man nicht mit mehr Ruhe beantwortet, sondern mit mehr Unruhe. Mit dem Ergebnis scheint niemand so recht glücklich zu sein, aber wer stellt die Methode in Frage? Da hat man viel für das »soziale Lernen« getan, oder jedenfalls gefordert, daß etwas dafür getan werde – und die Kinder haben mehr Kommunikationsprobleme als je zuvor. Vielleicht liegt das ja am stundenlangen Fernsehkonsum zu Hause; dann täte die Schule gut daran, dazu ein Kontrastprogramm zu bieten. Statt dessen soll sie nun die Kinder im Internet-Zappen unterweisen.

Die »innere Schulreform« hat unerwünschte, unkalkulierte Nebenfolgen gehabt. Der emanzipatorische Anspruch der Bildungsreform ist nur in Teilen eingelöst worden. Die soziale Spaltung der Gesellschaft ist nicht aufgehoben, weil die Schule sie nicht aufheben kann. Die desolaten Familienverhältnisse haben zugenommen: Auch daran können Lehrer wenig ändern, außer vielleicht Familienwerte zu vertreten und vorzuleben, die gegenwärtig weitgehend als reaktionär gelten. Die Schüler wissen heute nichts gründlicher als früher, weil sich kaum noch jemand zu sagen traut, was man überhaupt wissen muß. Meinungsfreudiger oder politischer als ihre Eltern sind junge Leute, die durch die entgrenzte Schule der letzten dreißig Jahre gegangen sind, auf keinen Fall.

Und die Lehrer? Die Lehrer sind erschöpft – vermutlich weniger von den Schülern, die schließlich eine Art Berufsrisiko darstellen, als von der permanenten Umwertung aller bildungspolitischen Werte.

Über all diese Phänomene mögen die Achtundsechziger in den Institutionen unseres Bildungswesens nicht gerne sprechen – müßten sie sich doch bei einiger empirischer Ehrlichkeit eingestehen, munter in die falsche Richtung marschiert zu sein. Statt dessen stürzen sie sich mit Begeisterung in die nächste Modernisierungswelle, auf die »Flexibilisierung-Digitalisierung-Teamfähigkeit«. Es liegt eine gewisse Ironie darin (wenn es kein Zynismus ist), daß sie damit genau jenem »flexiblen« Kapitalismus in die Hände arbeiten, den sie einst bekämpfen wollten.

Daß die Schule den Bedürfnissen der Wirtschaft zuzuliefern habe, kann man gegenwärtig in erstaunlicher Unverblümtheit sagen. Dabei geht es weniger um die berechtigten Klagen von Lehrherren und Hochschullehrern, die Lese-, Schreib-, Rechendefizite und die mangelnde Studierfähigkeit der Schulabgänger bemängeln. Diese traditionellen »Schlüsselqualifikationen« sind gar nicht schick genug, um als Forderung in der aktuellen Debatte um »Globalisierung« und die »Digitalisierung« aller Lebensbereiche aufzutauchen: So lauten die *neuen* Schlagworte der Bildungspolitik. Wie sehr das Basiswissen inzwischen schlechtgeredet worden ist, zeigt, stellvertretend für viele andere, eine Äußerung des brandenburgischen Kultusministers Steffen Reiche, getan bezeichnenderweise auf einem bildungspolitischen Symposion des Bundesverbandes Deutscher Banken: »Im Mittelpunkt der Schule«, sagt der Minister, »steht heute, anders als früher, Kompetenzerwerb. Nicht Jahreszahlen, nicht Gedichte oder einzelne Kenntnisse sind zu pauken und zu lernen. Selbst in China hat man das mittlerweile begriffen.« Daß China Maßstab für die brandenburgische Schulpolitik sein soll, ist eine interessante Information. Aber da ist sie jedenfalls wieder, die rest-achtundsechzigermäßige Kritik an der »Paukschule«: Nicht Fakten, sondern »Kompetenzen« soll das Schulkind lernen. Aber was sind Kompetenzen ohne Kenntnisse?

Von der Bildfläche verschwunden ist auch die einst so beliebte Demokratisierung des Bildungswesens. Das ist allerdings kein Verlust. Man hatte sie in Schulen und Hochschulen ein wenig weit getrieben: Drittelparitätisch besetzte Schulkonferenzen und die Gremienuniversität haben die Probleme dieser Bildungseinrichtungen nicht lösen können – was unter anderem daran liegen mag, daß Schüler und Studenten doch immer nur ein vorüberziehendes Interesse an den Belangen ihrer Lehranstalten haben, während Lehrer und Professoren dauerhaft mit den einmal schwungvoll beschlossenen Regelungen zurechtkommen müssen. Eher hat das Aufdrängen demokratischer Beteiligungsrechte, für die man nicht selbst hatte kämpfen müssen, in Generationen von Schülern den Verdacht genährt, Demokratie sei etwas Billiges, das ihnen hinterhergeworfen werde – oder bestenfalls irgendein pädagogischer Gimmick. Auch haben die Rechte aller am pädagogischen Prozeß beteiligten Gruppen stets dort ihre Grenze gefunden, wo es um Strukturentscheidungen gegangen wäre: Von »Autonomie« für Schulen und Hochschulen ist in den letzten Jahren nur die Rede, wenn es um die Verwaltung des Mangels geht. Ihre Sparhaushalte sollen die Einrichtungen gern in Eigenregie beschließen.

»Persönlichkeitsbildung« und »Demokratisierung« sind als Erziehungsziele einer kurzschlüssigen Fixierung auf den gegebenen Arbeitsmarkt gewichen. Ursachen für diese Akzentverschiebung mögen die stabil hohen Arbeitslosenzahlen in den achtziger und neunziger Jahren sein – ergänzt um dramatische Anschauung aus den Ost-Bundesländern. Doch das bildungspolitische Klima wird auch durch Diskurse geprägt, die nicht direkt an die bundesrepublikanische Wirklichkeit rückgekoppelt sind: Jene Medienauguren, die, im Namen der Globalisierung nach »Flexibilität«, »Ökonomieunterricht« oder »Computerfachleuten« rufen (oder was immer der kurzatmigen Moden mehr sein mögen), haben in aller Regel wenig Kenntnis vom örtlichen Lehrstellenmarkt (oder überhaupt einer durchschnittlichen, unglamourösen Berufspraxis). Sie reden aber den Eltern erfolgreich ein, dies seien die Kompetenzen (oder »Produkte«), die ihnen die Dienstleistungsschule künftig zu liefern habe. Die Eltern tragen diese massenmedial propagierten Erwartungen an die Schulen heran, und die Kultusbehörden reagieren panisch und überstürzt darauf. So planen einzelne Bundesländer hastig die Verbesserung der Fremdsprachenkompetenz ihrer Schüler: Was bedeutet, daß die Kinder schon in der ersten Grundschulklasse mit dem Englischunterricht beginnen sollen. Auf dem Papier liest sich diese Absicht gut – in der Praxis jedoch gibt es weder Lehrpläne noch angemessene Unterrichtsmaterialien dafür, die Grundschullehrer sind für die Vermittlung einer Fremdsprache nicht ausgebildet, zusätzliche Stunden für das Fach Englisch stehen nicht zur Verfügung. Also unterrichtet die Klassenlehrerin am Anfang jeder Deutschstunde fünf Minuten Englisch: Die »Kompetenz« der Kinder beschränkt sich in der Regel auf »Good Morning« und das Lied »Old McDonald had a farm« – was andererseits vielleicht weniger schädlich ist, als es größere Sprachtrümmer wären, die die Fachlehrer an den weiterführenden Schulen erst beseitigen müßten. Hauptsache, man hat etwas für die deutsche Wettbewerbsfähigkeit getan. Daß eine erkleckliche Anzahl von Schülern die Grundschule verläßt, ohne richtig schreiben zu können, wird vor diesem Hintergrund leider übersehen: Aber »Muttersprachenkompetenz« klingt wohl einfach nicht global genug.

Die Eltern haben die Arbeitsmarktverwertbarkeit als Lernziel verinnerlicht. Der Mathematiklehrer, der seinen Sextanern das Schreiben eigener kleiner Computerprogramme beibringt, damit sie verstehen, was der großen digitalen Welt zugrunde liegt, wird auf der Elternversammlung kritisch interviewt: Wieso er denn Turbo-Pascal benutze? Das sei doch eine völlig veraltete Programmiersprache? Die Vorstellung von kategorialer Bildung, von einem Lernen im exemplarischen Modus – was bedeutet, daß möglichst vieles an möglichst wenigem gelernt wird – scheint in Vergessenheit geraten zu sein.

Wollten die Kultusminister der Bundesländer auch nur den real existierenden Unterrichtsausfall beseitigen und die bauliche Substanz ihrer Schulen sichern – von einem schönen Lernumfeld ist hier noch gar nicht die Rede – sie hätten Milliardenausgaben vor sich. Sie müßten zudem kritisch bilanzieren, wohin ihre innere Schulreform geführt hat. Das könnte heißen, gegen alle ideologischen Barrieren zu einer größeren Differenzierung der Schulformen zurückzukehren und die extremen Integrationskonzepte zurückzufahren.

Doch bevor man so viel Geld ausgibt und die eigene Bildungspolitik der vergangenen Jahre so gründlich in Frage stellt, ist es leichter, sich mit Aufbruchsgestus auf

»Zukunftsaufgaben« zu werfen: Also den Schulen immer neue Aufgaben aufzubürden, ohne ihre Ausstattungs- und Personaldefizite zu beheben. Damit soll nicht gesagt sein, daß neue Aufgaben nicht existieren: *Jemand* muß sich um die gesunde Ernährung der Kinder kümmern. *Jemand* muß darauf achten, daß sie genügend Bewegung und frische Luft bekommen. *Jemand* muß ihnen, über die genaue Kenntnis des Nationalsozialismus hinaus, Zivilität beibringen, die gewährleistet, daß sie keine Mitmenschen umbringen. *Jemand* muß sicherstellen, daß sie sich im Dschungel der seriösen und unseriösen Medien zurechtfinden und ein eigenständiges Urteil erwerben. *Jemand* sollte ihnen präzises Wissen über unser politisches System und die Funktionsweise unserer Wirtschaft beibringen. Und natürlich sollte man ihre Ehrfurcht vor dem Internet relativieren. Doch kann all dies wirklich in der Schule geschehen, in der real existierenden Schule, die wir täglich vor Augen haben? Wer soll die Fächer Ernährungslehre, Werteerziehung, Medienkunde, Politik, Soziologie, Ökonomie und Computeranwendung wann unterrichten? Wer wird den Mehraufwand bezahlen? Auf welche anderen Lerninhalte glaubt man verzichten zu können?

Die Auflistung der zusätzlichen Funktionen, die die Schule heute erfüllen soll, kommt einem Abwehrgebet gleich: Irgendwie scheinen die Verantwortlichen zu hoffen, wenn sie nur beharrlich genug neue Aufbrüche ankündigten, würden sie irgendwann eine *tabula rasa*-Situation erreichen: einen neuen Morgen der Bildungspolitik, an dem man sich, unbelastet von früheren Fehlentscheidungen, mit einer neuen, teamfähigen, kompetenten, flexiblen und leistungsorientierten Schülergeneration auf den Weg in die strahlende Zukunft einer ungeheuer effizienten Wirtschaftsgesellschaft machen könnte. Aber unsere Versäumnisse werden wir so leicht nicht los. Und weil das so ist, werden Pädagogen, die die Liebe, Mühe und Arbeit der Herausforderung nicht scheuen, in Zukunft immer härter dafür kämpfen müssen, daß unsere Kinder ihre Umwelt noch begreifen und in einigen zentralen Bereichen sogar genau kennen. »Eine Schule, die ständig zu weitreichenden Anpassungen an sich beschleunigt ablösende Prozesse gedrängt wird, kann nicht zugleich Erziehungsstätte sein«, schreibt der Flensburger Pädagoge Baldur Kozdon. »Erziehung läßt sich mit Beschleunigung schwerlich synchronisieren. Überstürzte Anpassungen – an mehreren Fronten zugleich – versündigen sich an Kinderseelen.«

Schulen haben einen Bildungsauftrag. Sie müssen Wissen gründlich vermitteln, in einer Form, die für Kinder faßlich ist und die Zeit für eine Konsolidierung des Gelernten läßt. Hektik und Konfusion sind die natürlichen Feinde erfolgreicher Lernprozesse, sie verwirren die Kinder und untergraben das Selbstbewußtsein der Pädagogen. Doch die bildungspolitischen Ersatzdebatten rauben solchen Überlegungen den Platz. Die wirtschaftsorientierte Beschleunigung hat ein neues Themenfeld gefunden: die Schulzeitverkürzung. Plötzlich wird die Tatsache, daß Schüler in Deutschland dreizehn und nicht zwölf Jahre bis zum Abitur brauchen, zu einem Politikum – und an allen Elternstammtischen dieser Republik wird die Klage über die angeblich zu langen Schulzeiten nachgebetet. Wieder ein Mantra: Wenn nur die Schulzeiten kürzer wären, dann gäbe es keine Schulmisere mehr! Dazu werden hemmungslos die stets beliebten Vergleiche mit »dem Ausland« bemüht – ohne Ansehen der Details freilich, sonst könnte man nicht umhin zu bemerken, daß etwa britische Studenten ihre Bachelor-Studiengänge weitgehend mit dem Erlernen von Oberstufen-Unterrichtsstoff verbringen, und daß das öffentliche Schulwesen in den USA nicht nur in den sozial schwachen Gebieten zusammenzubrechen droht.

Aber die Schulzeitverkürzung suggeriert einen bildungspolitischen Befreiungsschlag, und deshalb wurde zum Beispiel die Regierung des Saarlandes überschwenglich gelobt, als sie im Herbst 2000 flächendeckend das »Turbo-Abitur« einführte: endlich Chancengleichheit für deutsche Schüler im internationalen Wettbewerb! Endlich mehr Effizienz bei der ökonomischen Nutzung der *Ressource Bildung*!

Doch was da mit Modernisierungsgetöse ins Werk gesetzt wird – nicht nur das Saarland, nahezu alle Bundesländer experimentieren mit dem Schnellabitur –, befördert vor allem das weitere Auseinanderfallen von bildungspolitischer Rhetorik und bildungspraktischer Wirklichkeit. In dieser Wirklichkeit stehen Gymnasien mit dem Rücken an der Wand. Und zwar nicht, weil restriktive Bestimmungen hochbegabte Schüler am schnellen Lernen hindern. Sondern erstens, weil ein wachsender Anteil der Gymnasiasten weder die häusliche Voraussetzung noch das Interesse für die wissenschaftliche Propädeutik mitbringt, die zumindest im Oberstufenunterricht angestrebt wird. Weil die Kultusministerien Unterrichtsausfall in skandalösen Ausmaßen dulden. Und weil immer mehr solides Bildungswissen gegen die weichen Inhalte gegenstandsloser Methodenlehre, unterhaltsamer Projekte und eines undefinierbaren »vertiefenden Unterrichts« ausgetauscht worden ist.

Die Ergebnisse verschiedener internationaler Studien belegen die Rückstände der deutschen Schüler in den mathematisch-naturwissenschaftlichen Fächern. Niemand kann unseren Abiturienten exzessive Kenntnis der Weltliteratur oder der deutschen Geschichte vorwerfen. Grundbegriffe der Politik, der Ökonomie oder der Sozialstruktur von ihnen zu erwarten, wäre vergeblich. Nötig hätten die Gymnasiasten ein entschiedenes *Mehr*, keinesfalls ein Weniger an Unterricht. Begabten Kindern stand immer schon die Möglichkeit offen, eine Klasse zu überspringen oder eine vorgezogene Abiturprüfung abzulegen. Das war freilich die Ausnahme, und solche Kandidaten galten zu Recht als Elite: als besonders leistungsfähige, interessierte, belastbare Schüler eben. Wieviele davon mag es geben? Die meisten Schulversuche zum achtklassigen Gymnasium legen bei ihren Stundenzahlberechnungen die »Springer-Regelung« zugrunde. Es wird also nicht etwa der volle Unterricht des 13. Schuljahres umverteilt, sondern es gelten nun für alle die Bedingungen, die für die Fähigsten ersonnen worden waren. Werden damit automatisch alle zur Elite? Vielleicht ist es die Fadenscheinigkeit eines so verstandenen Eliteetiketts, die den Begriff neuerdings auch für Sozialdemokraten erträglich macht: Wo alle dabei sind, wird ja niemand diskriminiert. Die Verkürzung der Schulzeit zielt auf ökonomische Verwertbarkeit, auf »Wettbewerb«, »Konkurrenzkampf«, »Wohlstand« (CDU-Leitantrag Bildungspolitik). Mit Bildung als Lebensform, als Kombination von Denkenkönnen und Wissen (Karl Jaspers) hat dies nur noch wenig zu tun. Auch fällt es schwer zu verstehen, warum sich ausgerechnet aus der Dauer des Schulbesuchs so gravierende Nachteile für deutsche Gymnasiasten ergeben sollen. Kaum jemand gerät unmittelbar nach dem Abitur in einen direkten Wettstreit mit ausländischen Konkurrenten. Diese Konkurrenz beginnt frühestens – und nur für eine sehr kleine Minderheit – zum Zeitpunkt des Berufseintritts. Da mögen die Absolventen deutscher Hochschulen mit Mitte oder Ende 20 dann wirklich ein wenig alt sein – jedenfalls wenn Alter tatsächlich ein Kriterium ist, das international operierende Personalchefs interessiert.

Doch Zeit sinnlos totgeschlagen haben die meisten von ihnen eher nicht auf dem Gymnasium, sondern an der Universität: mit dem Warten auf Bücher und Praktika, auf Prüfungstermine beim Professor und Bescheide in Stipendienangelegenheiten, mit zeitraubenden Fachrichtungswechseln, die sich bei einer guten Beratung zu Beginn des Studiums vielleicht hätten vermeiden lassen. Eine Reform der Studienorganisation an den höchst individualistisch agierenden Hochschulen ist freilich eine zähe, mühselige Aufgabe, die politisch lange nicht so tatkräftig wirkt wie das Schnellabitur.

Immerhin gäbe es noch eine Möglichkeit, das Berufseintrittsalter deutscher Akademiker ohne Verkürzung des Schulunterrichts um ein Jahr zu senken: Die Eltern könnten schlicht wieder dazu übergehen, ihre Kinder mit sechs statt mit sieben Jahren einzuschulen, wie es üblich geworden zu sein scheint. Es nimmt wunder, daß viele Eltern meinen, die kostbare Kindheit ihrer Kleinen möglichst lange gegen die Grundschule verteidigen zu müssen, diesen aber später (im Namen eines höchst abstrakten globalen Arbeitsmarktes) die Zeit zu mißgönnen, die sie auf dem Gymnasium, in und nach der schwierigen Pubertät, durchaus bräuchten. Nicht nur, um sich den regulären Unterrichtsgegenständen zu widmen, sondern auch für das, was Gymnasien darüber hinaus auszeichnet: für die Theatergruppen, Chöre und Orchester, für die Schülerzeitungen und SV-Teams, für den Bundeswettbewerb Mathematik, für Jugend forscht, für die Informatik-AG und die selbst verwaltete Schulcafeteria. All dies ist Bildung. All dies ist projektbezogenes, selbstbestimmtes Lernen, ohne daß »Projekt« verordnet auf dem Stundenplan stünde. All dies fördert die so begehrte Sozialkompetenz.

Gewiß nutzen einige Schüler die ihnen gewährten Freiräume, um nachmittags im Call Center zu jobben. Aber ist das ein Grund, allen anderen diese wertvolle Schulzeit außerhalb des Stundenplans zu verwehren? Damit kommen wir zu der Frage, wie denn die jungen Leute selbst den Zeitfaktor in ihren Bildungsbiografien einschätzen. Fast fünfzig Prozent der Studienanfänger behaupten, das Kurzabitur vorzuziehen. Dieses Umfrageergebnis mag allerdings durch das Getrommel der Medien beeinflußt sein. Schließlich ist das achtklassige Gymnasium zurzeit das angesagteste Mittel zur Rettung des Bildungswesens – wie zuvor schon das Sprachlabor, die reformierte Oberstufe, die Gesamtschule, der Englischunterricht in der Grundschule oder der Internet-Anschluß für jedes Klassenzimmer. Doch selbst wenn sie tatsächlich gern ein Jahr weniger zur Schule gingen, spätestens im Studium läßt solche Hast spürbar nach. Es sind ja nicht nur die Defizite der Studienorganisation, die akademische Karrieren verlängern: Viele Studenten wechseln den Studienort oder studieren im Ausland, was gewiß den Horizont erweitert, aber auch Zeit kostet; etliche suchen vor Aufnahme des Studiums die praktischen Erfahrungen einer Berufsausbildung (was »die Wirtschaft« übrigens auch gern sieht); und fast alle arbeiten nebenbei – um sich das Studium leisten zu können, aber auch mit dem Ziel, es durch Auto und Urlaub ein wenig schöner zu gestalten.

Die studentische Lebensweise ist angenehm: Sie bedeutet zwar einen gewissen Verzicht auf materiellen Komfort, eröffnet aber Freiheiten, wie man sie später niemals wieder haben wird. Und: Die Menschen in Deutschland werden immer älter, bleiben länger gesund, beweglich und aktiv. Sie werden in Zukunft auch länger als nur bis 60 oder 65 arbeiten können und wollen. Wenn aber das Leben sich insgesamt dehnt, warum muß dann ausgerechnet die Schulzeit geschrumpft werden?

Was die Schule am dringendsten braucht, ist Entschleunigung, und die Überwindung der habituellen Dauerreform. Eine Bestandsaufnahme ist angezeigt, eine ruhige Bilanz. Sie dürfte etwa folgendes Bild ergeben: Die Lehrerkollegien sind ausgedünnt und überaltert. Der Unterrichtsausfall ist dramatisch. Vom Jahr 2005 an wird es für die freiwerdenden Lehrerstellen nicht mehr genügend Bewerber geben – zu lange hat man dem Nachwuchs vom Lehramtsstudium abgeraten. Der bauliche Zustand vieler Schulen ist katastrophal: undichte Dächer, vandalisierte Toiletten, Graffiti, fehlende Sportanlagen und Fachräume sind an der Tagesordnung. Die Schüler bringen von zu Hause weniger Disziplin, Konzentrationsfähigkeit und Vorbildung mit als früher; die Eltern betrachten die Schule als Dienstleistungsunternehmen und sehen sich immer weniger in der Verantwortung für die Erziehung ihrer Kinder, für die Nachbereitung des Unterrichts und die Hausaufgabenhilfe. Da immer mehr Eltern berufstätig sind, außerschulische Kinderbetreuungsangebote aber fehlen, sind die Kinder nachmittags häufig sich selbst überlassen. Den

Lehrern sind durch die innere Schulreform disziplinarische Mittel weitgehend aus der Hand genommen. In einer gleichbleibenden Unterrichtszeit sollen sie, zusätzlich zu den herkömmlichen Fächern, neue Unterrichtsinhalte vermitteln. Von den Lehrern wird erwartet, daß sie (ohne Zusatzstunden und Fachkräfte) ausländische Kinder integrieren und die Eingliederung von verhaltensgestörten Kindern sicherstellen. Gymnasiasten sollen sie in zwölf statt in dreizehn Jahren zum Abitur führen. Und bei Erfüllung dieser Vorgaben darf das Niveau der Schulabschlüsse nicht sinken. Es ist nicht besonders schwer zu erkennen, daß all dies zugleich nicht funktionieren kann.

Wer verhindern will, daß das Bildungssystem am Ende ungebildete, unerzogene Kinder entläßt, die im wirklichen Berufsleben tatsächlich keine Chance haben, wird also mindestens folgendes tun müssen: eine öffentliche Rhetorik entwickeln, die Eltern an ihre Verantwortung erinnert; Lehrern den Rücken stärken; die Schule gegen die kurzlebigen, beliebigen Forderungen aus Wirtschaft und Medien verteidigen; Charakter- und Persönlichkeitsbildung wieder als positives Erziehungsziel herausstellen; alle Innovationen wie Projektunterricht, vertiefenden Unterricht, Arbeitslehre und Methodenlehre mit Praktikern auf ihre Wirksamkeit hin überprüfen; den Fremdsprachenunterricht an den Grundschulen kritisch unter die Lupe nehmen. Auch gilt es, die Effektivität von Lehrerfortbildungen zu ermitteln: Wäre der Arbeitszufriedenheit und dem Unterrichtsklima vielleicht eher gedient, wenn Lehrer die Möglichkeit hätten, Freisemester zu nehmen?

Die Zuteilung neuer Kollegen an die Schulen muß schneller und transparenter vor sich gehen (wenn eine

Kultusbürokratie *das* nicht leisten kann, liefert sie das abschließende Argument dafür, die Schulen ihr Personal selbst aussuchen zu lassen). Die Turbo-Abitur-Debatte sollte als wenig dringendes Problem zu den Akten gelegt werden. All diese Vorschläge sind kostenneutral: Sie erfordern ein anderes Denken und Sprechen, keine Haushaltsmittel.

Um darüber hinaus den Auswirkungen der Erziehungskatastrophe Herr zu werden, sind allerdings massive Investitionen nötig. Die Ganztagsschulangebote müßten ausgebaut werden – wenn es aus Kostengründen nicht anders geht, zunächst an sozial benachteiligten Standorten. Betreuungslehrerstunden sind dringend notwendig, aber sie dürfen nicht zu Lasten des Fachunterrichts verrechnet werden. Der Rückbau der Sonderschulen sollte einer Revision unterzogen werden: Dient er wirklich den schwächsten Schülern, oder etikettiert er als »Integration«, was in Wahrheit eine Sparmaßnahme ist? Wenn es nicht mehr durchsetzbar ist, daß Eltern ihre Kinder vernünftig ernähren, brauchen die Schulen Kantinen. Wenn Eltern ihren Kindern nicht mehr beibringen können, daß man andere Kinder nicht zusammenschlägt, brauchen die Lehrer andere Strafen als den Ausschluß von Schulfesten – zum Beispiel Bewegung an frischer Luft unter sportpädagogischer Anleitung. Wenn dem Markenterror in den Elternhäusern kein Riegel vorgeschoben wird, kann man über Schuluniformen nachdenken – wie über alles, was einem formlosen, unstrukturierten Dasein ein Gerüst einzieht. Wenn schließlich in manchen Familien eine geradezu gewalttätige Vernachlässigung herrscht, braucht der Staat bessere Interventionsmöglichkeiten, um die Eltern zur Erfüllung ihrer Erziehungspflicht zu zwingen.

6
OFFENE RÄUME, INNERE LEERE

Manipulation statt Zwang: In der Jugendhilfe soll alles freiwillig sein

In der Schule tritt der Staat zu Recht als halbherziger Erzieher auf: Die Vermittlung von Wissen, die Herstellung gedanklicher Zusammenhänge stehen dort im Vordergrund. »Erziehen« wollen und sollen die Lehrer durch die Inhalte – durch die Moral, die Haltung, den Anstand, das Mitgefühl, das Abstraktionsvermögen, die ihre Unterrichtsgegenstände lehren. Erziehung, die sich auf Umgangsformen und Konzentrationsfähigkeit, auf gesunde Ernährung, freundliches Sozialverhalten in der Pause und ein grundsätzliches Bildungsinteresse richtet, betrachten sie als nachgeordnet, als Veranstaltung im Dienste des Unterrichts – auch wenn sie dieser Art der Erziehung in manchen Schultypen und manchen Klassen inzwischen mehr Zeit einräumen müssen als der Präsentation des Stoffes. Für den familiären Normalfall aber gilt nach wie vor, daß man von den Eltern erwartet, ihren Kindern die Voraussetzungen für eine sinnvolle Teilnahme am Unterricht zu schaffen.

Prononcierter sind die staatlichen Erziehungsbemühungen in den Kindertagesstätten. Die Kindergärten und -horte gehören zur Sphäre der »Kinder- und Jugendhilfe«, ebenso wie Jugendtreffs oder Sozialzentren. Etwa 34 Milliarden Mark im Jahr kostet dieser staatliche Leistungsbereich, zwei Drittel davon werden für die Tagesbetreuung, 22 Prozent, also knapp 7 Milliarden Mark, für die sogenannten »Hilfen zur Erziehung« aufgewendet. Letztere kommen regelmäßig erst dann zum Einsatz, wenn Eltern fehlen, bei der Erziehung versagen – oder sich gar nicht darum bemühen. Zwar soll die Kinder- und Jugendhilfe ganz generell »Eltern bei der Erziehung beraten und unterstützen«. Wenn sich die Eltern aber nicht von selbst an Erziehungsberatungsstellen wenden, wird die Jugendhilfe üblicherweise erst bei handfesten Problemen tätig. Die Verhältnisse, mit denen sich die Mitarbeiterinnen der Allgemeinen Sozialdienste und Jugendämter häufig konfrontiert sehen, sind in vielerlei Hinsicht belastet: Dort herrscht Armut; viele Familien sind zerstört, Partnerwechsel der Eltern an der Tagesordnung; Kinder sind verwahrlost, verhaltensauffällig, sprachgestört, werden sexuell mißbraucht oder geschlagen; Kinder schlagen andere, sind lernbehindert, kriminell, nehmen Drogen. Zu den besseren Problemen eines Stadtteils gehört es, wenn dort nurmehr die Freizeitmöglichkeiten zu wünschen übriglassen und ein kommunaler Jugendtreff die Lösung ist.

In diesem Punkt jedenfalls hat sich Ulrike Meinhof offenbar nicht geirrt. »In Fürsorgeerziehung kommen proletarische Jugendliche«, schrieb sie in der Vorbemerkung zu ihrem Anstaltsdrehbuch *Bambule* (1971). »Bürgerliche Familien haben kaum mit dem Jugendamt zu tun.« Heute spricht man nicht mehr von »Fürsorge«, sondern von »Hilfen zur Erziehung« (HZE). Rund 450.000 junge Menschen erhielten 1993 solche »erzieherischen Hilfen in schwierigen persönlichen oder familiären Situationen«. Fünf Jahre später waren es 550.000 – eine Steigerung um mehr als 20 Prozent, bei einer gleichzeitig schrumpfenden Zahl von Jugendlichen.

Aus dem Jugendwohlfahrtsgesetz von 1922, gegen dessen überkommene Erziehungsvorstellungen sich nicht nur Ulrike Meinhof, sondern eine ganze Generation fortschrittlich empfindender Pädagogen abgrenzte, ist das Kinder- und Jugendhilfegesetz (KJHG) geworden. Die Jugendlichen aber, die auf Grundlage des Gesetzes in Heimen (80.000) oder Pflegefamilien (52.000) untergebracht werden, die »Erziehung in Tagesgruppen« (15.000) oder »intensive sozialpädagogische Einzelbetreuung« (2.500) erhalten, kommen nach wie vor aus schwierigen eher subproletarischen als »proletarischen« Elternhäusern.

Auch Jugendtreffs und Sozialstationen frequentieren nur wenige Mittelschichtkinder. Das heißt nicht, daß alle Mittelschichteltern ihre Kinder richtig erzögen. Sie verfügen aber eher über Strategien, um unerwünschte staatliche Intervention zu vermeiden. Selbstverständlich gibt es immer wieder dramatische Ausnahmen: Die wurden und werden in der Profession stets gern zur Stützung der These zitiert, Delinquenz – neben Mißbrauch und Verwahrlosung ein Hauptgrund dafür, ein Kind aus seiner Familie zu nehmen – komme in allen gesellschaftlichen Schichten vor. Diese Sprachregelung soll die Diskriminierung von Kindern aus Unterschichten vermeiden. Ganz nebenbei half sie auch, die sozialpädagogische Profession aufzuwerten und mit Planstellen auszustatten. Denn es ging ja nicht um ein Randgruppenproblem, sondern um die ganze Gesellschaft.

Eine Gesellschaft, die an die Entwicklungsfähigkeit ihrer Mitglieder glaubte: Deshalb wollte man an die Stelle des autoritären den diskutierenden, den überzeugenden Staat setzen. Das war ehrenwert, nach der rigiden Fürsorgepraxis der fünfziger und sechziger Jahre wohl auch nötig. Und der Versuch ist gelungen – vielleicht zu gut. Das Kinder- und Jugendhilfegesetz von 1990 kodiert die emanzipatorischen Vorstellungen der siebziger Jahre; es setzt ganz und gar auf die Mitwirkung derjenigen, denen da geholfen werden soll. Aber was tun, wenn sich jemand nicht helfen lassen will? Das KJHG enthält keine Sanktionsmöglichkeiten: Über einen Sorgerechtsentzug oder eine Änderung des Aufenthaltsbestimmungsrechts entscheiden die Familienrichter; die Einhaltung der mühsam ausgehandelten »Hilfepläne« mit den niederschwelligen Therapie- und Betreuungsmaßnahmen hängt allein vom Engagement der oft völlig überlasteten Sozialpädagogen ab. In Konfliktfällen ist die Unterstellung des Gesetzes, es handle sich bei den »Hilfen zur Erziehung«, die es auflistet, um *Rechte* der Betroffenen, reine Heuchelei. Tatsächlich geht es darum, wie man verantwortungslose Erwachsene oder ausgeflippte Jugendliche in die *Pflicht* nimmt; wie man sie dazu bringt, auch gegen ihre momentane Einsichtsfähigkeit ein vernünftiges Verhalten an den Tag zu legen. »Mitwirkung« ist in solchen Situationen bloße Fiktion.

Die zu Betreuenden nennt man verschämt »Klienten«. Freilich wendet sich in Jugendhilfefragen nur etwa die Hälfte dieser Kunden aus eigenem Antrieb ans Jugendamt. Die anderen werden zu Vorgängen, weil Kindergärten, Schulen, Polizei, Nachbarn, Ärzte oder das Gesundheitsamt ihren Fall weitermelden. Die unvermeidliche

»Dienstleistung« der Behörde besteht dann darin, zu überprüfen, woher die blauen Flecken eines Kindes stammen, warum es aus der Schule wegläuft. Es ist leicht vorstellbar, daß man als Dienstleister mit einem derartigen Angebot heftig (und oft erfolglos) »um Zusammenarbeit werben« muß, wie es die Leiterin eines Sozialzentrums formuliert. Tatsächlich steckt in diesem Satz das ganze Dilemma der Jugendhilfe. In nahezu jedem Einzelfall geht es um eine massive Einmischung des Staates in die inneren Angelegenheiten einer Familie – weil die Eltern mit der Erziehung und Versorgung ihrer Kinder nicht zurechtkommen, weil die Kinder selbst zu einer Belastung für ihre Umwelt werden. Dieser Eingriff ist autoritär. Er geschieht in der Annahme, daß es im menschlichen Zusammenleben Grenzen des Erträglichen gibt und daß die Fürsorgepflicht des Staates darin besteht, diese Grenzen im Interesse der Schwachen zu verteidigen. Doch mit dieser Prämisse tun sich etliche Sozialarbeiter schwer. Den Sozialpädagogen im Einsatz nötigt die Rhetorik des Gesetzes oftmals unangenehme Manipulationsstrategien auf: Sie wollen und müssen erreichen, daß die »Klienten« tun, was ihnen gesagt wird – nur darf es eben nicht nach Vorschrift aussehen.

Wo sich die Mutter einer ganzen Schar verwahrloster und sexuell mißbrauchter Kinder weigert, ihre Zustimmung zu einer Heimunterbringung zu geben, da lockt die Sozialpädagogin mit schmeichelnder Stimme: »Aber Frau K., denken Sie doch auch einmal an sich selbst. Wir waren uns doch einig, daß Sie sich auch mit Ihrer eigenen Geschichte beschäftigen müssen, mit dem, was Sie erlebt haben. Dafür hätten Sie dann doch endlich Zeit ...« Es wirkt: »Denken Sie doch mal an sich« ist eine Aufforderung, die heute in nahezu jedem sozialen Kontext verstanden wird. Es gehört zu den klassischen Selbsttäuschungen der Linken, den »Klienten« des Sozialstaates immer nur guten Willen und widrige Lebensumstände zu unterstellen. Oft sehen Sozialarbeiter sich in der Rolle des Anwalts. Sie vertreten die Entrechteten gegen ein ausbeuterisches System, einen obrigkeitlichen Staat – der sie allerdings dafür bezahlt. »Viele Sozialpädagogen«, sagt die Sozialdezernentin einer Großstadt, »sind wie ich selbst in den siebziger Jahren ausgebildet worden: Unser Feindbild war die Fürsorgeerziehung im Kapitalismus.« Nun mag man darüber streiten, ob es irgendein »System« ist, das Menschen heute an der freien Entfaltung ihrer Persönlichkeit (und an einer ordentlichen Versorgung ihrer Kinder) hindert. Aber wer, wenn nicht der Staat, könnte diesen Menschen helfen und diese Kinder vor der Verzweiflung ihrer Eltern schützen? Und müßte dies nicht ein selbstbewußter Staat sein, der die Würde seiner Bürger so ernst nimmt, daß er sie kurzfristig zu Verhaltensweisen zwingt, die ihnen langfristig nutzen werden? Damit ist nicht unbedingt das an die Sozialhilfe gekoppelte Harken öffentlicher Rabatten gemeint (obwohl es auch eine wertvolle Erfahrung sein kann, daß man Geld für *Arbeit* bekommt), aber jede Maßnahme, die der Selbstverbesserung und damit der Verbesserung der Chancen auch für die Kinder dient: also vor allem das Nachholen von Schulabschlüssen.

Unter den Eltern, die es klassischerweise mit der Jugendhilfe zu tun bekommen, herrschen nicht nur Armut und Unwissenheit – man findet auch Bösartigkeit, Gleichgültigkeit und Egoismus, die durch schwierige Lebensumstände allein beim besten Willen nicht zu rechtfertigen sind. Liebe, Zuwendung, gar Opferbereitschaft für ihre

Kinder bringen solche Leute nicht auf, ja, sie empfinden die Erwartung, sie sollten es tun, als Zumutung. Wenn der Staat – und seine Agenten, die Sozialarbeiter, – ihre Rolle ernst nähmen, müßten sie solche Eltern erziehen, sie zum Beispiel in ganz anderem Maße als bisher persönlich für Verfehlungen ihrer Kinder haftbar machen. Wir helfen Dir in jeder sinnvollen Weise, Deine Verantwortung wahrzunehmen, würde die Maxime einer solchen Politik lauten: Aber wir zwingen Dich auch dazu, sie tatsächlich wahrzunehmen. Doch um diese Haltung einnehmen zu können, müßten die Sozialpädagogen selbst sicher sein, das Richtige zu tun. Diese Gewißheit ist ihnen gründlich abhanden gekommen: begraben unter einem totalen Werterelativismus, aufgelöst in einer Welt, in der jeder – auch verantwortungslose Eltern und beschädigte Kinder – schon wissen wird, was das beste für ihn ist.

Die Art, wie die Leiterin eines Sozialzentrums in einer größeren Stadt den folgenden Fall schildert, illustriert diese Vagheit gegenüber den Klienten: »Wir kamen in eine völlig vergammelte Wohnung, Abwasch stand herum, überall lagen vollgeschissene Windeln. Die Räume waren ungelüftet, verräuchert, Biergläser auf allen Tischen; dazwischen krabbelten Kakerlaken. Die beiden Kinder saßen inmitten dieses Chaos', waren aber augenscheinlich in Ordnung. Die Eltern: beide Heimkinder, Vollversorgung, nie verselbständigt. Bei solchen Leuten muß man sich natürlich fragen: Wollen die überhaupt Ordnung? Und: Was wollen diese Personen wirklich? Wollen sie *für sich* Veränderungen?«

Man kann einigermaßen sicher sein, daß die Mitarbeiter des hier geschilderten Sozialzentrums verschiedene vernünftige Maßnahmen ergriffen haben werden, um Ordnung in den verwahrlosten Haushalt zu bringen. Man kennt andererseits die Fälle, in denen Kinder, die beim Behördenbesuch »augenscheinlich in Ordnung« waren, unglücklicherweise später verhungerten oder verdursteten. Viele Städte haben so eine schlimme Geschichte zu erzählen. Interessant ist aber die Art, wie die Sozialpädagogin den Fall schildert: Das Chaos in der Wohnung stößt auch sie erkennbar ab, und selbstverständlich lebt sie selbst nicht zwischen vollgeschissenen Windeln, halbausgetrunkenen Biergläsern und Kakerlaken. Das eigentliche Problem – wie geht es den Kindern? – wird sehr knapp abgehandelt; dann geht es sofort um Rechtfertigungen: Die Eltern sind so, wie sie sind, weil sie selbst eine schlimme Vergangenheit hatten.

Immer gibt es im sozialpädagogischen Erkenntnismodus Ereignisse in der Geschichte einer Person, die alles erklären. Und *oft* wird der voreilige Schluß gezogen, daß das, was sich erklären, also intellektuell verstehen lasse, automatisch verzeihlich sei. Das mag man noch hinnehmen. Doch die Frage »Wollen die überhaupt Ordnung?« ist absurd. Wenn man sie ernsthaft stellte, bräuchte man keine staatlich bezahlte Fachkraft in die Familie zu entsenden. Eigentlich ist es völlig klar, daß das Leben in dieser Art von Chaos (wenn es den Kindern tatsächlich keine gesundheitlichen Schäden zufügt) jedenfalls kein »Wert« ist, keine Überzeugung, die wohlerwogen und zu respektieren wäre: sondern bestenfalls der Ausdruck von totaler Hilflosigkeit. Es hat nichts mit Würde zu tun, daß dieses Elternpaar unter solchen Umständen lebt; es zeugt nicht von Respekt, ihr Verhalten »unbewertet« zu lassen. Man läßt es de facto ja auch nicht unbewertet: Natürlich greift der Sozialdienst ein. Aber mit großer Angst davor, mittelständischer oder bürgerlicher Wertvorstellungen geziehen zu werden; und mit schlechtem Gewissen. Dieses schlechte Gewissen teilt sich auch den unfreiwilligen »Klienten« mit – die es erfreut zum Anlaß nehmen, unangenehme Maßnahmen zu unterlaufen. Ihre Kinder müssen es im Zweifelsfall ausbaden, daß die offizielle Jugendhilfeideologie das Verantwortungsgefühl ihrer Eltern überschätzt. Doch die Eltern können oder wollen sich nicht kümmern. Die staatlichen Instanzen weigern sich nicht, sie im äußersten Notfall zu zwingen. Aber sie weigern sich, schon bevor dieser Notfall eingetreten ist, eine entschlossene Haltung zu zeigen.

Im sozialpädagogischen Alltag wird über die Zunahme der Verwahrlosungsfälle, über die offensichtliche Abstumpfung vieler Eltern gegenüber den Bedürfnissen ihrer Kinder, über den immer früheren Einstieg in den Drogenkonsum und über die emotionale Unerreichbarkeit vieler Jugendlicher durchaus gesprochen. Die Erfahrung, gegenüber einem besorgniserregenden gesellschaftlichen Trend machtlos zu sein, frustriert die Vertreter einer Disziplin, die sich in den vergangenen dreißig Jahren den Glauben an die eigene Wirksamkeit erhalten hat. Man träumte den Traum vom *social engineering*: von der Gestaltbarkeit der Verhältnisse, wenn nur hinreichend viele Spezialisten freimütig, verständnisvoll und professionell auf die »Klienten« einwirkten. Mit Bösartigkeit oder Dummheit auf deren Seite zu rechnen, war tabu. Die Akademisierung der Pädagogik in den siebziger Jahren hatte eine wichtige Implikation: Wenn man den Beruf des Sozialpädagogen an einer (Fach-)Hochschule studieren konnte, dann war jeder, der die Mühen eines solchen Studiums gemeistert hatte, auch berufen, ihn auszuüben. Kriterien der Eignung wie Charisma, natürliche Autorität, ja ein gewisser missionarischer Eifer, die für den Umgang mit delinquenten Jugendlichen und renitenten Eltern hilfreich, wenn nicht gar notwendig sind, traten in den Hintergrund.

In der Praxis kann man beobachten, daß es nach wie vor weniger die akademische Spezialisierung als ein bestimmtes Charakterprofil der Erzieher, Betreuer, Einrichtungsleiter ist, das die »Klienten« beeindruckt – und so zu den erwünschten Verhaltensänderungen führt. Aber diese Sicht der Dinge ist keineswegs Konsens in der Profession und führt bisher weder zu Veränderungen in der Ausbildung noch zu einer am Erfolg orientierten Beförderungspraxis. »Eine große Wachstumsbranche« dieser Gesellschaft sei die Kinder- und Jugendhilfe in den letzten drei Jahrzehnten gewesen, schreibt die Bundesfamilienministerin in einer kommentierenden Broschüre ihres Hauses zum KJHG. Diese offensichtlich erfreut getroffene Feststellung der Ministerin läßt zwei Schlüsse zu, die allerdings beide nachdenklich stimmen sollten: Entweder haben sich die Bedingungen des Aufwachsens in unserer Gesellschaft dramatisch verschlechtert. Oder es ist der Zunft der Erzieher und Pädagogen gelungen, Bedarf für früher überflüssige Dienste zu schaffen. Man findet jedenfalls Praktiker, die beklagen, daß das Mehr an Stunden und *Manpower*, das man zur Verfügung habe, nicht zu einem Mehr an Beschäftigung mit den »Klienten« führe: »Früher waren wir öfter draußen und haben Hausbesuche gemacht«, sagt eine Sozialarbeiterin, die seit zwanzig Jahren im selben Großstadtrevier tätig ist. Kann es sein, daß die schiere Unlösbarkeit mancher Probleme die Profession auf Ausweichpfade gezwungen hat?

Die Allgemeinen Sozialdienste oder die Fachbereiche für Kinder und Jugendliche sind in vielen Städten dezentralisiert, sie befinden sich in den Wohnquartieren, nah beim Bürger. Dort sollen die Behörden ihm beim Ausfüllen des Sozialhilfeantrages helfen, ihn in Erziehungsfragen beraten und in der Mütterberatungsstelle sein Baby wiegen. Mitarbeiterinnen der Sozialzentren sitzen in den Stadtteilkonferenzen. Man bemüht sich um »Vernetzung« im Quartier. »Quartiersmanagement« lautet denn auch der trendige Begriff für Sozialarbeit.

Der Geist der Dienstleistungsgesellschaft weht durch die Büroflure, der Jargon der Verwaltungsmodernisierer ist in aller Munde, die Formulierung eines neuen Leitbildes für den Sozialdienst fordert erhöhte Aufmerksamkeit. Leitbilder, die sich mit dem Selbstverständnis der einen oder anderen Verwaltung befassen, sind eine populäre Angelegenheit in vielen Bürokratien. Ihre Erarbeitung verschlingt viel Zeit; und das bisweilen paradoxe Ergebnis solcher nach innen gewandten Diskussionsprozesse ist, daß oft die altlinke Ideologie der Sozialpädagogen (Freiwilligkeit, Mitwirkung) unmittelbar in die typische Ausdrucksweise der Modernisierungsfanatiker gegossen wird. Im Zusammenhang mit der Kinder- und Jugendhilfe von »Klienten« oder »Kunden« zu reden, maskiert in grober Weise die Realität und hilft nicht ein einziges Problem zu lösen. Aber es klingt netter, modern eben. Es gibt eine Reihe von Dingen, mit denen man sich – neben »Vernetzung« und »Leitbild« noch beschäftigen kann, um den Kontakt mit der unerfreulichen und hoffnungslosen Klientel möglichst zu vermindern. Dazu gehören Fortbildungen. Für einzelne dieser Veranstaltungen wird man gute

Rechtfertigungen finden, andere sind einfach esoterischer Unsinn (freilich halten auch letztere einige Angehörige des »Teilarbeitsmarktes Jugendhilfe« in Lohn und Brot).

Bestimmte Moden im Fortbildungswesen schlagen sich in der sozialarbeiterischen Praxis nieder: Wird vermehrt über sexuellen Mißbrauch »aufgeklärt«, dann wird, so die notwendige Konsequenz, vermeintlich geschärfter, doch manchmal nur abgelenkter Wahrnehmung, schließlich auch da sexueller Mißbrauch vorliegen, wo simple Verwahrlosung oder bloße Gewalt als wahrlich schlimme Gründe für die Auffälligkeiten eines Kindes zu finden wären. Damit soll keinesfalls gesagt sein, die Hemmschwelle, sich Kindern sexuell zu nähern, sinke nicht: In einer enttabuisierten Gesellschaft gilt auch dieses Tabu nicht viel. Nicht nur im Internet finden sich Zeugnisse davon in erschreckender Zahl.

Wer kann, rettet sich aus dem harten pädagogischen oder sozialarbeiterischen Alltag in die sichereren Regionen der Bürokratie. Doch die Aufstiegschancen für Sozialarbeiter und Sozialpädagogen in den Sozialen Diensten sind beschränkt; die Gehälter für eine sehr fordernde und von der Gesellschaft heutzutage nur selten mit Dankbarkeit betrachtete Aufgabe vergleichsweise niedrig. Das Gefühl, beruflich nicht hinreichend respektiert, unterbezahlt, und vor allem stets für die Verlierer der Gesellschaft zuständig zu sein, macht es vielleicht besonders schwer, im staatlichen Auftrag eine offensive und selbstbewußte Rolle zu spielen.

Ganz offenbar schlagen sich manche Mitarbeiter der sozialen Dienste mit Minderwertigkeitskomplexen herum – besonders gegenüber den Lehrern, die sie für unbillig privilegiert halten. Diese Unsicherheit maskiert sich oft als besonders bestimmtes, besserwisserisches Auftreten. Und die Lehrer, gerade am Gymnasium, sehen häufig tatsächlich auf die nurmehr an der Fachhochschule und nur in Pädagogik ausgebildeten Kollegen herab, wenn sie sie überhaupt für »Kollegen« halten. Das ist besonders bedauerlich, weil die zunehmenden Erziehungsprobleme in den Schulen in Zukunft – so sehr man auch versuchen muß, auf die Eltern einzuwirken – vermutlich nur dann einigermaßen beherrschbar sind, wenn Fachlehrer und Pädagogen kooperieren. Da, wo Sozialpädagoginnen an einer Schule fest angestellt sind, funktioniert die kollegiale Zusammenarbeit besser als dort, wo Schule und Sozialdienst nur punktuell aufeinandertreffen, wenn es um ein einzelnes schwieriges Kind geht.

Häufig werden die Ressentiments der unterschiedlichen pädagogischen Professionen mitverhandelt, wenn eigentlich der Fall im Mittelpunkt stehen (und der Staat mit *einer* Haltung gegenüber den Betroffenen auftreten) sollte. Da ist zum Beispiel die siebenjährige Tatjana. Mit ihrem achtjährigen Bruder Hartmut ist sie in einer »Erziehungsfamilie« untergebracht: Das ist eine kleine Einrichtung zur »Vollzeitpflege«, in der Regel ein Paar mit fachlicher Ausbildung, das zwei oder drei Kinder aufnimmt und dafür Pflegesätze erhält – ein Minibetrieb. Tatjanas leibliche Mutter ist äußerst unintelligent, hat die Kinder gewürgt und geschlagen, die Bezugspersonen wechselten dauernd. Es besteht der Verdacht, daß Tatjana sexuell mißbraucht wurde. Das Kind sieht entzückend aus und ist gegenüber fremden Männern extrem vertrauensselig, also besonders gefährdet, wenn es allein unterwegs ist. Bei der geringsten Frustration dreht das Mädchen völlig durch, kratzt, beißt, tobt – und rennt davon. Als Anlaß für einen Anfall reicht es, daß eine Mitschülerin Tatjana zum falschen Zeitpunkt ansieht.

Tatjana besucht die erste Klasse einer Sprachheilgrundschule. Man kann sich vorstellen, wie ein solches Kind den Unterricht in einer ohnehin problematischen Gruppe ganz und gar aufmischen kann – besonders, wenn das Mädchen dauernd wegläuft, das Schulgelände verläßt und in der Stadt umherwandert. Die Lehrerin muß sich dann jeweils entscheiden, ob sie die anderen acht Rabauken aus ihrer Klasse allein läßt oder in Kauf nimmt, daß sich das Mädchen in eine ganze Reihe von unkalkulierbaren Gefahren bringt. Ihre Aufsichtspflicht verletzt sie so oder so.

Schule und Erziehungsmutter möchten nun gern eine zusätzliche Kraft einstellen, die sich während des Unterrichts nur um Tatjana kümmert. Es gibt eine Konferenz mit der Klassenlehrerin, dem Schulleiter, der Erziehungsmutter, einer Vertreterin des Trägerverbandes, dem die Erziehungsmutter angeschlossen ist, und zwei Vertreterinnen des Allgemeinen Sozialdienstes. Das eigentliche Problem ist klar: Der ASD will für Tatjana nicht noch einen weiteren Betreuer finanzieren, schließlich schlägt sie schon mit den erheblichen Kosten eines Heimplatzes zu Buche. Doch über diesen rationalen Interessenkonflikt wird gar nicht gesprochen. Die Stimmung ist von Anfang an feindselig; die ASD-Mitarbeiterinnen haben sich schon auf dem Weg zum Gespräch auf den Schulleiter eingeschossen, obwohl sie auch unzufrieden mit dem Alleingang der Erziehungsmutter sind. Der Schulleiter läßt die ganze Versammlung lange im Flur warten und macht deutlich, daß er die Veranstaltung für Zeitverschwendung hält.

In geradezu surrealer Weise kreist das Gespräch um die Frage, ob sich Tatjana auf die Toilette zurückziehen darf, wenn sie eine Attacke hat – und ob es als pädagogischer Fortschritt zu betrachten ist, wenn sie nur zur Toilette läuft und nicht in die Stadt. Der Rektor hält die Toilette nicht für eine akzeptable Lösung. Auch dort könne die jeweilige Lehrerin ihrer Aufsichtspflicht nicht nachkommen. Es müsse eben – zur Not über eine pädagogische Hilfskraft, die die Schule aber nicht habe – gewährleistet werden, daß das Kind am Unterricht teilnähme. Das findet auch die Träger-Vertreterin, die gegen Geld gern eine geeignete Kraft stellen könnte. Die Mitarbeiterinnen des Sozialdienstes argumentieren nicht mit den Kosten, sondern pädagogisch: Noch ein Wechsel bei den Betreuungspersonen sei dem ohnehin verunsicherten Mädchen nicht zuzumuten. Der Schulleiter läßt körpersprachlich erkennen, daß er die ASD-Frauen geringschätzt. Er gibt zu bedenken, daß Tatjana irgendwann auch am Unterricht teilnehmen müsse, schließlich sei sie für die erste Klasse schon recht alt. Die ASD-Vertreterinnen meinen, man sollte im Zweifelsfall lieber die Stundenzahl reduzieren. Ihnen steht ins Gesicht geschrieben, wie unprofessionell, unengagiert und überbezahlt sie diesen Rektor finden – bei der späteren Fallbesprechung würden sie dem Kind lieber noch einen Schulwechsel zumuten, als selbst eine derartige Behandlung hinzunehmen.

Die Lehrerin liefert eine perfekte Show mit allen nötigen Ehrbezeugungen für die ASD-Pädagoginnen. Sie hätte am ehesten eine Chance, zusätzliche Betreuungsstunden herauszuhandeln. Die Erziehungsmutter wird nach dem Gespräch erst einmal ausgeschimpft; mit der Schule solle sie sich nicht verbünden. Doch dann solidarisiert man sich: Der Rektor ist uneinsichtig (und an allem schuld). Getan wird erst einmal gar nichts. Es ist wohl nicht ungerecht, den Verlauf und das Ergebnis dieser Zusammenkunft als unbefriedigend zu empfinden.

Ein weiteres Problem der Jugendhilfe-Sphäre ist in diesem Beispiel angedeutet: der Trägerpluralismus. »Die Jugendhilfe ist gekennzeichnet durch die Vielfalt von Trägern unterschiedlicher Wertorientierungen und die Vielfalt von Inhalten, Methoden und Arbeitsformen«, heißt es in Paragraph 3 des Kinder- und Jugendhilfegesetzes. Daß dieser Pluralismus in einer Gesellschaft, in der es keinen Konsens mehr darüber gibt, wie Kinder sinnvollerweise aufwachsen sollen, großer Beliebigkeit Tür und Tor öffnet, ist eine plausible Befürchtung. Jedenfalls haben die Jugendämter mit der Qualitätskontrolle alle Hände voll zu tun. Das andere Problem liegt darin, daß im Namen der Vielfalt auch die kleinsten Anbieter von Heimplätzen zu Unternehmern werden: angewiesen darauf, daß das Jugendamt ihnen Kinder zuteilt; im ungünstigen Fall eher an der Auslastung ihrer Einrichtung interessiert als an der Frage, ob ihre spezielle pädagogische Methode einem einzelnen Kind oder Jugendlichen hilft oder nicht.

Die Auslastung ist in der Kinder- und Jugendhilfe immer ein wichtiges Kriterium der Legitimation, eher als die schwer überprüfbare Wirksamkeit einer Maßnahme. Auch die Einrichtungen der offenen Jugendarbeit, die Jugendtreffs, geraten in Schwierigkeiten, wenn sie keine ausreichend hohe »Kontaktfrequenz« nachweisen können. Jugendtreffs werden von den üblichen Trägern unterhalten, von Kommunen und Kirchen, von Arbeiterwohlfahrt, Caritas und Diakonie. Klassischerweise bieten sie vor allem

Räume an, in denen Jugendliche »selbstorganisiert« Projekte durchführen können. Dieses Konzept dürfte immer schon nur eine Minderheit angesprochen haben; aber in den siebziger Jahren gab es immerhin ein gewisses Reservoir an politisch aktiven Jugendlichen, die die Arbeit in und an einem Jugendzentrum für einen fortschrittlichen Zweck hielten.

Heute sind die Jugendlichen weit weniger initiativ als früher. Jedenfalls haben sie kein erkennbares Bedürfnis nach Dritte-Welt-Arbeitsgruppen und Friedens-Gesprächskreisen. Die Jugendtreffs werden dort, wo sie überhaupt Zulauf haben – mangels Alternativen eher auf dem Land als in der Stadt – als Räume zum »Abhängen« benutzt. Die offene Jugendarbeit hat dieser Tendenz wenig entgegenzusetzen. Anders als im Sportverein oder bei der Jugendfeuerwehr leiten die Sozialpädagogen ihre Klienten in der Regel nicht zu irgendeinem Tun an: Die Ideen sollen schließlich »von den Jugendlichen selber kommen«. Nun gehört es aber offensichtlich zu den Problemen jener Jugendlichen, die auf die Nutzung öffentlicher Jugendtreff-Infrastruktur angewiesen sind, daß sie nicht allzuviele Ideen haben. Sich treffen, reden, ein bißchen feiern, einander imponieren, manchmal auch mit den Fäusten: das umreißt in etwa ihre Vorstellung von Freizeitgestaltung. Dazu kommen noch exzessives Fernsehen (was man aber zu Hause tut) und Alkoholkonsum (den die Mitarbeiter der Jugendtreffs mannhaft bekämpfen – nur ist eben die ganze Welt voller Alkohol). Diesen Kindern fehlt das Geld für die Angebote der kommerziellen Freizeitindustrie; ihnen fehlt das konkrete Interesse an einem Gegenstand, das in den Sportverein oder zu den Briefmarkenfreunden führt; und die Phantasie für die vielbeschworenen »eigenen Projekte«, hießen sie nun Theater, Kabarett, Stadtteilzeitung. Bands und Musikgruppen machen den vergleichsweise produktivsten Gebrauch vom Angebot der offenen Jugendarbeit.

Die Schlußfolgerung daraus ist einfach, aber sie wird in der Szene nur verschämt gezogen: Dem heutigen Kundenkreis öffentlich organisierter Jugendarbeit nützt »Offenheit« gar nichts. Sie brauchen konkrete Angebote, verläßliche Organisation, jemanden, der ihnen sagt: Auf Dich kommt es an. Fast ist es dem Pastor der evangelischen Kirche in einem Arbeiterviertel peinlich, es zuzugeben: Die erfolgreichsten Jugendgruppen seiner Gemeinde sind die Pfadfinder (60 Mitglieder) und der Kirchenchor (fast 100 Kinder). Beide Aktivitäten sind straff geführt und haben begeisterte, begeisternde Gruppenleiter: Ihr Zweck aber ist vorgegeben, nicht »offen«. Und es gelten Regeln: Wer zu oft schwänzt, fliegt raus. Die Botschaft lautet: Zu dieser Gruppe muß man gehören *wollen*, sie läuft einem nicht hinterher. Eine Reform der offenen Jugendarbeit ist eine Einstellungs-, keine Kostenfrage.

Es wird Zeit für einen Paradigmawechsel: Wo innere Leere herrscht, sind offene Räume keine Lösung. Die Einrichtungen müssen entweder selbst »Zwecke« finden: Sport, Musik, Theater; oder sie müssen sich in einem weit stärkeren Maße als bisher als Durchlauferhitzer verstehen, als Schleuse in die Sportvereine, in die DLRG, die freiwillige Feuerwehr, den Spielmannszug. Diese Organisationen leiden unter der Konkurrenz kommerzieller Anbieter. Ihre Jugendarbeit aber ist erfolgreich, weil sie nicht an Identitätsproblemen krankt: Sport ist ein Zweck; Pfadfinderlager sind ein Zweck; Gesang ist ein Zweck. Das nurmehr Soziale kommt dann – und es kommt automatisch, beim

Bier nach dem Training, bei der Chorfreizeit am Wochenende. Das bloße Herumsitzen im Jugendtreff mit seinem gewollt sperrmüllartigen Ambiente (das Kostenargument ist in aller Regel vorgeschoben – Sozialpädagogen *glauben*, daß Jugendliche von Sperrmüll umgeben sein wollen) nützt niemandem. Und wenn, wie es in einem erklärtermaßen »linken« Jugendtreff in Ostdeutschland zu beobachten war, der Sozialarbeiter den (hier durchaus biertrinkenden) Jugendlichen mit einer Haarschneidemaschine Glatzen rasiert, weil das nun einmal zur »Jugendkultur« gehöre (und der Friseur so teuer ist), dann kommen Zweifel am Sinn der ganzen Veranstaltung auf: Wäre es nicht gerade diese »Jugendkultur«, gegen die man energisch anerziehen müßte?

Manchmal hat man im Gespräch mit Jugendlichen im Jugendtreff den Eindruck, sie warteten nur darauf, daß endlich jemand genug Interesse für sie aufbrächte, um mit ihnen über ihr sinnloses Zeit-Tot-Schlagen, ihre lächerliche, selbststigmatisierende Aufmachung und ihr allgemeines Hängertum zu streiten. Engagement für junge Leute hieße heute möglicherweise das: ihnen konfrontativ zu begegnen, ihnen viele Vorschläge zu machen und ihnen dringend nahezulegen, diesen Vorschlägen zu folgen – wenn sie keine Alternative wissen. Darüber müßte man dann mal reden.

Jugendhilfemitarbeiter, die nicht im Jugendtreff auf Kundschaft warten, suchen ihre »Klienten« in deren Wohnungen auf. Das bedeutet jedesmal, eine Grenze zu überschreiten, sich in ein fremdes Leben hineinzudrängen, aufzupassen, ob Kampfhunde da sind, und blitzschnell abzuwägen, ob der angebotene Kaffee ein Gesundheitsrisiko darstellen könnte. Natürlich sind nicht alle Familien so, die eine Sozialarbeiterin im Laufe ihrer Arbeitswoche besucht. Aber es sind zu viele.

Die Vorbilder für ein funktionierendes Familienleben werden offenbar rar. Im Schatten der öffentlichen Wahrnehmung haben sich im Sozialhilfemilieu dramatische Änderungen vollzogen. Dabei geht es nicht um das reine Anwachsen der Zahl der Sozialhilfeempfänger (1980: 850.000, 1999: 2,9 Millionen) – dieses Phänomen läßt sich weitgehend mit der Langzeit-Massenarbeitslosigkeit erklären (1980: 890.000 Arbeitslose, 1998: 4 Millionen). Es geht vielmehr darum, daß einer immer größeren Zahl von materiell unzweifelhaft benachteiligten Eltern auch der Anstand abhanden gekommen ist. Doch die Sozialpädagogen, die im staatlichen Auftrag ausrücken, um das Schlimmste zu verhindern, sollen und wollen partout kein Vorbild, kein Maßstab für ihre Klientel sein: Freiwilligkeit ist, wie wir gesehen haben, alles – bloß keine Werte aufdrängen. Wie, wenn nicht mit der Dominanz der Freiwilligkeitsideologie, könnte man den Fall von Frau K. erklären?

Frau K. hat sieben Kinder (sechzehn, vierzehn, zwölf, zehn, acht, fünf und vier Jahre alt) von verschiedenen Vätern. Die beiden ältesten Jungen, Schulabbrecher, kriminell, drogenabhängig, gelten nach einer mustergültigen Jugendhilfekarriere, in der keine pädagogische Wohngemeinschaft, kein Auslandsprojekt und keine Einzelbetreuung fehlen, als pädagogisch »nicht mehr erreichbar«. Die beiden mittleren Töchter, zwölf und zehn Jahre alt, sind grotesk übergewichtig, »nässen jede Nacht ein« – und führen den Haushalt. Die jüngeren Kinder haben Sprachstörungen, sie sind immer übermüdet, aggressiv, auffällig. Frau K. hat die kleinen Kinder, allesamt Frühgeburten, nach der Entbindung kein einziges Mal in der Kinderklinik besucht. Als der Fünfjährige von einer Bekannten ins Krankenhaus gebracht werden mußte, war die Mutter tagelang nicht aufzufinden. Dann vergaß sie, das Kind abzuholen. Die kleineren Jungen ließ sie wochenlang von einem als Päderasten bekannten »Freund« betreuen.

Frau K. ist eine schlanke, aparte Frau, selbst wenn ihr Gesicht durch Alkohol und Drogen, gewiß auch durch Kummer, gezeichnet ist. Sie ist nicht dumm, nur in einer leeren, leblosen Weise desinteressiert an ihren Kindern: Sie weiß gar nicht, was Kinder sind. Frau K. wirkt auf Männer. Und sie wirkt auf Sozialarbeiterinnen. Letztere fragen sich angesichts dieser Frau: Wie weit bin ich selbst, wie weit sind wir alle vom inneren Abgrund entfernt? Vermutlich weil Frau K. diese Gefühle bei ihren Betreuerinnen auslöst, haben sie mit unendlicher Geduld versucht, ihr beizubringen, wie sie für ihre Kinder sorgen müßte.

Das Ergebnis dieser Bemühungen war ein endloses Hin und Her zwischen Pflegefamilien, Kinderheimen und der Ursprungsfamilie. Unter anderem rivalisierten die Behörden zweier Städte, in denen sich Frau K. jeweils für längere Zeit aufhielt: Weil man hier wie dort meinte, es besser machen zu können als die Kollegen, ging den Kindern weitere Zeit in geordneten Verhältnissen verloren. Wenige Monate nachdem alle Kinder bis auf die beiden ältesten Jungen untergebracht waren, wurden sie »in den Haushalt der Mutter zurückgeführt«. Kurz darauf arbeitete der ASD daran, sie wieder herauszuholen – unter schleppender Mitwirkung, wie immer, von Frau K. Unzählige Ansätze, ihren »Lebensplan kritisch mit ihr zu beleuchten«, sind fehlgeschlagen; es drängt sich der Verdacht auf, daß sie keinen solchen hat. »Mitwirkung« findet in einem solchen Fall ihre Grenzen. Das hehre Ziel, Kinder so lange wie möglich in ihren Familien zu lassen, kehrt sich gegen die Kinder. Die Sozialpädagoginnen, die sich um Frau K. kümmern, sehen das anders: Sie sprechen von Respekt vor der Klientin, von der Mühe, die sie sich immer wieder gegeben habe, von Frau K.s eigener, unbestreitbar grauenhafter Kindheit. Sie warnen davor, »eigene Wertmaßstäbe« an das Leben eines anderen Menschen anzulegen. Sie haben damit Recht – und gleichzeitig Unrecht, denn die Wertmaßstäbe dieser Gesellschaft sind, auch unter der Maßgabe des KJHG, die Voraussetzung dafür, daß sie sich überhaupt beruflich mit Frau K. befassen. Deren eigenes schweres Schicksal ist ein Grund für Mitgefühl, auch für Therapieangebote. Es entschuldigt aber nicht die Verantwortungslosigkeit gegenüber den Kindern.

Was im Habitus der Sozialpädagoginnen auffällig fehlt, ist ein gewisser Furor im Namen dieser Kinder: Ist deren Leben durch die widersprüchlichen Interventionen der verschiedenen Sozialdienste aussichtsreicher geworden? Es sieht nicht danach aus. Die sozialpädagogischen und hauswirtschaftlichen Hilfen für die Familie (nicht die Sozialhilfe!) kosten bis zu 17.000 Mark im Monat. Es dürfte nicht darum gehen, dieses Geld zu sparen, wenn der Staat durch seinen Einsatz eine Zukunft für sieben Kinder erkaufen könnte, die sich ihr Elternhaus nicht ausgesucht haben. Aber kann er das?

Natürlich hat das Kostenbewußtsein, wie man auch an Tatjanas Fall hatte sehen können, längst Einzug in die Sozialen Dienste gehalten. Fast jedes pädagogische Gespräch, fast jede Hilfekonferenz gemäß Paragraph 36 KJHG hat heute einen finanziellen Subtext: Wer wird die

Maßnahme bezahlen, wessen Etat belastet sie? Was fehlt, sind nachvollziehbare Kriterien für Erfolg: Ist es schon gut, wenn man Eltern zur Erziehungsberatung geschickt hat? Oder kann man von Erfolg erst sprechen, wenn das Kind aus der entsprechenden Problemfamilie ein halbwegs glücklicher und selbständiger Erwachsener geworden ist? In welchem Zusammenhang stehen Mitteleinsatz und Ergebnis? Den Furor, den Zorn auf die Eltern und die Verhältnisse, findet man am ehesten bei denjenigen, die mit den beschädigten Kindern leben: den Heimerziehern und Wohngruppenleitern. Anders als noch manche Kollegen, die nur zu Besuch in die schwierigen Familien kommen, haben sie das Elend, das eine verkorkste Erziehung hervorrufen kann, tagtäglich vor Augen. Das fördert einen radikalen Empirismus. Diesseits der Ideologie ist die Wirklichkeit trostlos. Wer sich ihren Herausforderungen stellen will, braucht allen Realismus, den er aufbieten kann. Düster beschreibt Armin Hofman, Mitarbeiter in einer Einrichtung des Diakonie Hilfswerks Schleswig-Holstein, seine Aufgabe. »Diese Kinder sind hier, weil sie überflüssig sind«, sagt er. Und zählt auf: Sabine dreizehn, hat zwar eine Mutter; die aber will nichts von ihr wissen. Torstens Eltern waren im Gefängnis, die Mutter ist an Heroinmißbrauch gestorben. Die Heimkarriere des heute Siebzehnjährigen begann mit zehn. Falk kam mit zwölf, weil seine Adoptiveltern ihn nicht behalten wollten – die Adoptivmutter erwartete endlich selbst das Wunschkind. Johannes, elf, ging jahrelang nicht zur Schule; anfangs brachte er von jedem Besuch zu Hause die Krätze mit ins Heim. Simone war schon bei der Geburt alkoholabhängig; ihre erste Lebenserfahrung war der Entzug. Fallgeschichten, traurig und ausweglos. Ähnliches bekäme man in fast allen Heimen zu hören, bei endlosen Tassen Kaffee und unzähligen Zigaretten. »Stationäre Einrichtungen« sind es gewohnt, besucht zu werden: von Repräsentanten ihres Trägers, von den Zuständigen im Jugendamt oder Sozialdienst, von Abgeordneten und Wissenschaftlern, gelegentlich von Journalisten – vorzugsweise, wenn etwas schiefgegangen ist, oder wenn eine Talkshow ein wirklich gefährliches Kind für ihr Programm braucht.

Das Heim, das Armin Hofman gemeinsam mit seiner Frau leitet, ist eine Vorzeigeeinrichtung: idyllisch gelegen, umgeben von Weiden, auf denen Pferde und Zwergziegen grasen. Der Garten blüht und duftet. Die Hofmans haben privat ein Grundstück mit einem Bade- und Angelsee dazugekauft, bei schönem Wetter können die Kinder in einem umgebauten Zirkuswagen übernachten: »Wir wollen diesen Kindern zeigen, daß das Leben auch heil, in Ordnung und schön sein kann«, sagt Thomas Kock. Der Psychologe arbeitet beim Diakonie Hilfswerk, dem Träger der Hofmanschen Einrichtung. »Man darf sich aber keine Illusionen machen«, sagt Heimleiter Hofman. »Kein Zuhause ist so entsetzlich, daß die Kinder nicht trotzdem zurückwollen. Sie warten und warten, sie hoffen auf die Sommerferien, auf Weihnachten. Und immer wieder werden sie enttäuscht.«

All dies sind Gründe, Mitleid mit denen zu haben, die zu »Fällen« der Jugendhilfe werden; Gründe auch, sich über angenehme oder wenigstens erträgliche Heime zu freuen; all dies weckt den Wunsch, das Geflecht aus Armut, Unwissenheit und Gewalttätigkeit zu bekämpfen, aus dem diese Kinder stammen. Gleichzeitig kann man aber nicht die Augen davor verschließen, daß sich manche der

Jugendlichen nicht allein deshalb in staatlicher Obhut befinden, weil sie Opfer schlimmer Verhältnisse sind. Etliche von ihnen kommen ja auch deshalb in »Fremdunterbringung«, weil sie schlagen, stehlen, vergewaltigen, Drogen nehmen und Drogen verkaufen; weil sie, unerreichbar, in einer eigenen regellosen Welt leben. Merkwürdig unbeteiligt sind sie, starr, wenig beeindruckt von niedlichen Zwergziegen und Ponys. Es sind, offen gesagt, nicht immer besonders nette Kinder; niemand würde sich die härteren Fälle als Schulkameraden des eigenen Sohnes, der eigenen Tochter wünschen. Zu den professionellen Eigenheiten des sozialpädagogischen Berufsstandes gehört, daß darüber nie zuerst gesprochen wird; keine Falldarstellung beginnt mit den Dingen, die ein Jugendlicher anderen angetan hat. In den Beschreibungen ihrer Betreuer tauchen auch die jugendlichen Täter zuallererst als Opfer auf. Vielleicht muß das so sein, wenn man hoffnungsvoll mit ihnen arbeiten will. Den Stand der Jugendhilfe in der öffentlichen Diskussion erleichtert diese Akzentsetzung nicht.

Eine öffentliche Debatte über den Umgang mit Jugendlichen, die zu Tätern geworden sind, ist aber berechtigt und notwendig. Denn die stationäre Unterbringung ist erstens eine teure Angelegenheit – die täglichen Pflegesätze liegen zwischen zweihundert und knapp vierhundert Mark, sechstausend bis zwölftausend Mark im Monat.

Zweitens hat die Gesellschaft Anspruch darauf, vor Gewalttaten geschützt zu werden, auch wenn die Täter noch Kinder sind. Diesen Schutz aber gewährleisten die wenigsten Heimplätze in Deutschland. Und nach dem KJHG sollen sie das auch gar nicht: Erziehung und Hilfe sind alles. Dem Leitbild »Menschen statt Mauern« folgend, hat man seit Mitte der siebziger Jahren die Anzahl der »geschlossenen« Einrichtungen reduziert – nur dreihundert Plätze gibt es noch in der Bundesrepublik. Zugleich setzte auch ein Wechsel von der stationären zur »ambulanten« Betreuung ein; der Trend rächt sich heute, weil viele der Kinder zunächst eine Reihe von ambulanten Maßnahmen durchlaufen, bevor sie schließlich – nicht mit acht oder neun, sondern mit dreizehn oder vierzehn Jahren – doch in einem Heim landen. Dann aber ist es oft zu spät. Die »offenen« Heime und Jugendwohnungen können, selbst bei günstiger Personalausstattung, niemanden ernsthaft daran hindern, weiterhin seine Mitmenschen zu terrorisieren. Die Sanktionsmöglichkeiten der Betreuer sind beschränkt; und in einigen Einrichtungen besteht die Betreuung am Wochenende ohnehin nur darin, daß der diensthabende Erzieher seine Handynummer am Schwarzen Brett hinterläßt.

Drittens ist es auch aus der Sicht der Profession selbst unklug, die berechtigten Zweifel an manchen Formen der Unterbringung reflexhaft abzuwehren. »Wer behauptet, alles im Griff zu haben«, schreibt der Bremer Sozialpädagogik-Professor Jürgen Blandow, »der braucht auch nicht mehr Geld – und alles im Griff haben minus zehn Prozent würde schließlich immer noch zu einem befriedigenden Ergebnis führen.« Von »alles im Griff« kann ohnehin keine Rede sein. Die steigende Zahl schwerer Straftaten, die von Kindern und Jugendlichen begangen werden, läßt sich ebensowenig wegdiskutieren wie der rauhere Ton auf Schulhöfen und an Orten, an denen junge Menschen ihre Freizeit verbringen. Es ist kaum zu glauben, aber innerhalb des bestehenden Jugendhilfesystems sind so gut wie keine Erkenntnisse darüber zu gewinnen, welche Maßnahmen erfolgreich sind und welche nicht. Die Unterbringung folgt dem Prinzip von *trial and error*. Auf diese Weise entstehen, wenn es schlecht geht, die berüchtigten Jugendhilfekarrieren – sechs, acht, zehn Stationen –, die die Aussichten eines »Falles«, später als »Integrierter und Arbeitsplatzbesitzer durchs Leben zu spazieren« (Blandow), nicht verbessern.

Hinzu kommt das Problem Elternwillkür. Sie ist im Jugendhilferecht programmiert. Nicht selten nehmen Eltern ihre Kinder wider alle Vernunft just dann aus einer Einrichtung, wenn sie sich gefangen haben und zum ersten Mal die Chance auf einen Schulabschluß naht. »Die Hilfen zur Erziehung erhält nicht das Kind, sondern der Sorgeberechtigte«, sagt der Psychologe Kock. »Nur fehlt in vielen Fällen leider die elterliche Sorge.« Familienrichter sind, zum Leidwesen der Jugendämter, beim Entzug des Sorgerechts ebenso vorsichtig wie Jugendrichter, wenn sie tatsächlich einmal Arrest oder Untersuchungshaft anordnen sollen – obwohl beides möglicherweise im Interesse des gefährdeten oder gefährlichen Kindes wäre. Doch mit dieser Verantwortung tun sich Juristen, die gern auch aussichtslose Fälle an die Jugendhilfe zurückdelegieren, schwer: »Knast macht niemanden besser« lautet ihre Abwehrformel. Als seien die sozialarbeiterischen Profis im eigens auf Erziehung angelegten Jugendstrafvollzug nicht verpflichtet und bemüht, den Jugendlichen in ein besseres Leben zu helfen. Nur »Wegsperren« gibt es nicht.

Die Frage, was jugendlichen Straftätern genützt hat, bleibt auch im Rückblick ebenso ungeklärt wie die Frage, was die 17.000 Mark an staatlicher Erziehungshilfe im Falle von Frau K. bewirken. Der Datenschutz verbietet systematische Erhebungen über den weiteren Lebensweg der Zöglinge. Es gibt keine Verlaufsstudien über die unterschiedlichen pädagogischen Betreuungsformen. Niemand weiß, ob die intensive Einzelbetreuung im Ergebnis mehr brächte als die Einzelzelle. Also muß man sich für die Praxis mit Mutmaßungen und Plausibilitäten behelfen. Einiges spricht dafür, daß desorientierte Jugendliche enggeführte Betreuung brauchen, einen klar strukturierten Tag, Pflichten und Aufgaben, deren Erfüllung ihr Selbstwertgefühl stärkt; Regeln, deren Verletzung unweigerlich Konsequenzen nach sich zieht, und verläßliche Beziehungen. All dies Tag für Tag durchzusetzen, ist ein Kraftakt; mehr noch als ein günstiger Personalschlüssel sind dafür pädagogische Persönlichkeiten nötig, die ihren Beruf tatsächlich als Berufung verstehen und denen Begriffe wie »Charakter« und »Vorbild« nicht von vornherein zuwider sind.

In der Praxis überzeugen Wohngruppen nicht, in denen, wie in einer Hamburger Einrichtung, Erzieherinnen nachmittags hilflos auf fünfzehnjährige Mädchen einsprechen, um ihnen zu vermitteln, daß es sie »traurig« oder »wütend« mache, wenn ihre Schützlinge vormittags Mitschülerinnen Bierflaschen über den Schädel hauen. Und auch nicht die Verwahreinrichtung, in der der seelisch zerstörte, aber friedliche Achtzehnjährige, der mit zwölf Jahren vom eigenen Vater vergewaltigt wurde, Chips kauend und vor sich hin starrend in seinem verdreckten Zimmer sitzt und aufs Essen wartet – genauso wie nebenan der Einundzwanzigährige, der für die zweifache Vergewaltigung einer alten Frau eine Bewährungsstrafe erhalten hat. Mehr Hoffnung machen Gruppen, die energisch darauf setzen, die ihnen anvertrauten Kinder zu bessern. Dazu ist ein gewisser missionarischer Eifer nötig; dazu braucht es Ausstrahlung.

Antje Stick und Manfred Thoms, die im Naturpark Hüttener Berge die erlebnispädagogisch orientierte Gruppe *Klabauter* leiten, sind solche charismatischen Erzieher. Ihre zehn Jungen vereinigen auf sich erhebliche Straftaten und alle Spielarten abweichenden Verhaltens. Aber ihr aktuelles Auftreten ist tadellos und höflich. Auf Umgangsformen achten die Klabauter ebenso wie darauf, daß man ordentlich und sauber gekleidet ist. Selbststigmatisierungen – Tätowierungen, Ohren-, Nasen- und Lippenringe – sind verpönt. Es gibt feste Essens- und Schlafzeiten, eine Tischordnung, in der Neulinge sich hocharbeiten müssen. Die Erzieher lassen sich siezen. »Diese Kinder haben ein gestörtes Selbstwertgefühl«, sagt Manfred Thoms. »Deshalb haben viele von ihnen in Gruppen Gewalt gegen Schwächere ausgeübt. Wir zeigen ihnen, daß es hier auch eine Gruppe gibt. Zu der kann man gehören, aber das ist anstrengend. Dafür muß man etwas tun.«

Das Konzept der Klabauter ist die Outdoor-Pädagogik: Den Tagesablauf füllt neben der Schule ein Training für das Leben draußen in der Natur, die Wartung und Pflege von Zelten und Rucksäcken, Angelgerät und Wasserpumpen, Schuhen und Kochgeschirr. In den Ferien, an allen schulfreien Tagen geht es in die Wildnis, zunächst, zur Übung, in dänische Wälder, dann auf harte Trekkingtouren in Schweden und Norwegen. »Dabei ergeben sich ganz natürliche Regeln«, sagt Thoms. »Man kann zum Beispiel nur so viel essen, wie man mitgenommen hat.« Die wenigen Indikatoren, die zur Bewertung einer Maßnahme zur Verfügung stehen, scheinen für diesen Ansatz zu sprechen: Die Verweildauer bei den Klabautern ist relativ kurz, die Kosten liegen mit 224 Mark Tagessatz am unteren Ende der Skala. Die Kinder schaffen in der Regel einen Hauptschulabschluß. Stick und Thoms haben schon Ehemalige beim Wandern in der schwedischen und norwegischen Wildnis wiedergetroffen – ein hoffnungsvolles Zeichen immerhin für einen veränderten Lebenswandel.

Die Debatte darum, ob es für aussichtsarme Fälle geschlossene Unterbringungen geben muß – egal, ob man diese »Heim« oder »Erziehungsgefängnis« nennt –, bleibt von derartigen Beispielen unberührt. Aber für alle diejenigen, die sich unter den heutigen juristischen Bedingungen gerade noch diesseits des Gefängnisses befinden, ist das Modell hoffnungsvoll. Nicht alle müssen im Wald hocken – man kann sich eine ähnliche intensive Betreuung auch »milieunäher« vorstellen. Sie muß auch nicht immer erst dann einsetzen, wenn ein Jugendlicher bereits straffällig geworden ist. Einiges spricht dafür, staatlicherseits entschlossen aufzutreten, sobald erkennbar wird, daß jemand sein Leben nicht in den Griff bekommt. Dafür aber braucht man Menschen wie Thoms und Stick, die, jenseits von Dienstplänen, ihre Persönlichkeit und Autorität für die gefährdeten, manchmal gefährlichen Kinder in die Waagschale werfen.

Doch auch diesseits der Delinquenz sind dafür Mittel nötig, die über die persönliche Ermahnung, den bloßen Appell, hinausgehen. Ein solches erfolgversprechendes Projekt in Kiel widmet sich der Arbeit mit jungen Sozialhilfeempfängern – mit dem klaren Auftrag freilich, der Kommune Sozialhilfekosten zu sparen. Selten wird in diesem

Projekt nach sexuellem Mißbrauch, nach traumatischen Kindheitserlebnissen oder sonstigen häuslichen Belastungen gefragt – obwohl die Kandidaten aus ebenjenen Verhältnissen stammen, um die sich auch der ASD bemüht, aus ebenjenen Verhältnissen, die immer wieder zur einfühlenden moralischen Entlastung von Frau K. angeführt werden.

Statt dessen muß sich jeder unter Fünfundzwanzigjährige erklären, wenn er Sozialhilfe beantragt: Warum kann er nicht arbeiten? Die Jugendlichen tragen die üblichen Probleme vor: kein Hauptschulabschluß, Förderschule abgebrochen, kein Ausbildungsplatz. Die individuellen Gründe für diese biografischen Brüche sind meist so traurig, wie man sich nur vorstellen kann, doch sie interessieren die Helfer hier nur in zweiter Linie. Viele Jugendliche werden so zum ersten Mal ernster genommen als ihre kurzfristige Befindlichkeit. Die Berater tun buchstäblich alles dafür, daß ihre Schützlinge formale Bildungsdefizite überwinden können, sei es in Zusammenarbeit mit den regulären Schulen, durch zweijährige Sonderkurse zur Erlangung des Hauptschulabschlusses, mit speziellen Ausbildungsprogrammen der städtischen Beschäftigungsgesellschaft oder in Kooperation mit normalen Betrieben. Von den rund eintausend Jugendlichen, mit denen sie es im Jahr bisher zu tun hatten, konnten mehr als die Hälfte mit Ausbildungs- und Arbeitsplätzen »versorgt« werden. Nur ein kleiner Teil war, auch im pädagogischen Sinne, »nicht erreichbar«.

Wer sich nicht regelmäßig bewirbt, wer seine Termine beim Arbeitsamt nicht einhält oder die Schule schwänzt, kurz, wer jede Verantwortung für sein eigenes Leben ablehnt, dem wird die Sozialhilfe gekürzt: um fünfundzwanzig oder fünfzig Prozent, sie kann auch ganz gestrichen werden. »Seine Chance«, sagt die Sozialdezernentin, die dieses Projekt verantwortet, »bekommt ein junger Mensch nicht, wenn wir gnadenlos liberal sind: Das, was ein Mensch selbst kann, muß er einbringen. Die wichtige Toleranz gegenüber anderen kommt manchmal eben auch als Gleichgültigkeit an.«

Etwas mehr von diesem Menschenbild – du kannst, wenn du willst, und wir helfen dir zu wollen – wünschte man sich, verbunden mit einem angemessenen Sanktionskatalog, auch für die Jugendhilfe. Vielleicht ist es kein Zufall, daß die Leiterin des erfolgreichen Projekts für junge Sozialhilfeempfänger Kroatin ist, einer der drei Pädagogen im Team Türke. Wenn man die beiden auf die Skrupel ihrer Kollegen anspricht, anderen Menschen Wertvorstellungen aufzudrängen, lächeln sie einander verständnissinnig an. »Oh, ihr Deutschen«, sagen sie.

7
BILDUNG AUS DER STECKDOSE

Wer einen Internet-Anschluß hat, muß nicht mehr selbst lernen

Eines der wichtigsten Probleme der Menschen im Umgang mit Computern hat der britische Schriftsteller Douglas Adams bereits Ende der siebziger Jahre in seinem Roman *Per Anhalter durch die Galaxis* beschrieben. Seine unter hochintelligenten Außerirdischen angesiedelte Satire hat auch in der heutigen Aufregung um Internet und Digitalisierung, um die Notwendigkeit von Computern im Klassenzimmer und die Gefahren des *digital divide*, der angeblich die Gesellschaft zu spalten droht, Erkenntniswert. Und sie ist lustig. Die Aliens in Adams' Erzählung haben einen Supercomputer mit dem Namen *Deep Thought* konstruiert. Er soll ihnen eine Antwort auf die »Große Frage nach dem Leben, dem Universum und allem« errechnen. Viele Jahre haben sie auf den Tag gewartet, an dem *Deep Thought* sich äußern wird. Endlich ist es soweit: »Stürmische Hochrufe brachen aus der Menge hervor. ›Siebeneinhalb Millionen Jahre hat unser Geschlecht auf diesen großen und hoffnungsvollen Tag der Enthüllung der Wahrheit gewartet!‹ rief der Oberjubler. ›Der Tag der Antwort!‹ Die hingerissene Menge brach in Hurras aus.«

Ein wenig ziert sich *Deep Thought*. Doch Luunquoal und Phouchg, die auserwählt sind, die Antwort entgegenzunehmen, lassen nicht locker. Dann gibt der Computer die Antwort. »Zweiundvierzig.« »›Zweiundvierzig!‹ kreischte Luunquoal: ›Ist das alles, nach siebeneinhalb Millionen Jahren Denkarbeit?‹ ›Ich hab's sehr gründlich nachgeprüft‹, sagte der Computer, ›und das ist ganz bestimmt die richtige Antwort. Das Problem ist, glaub' ich, wenn ich mal ganz ehrlich zu euch sein darf, daß ihr selber wohl nie richtig wußtet, wie die Frage lautet.‹ ›Also schön, okay, okay‹, sagte Luunquoal, ›kannst du uns dann bitte wenigstens die Frage sagen?‹ ›Die letzte aller Fragen?‹ ›Ja!‹ ›Nach dem Leben, dem Universum und allem?‹ ›Ja!‹ *Deep Thought* dachte einen Moment nach. ›Knifflig‹, sagte er. ›Aber du kannst sie uns doch sagen?‹ schrie Luunquoal. *Deep Thought* dachte wiederum lange darüber nach. Schließlich sagte er mit fester Stimme: ›Nein.‹«

Die Bereitschaft, Maschinen anzubeten, ist in unserer Gesellschaft ebenso ausgeprägt wie unter Adams' Außerirdischen; und ähnlich groß wie die ihre könnte die Enttäuschung heutiger Erdlinge ausfallen, wenn ihr mit Eifer praktizierter Internetkult eines Tages entzaubert wird. Das gilt besonders für den Einsatz von Computern als Unterrichtsmittel: Wer hofft, damit die Probleme unserer Schulen, die Defizite unseres Bildungswesens und die Erziehungsversäumnisse vieler Eltern auszugleichen, wird eines Tages ebenso Grund zum Jammern haben wie Luunquoal und Phouchg. Denn keine Information, das lehrt ihre Erfahrung mit *Deep Thought*, ist einen Pfifferling wert, wenn man sie nicht interpretieren, bewerten und in den Kontext der eigenen Kenntnisse einordnen kann. Deutungsfähige Informationen aber erhält man nur als Antwort auf bedeutungsvolle Fragen. Die Suche »nach allem« reicht eben nicht aus, um dem Computer sinnvolle Antworten zu entlocken.

Gerade Schulkinder können darum mit der ungeordneten, ungewichteten Informationsflut des Netzes so gut wie gar nichts anfangen. Sie sind noch dabei, ihren Wirklichkeitsbegriff aufzubauen. Eigene Urteilsfähigkeit über die Relevanz mehr oder minder zufällig aufgefundener »Fakten« fehlt ihnen. Deshalb verlassen sie sich voller Vertrauen auf Erwachsene, die vorauswählen, sortieren und in didaktischer Aufbereitung präsentieren, was gelernt werden soll. Die zivilisatorische Leistung moderner Gesellschaften besteht darin, daß sie einen aufwendigen Unterweisungsprozeß organisieren, der den mündigen Informationsbürger, der bedeutungsvolle Fragen formulieren kann, erst hervorbringt. Dieser Prozeß ist auf beiden Seiten – bei den Lehrenden und bei den Lernenden – mit Mühen verbunden. Die Eltern müssen ihre Kinder zum Lernen anhalten. Die Lehrer müssen ihren Stoff anschaulich, interessant, verständlich und kategoriebildend vermitteln. Dabei mag die eine oder andere Software helfen – genau wie Filme im Unterricht, Exkursionen, Museumsbesuche, Lektüren.

Die Schüler aber müssen einzelne Tatsachen, größere Zusammenhänge und mächtige Deutungen der Welt erstens verstehen und zweitens *lernen*, sie durchdringen, beherrschen und zu bisher Unbekanntem in Beziehung setzen können. Bei diesem Lernvorgang handelt es sich um Arbeit, die je nach Intelligenz und dem Grad der Gewöhnung an geistige Tätigkeit leichter oder schwerer fällt – doch Arbeit bleibt es. Die Arbeit des Lernens, die geistige

Anspannung, die zum Verstehen gehört, kann der Computer keinem Kind abnehmen.

Eine Gesellschaft, die die Erwachsenen von ihrer Anleiteraufgabe entlastete, gäbe ihren Fortschrittsanspruch auf. Die Vororganisation und Beurteilung von Wissen für die Heranwachsenden gehört zu ihren zentralen Erziehungsaufgaben. Auch ist es in höchstem Maße unredlich, Schulkindern (und ihren Eltern) zu suggerieren, im Internet stehe ihnen *Wissen* zur Verfügung und es liege allein an der adäquaten Verkabelung der einzelnen Schulen, ob sie Zugang zu diesem Wissen erhielten oder nicht. Wissen entsteht im Kopf, und nur dort.

Trotz all dieser Argumente dafür, daß Computer zwar interessante Werkzeuge, aber kein Zweck an sich sind (und dagegen, daß sie den Prozeß des Begreifens selbst verändern könnten), erreichte die Internet-Euphorie am Ende des Jahrtausends in Deutschland ihren Höhepunkt. Bundeskanzler Schröder startete eine Kampagne unter dem Motto »Alle Schulen ans Netz«, Arbeitgeberfunktionäre forderten, die Lehrer sollten sich endlich – selbstredend in den Ferien – am Computer fortbilden. Die »Zukunftsfähigkeit« des Landes schien plötzlich von der »Multimediakompetenz« seiner Hauptschüler abzuhängen – ohne daß freilich unnötig präzisiert worden wäre, was darunter zu verstehen sei. Zumal die SPD warf sich mit Begeisterung auf die Vernetzungskampagne. In einer Anzeigenserie warb sie unterstützend für Schröders »Schulen-ans-Netz«-Initiative. Bunte Doppelseiten zeigten Bilder von Christoph Kolumbus: Der habe, hieß es im Text, viele Jahre reisen müssen, um die Welt zu entdecken – »unsere Schüler brauchen dafür nur einen Vormittag im Internet«.

Seit Gerhard Schröders Netzoffensive tauchen in den meisten Schulen tatsächlich Computer auf. Nicht immer sind sie neu – Eltern und Firmen spenden Altgeräte – und nicht immer ist klar, wie und wozu sie eingesetzt werden sollen. In der Klasse meiner neunjährigen Tochter steht seit geraumer Zeit ein PC. »Und was macht ihr damit?« »Ich habe keine Ahnung«, sagt das Kind. Neuerdings sickerte allerdings durch, der Computer sei im Deutsch-Förderunterricht benutzt worden.

Ob der Computer in der Schule sinnvoll sei, hänge vollkommen von seinem Einsatz ab, sagte der amerikanische Mediensoziologe Neil Postman 1996 in einem *ZEIT*-Gespräch: »Zumindest in den Vereinigten Staaten nutzen die Lehrer die Computer wie Arbeitshefte oder andere Lernmittel. Sie könnten genausogut Papier und Bleistift einsetzen. Denn etwas wirklich Neues lernen die Schüler im Umgang mit den elektronischen Rechnern so bestimmt nicht.« Computerfreaks und andere High-Tech-Verliebte sollten sich im übrigen einmal die Frage stellen, sagte Postman, warum die Erfinder von Computer, Fernsehen, Radio und Film fast ausschließlich mit Papier und Bleistift ausgebildet worden seien: »Warum sind diese Menschen so schlau, wenn Lesen und Schreiben nur Techniken sind? Sie haben die Welt verändert – auf der Basis von Bleistift, Papier und Buch. Im Lesen und Schreiben steckt etwas, das weit über eine bloße Technik hinausgeht. Es verändert unseren Geist, gibt uns analytische Kraft. Die Fähigkeit, mit dem Computer umzugehen, mag auch eine Art besonderer Kraft vermitteln – aber wir wissen noch nicht genau, welche.«

Postman macht kein Geheimnis daraus, daß er an die besondere Art Kraft, die die bloße Computerbedienung eventuell hervorzurufen geeignet ist, keine allzu hohen Erwartungen hat. Den deutschen Schülern sollen sie jetzt gleichwohl ein neues, wundertütenartiges Lernmittel werden – ähnlich wie einst der Overhead-Projektor. Die große Internet-Kampagne drängt andere, grundsätzlichere Probleme der Schulen in den Hintergrund. Aufmerksamkeit ist eine knappes Gut: Leicht kann der öffentliche Eindruck wachsen, unser Bildungswesen kranke vor allem am Computermangel. Daß das nicht stimmt, kann jeder Schulpraktiker bestätigen.

Gewiß ist es wenig populär, nicht-funktionierende Toiletten gegen Telekom-gesponserte ISDN-Anschlüsse auszuspielen. Aber Schüler und Lehrer machen die Erfahrung, daß sich für ein erträgliches Lernumfeld bei weitem nicht so leicht Extrageld mobilisieren läßt wie für das neue Trendlernmittel. Den Schulalltag aber beeinflußt beides. Und so mag es den einen oder anderen Schulleiter insgeheim erbittern, wenn er vom Kultusministerium »Sondermittel« für ein Computerprojekt (ein Klassensatz Laptops, in jedem Klassenraum einstöpselbar) entgegennimmt, beim Schulträger, der Kommune, aber weiter darum betteln muß, daß die Graffiti von der Turnhalle entfernt werden, die das Schulgelände so verwahrlost aussehen lassen. Oder darum, daß er überhaupt eine Turnhalle bekommt.

Unbeantwortet bleibt die Frage, ob der Computerunterricht alternativ oder additiv zum bisherigen Angebot stattfinden soll. Eine schlichte Hinzufügung von zwei oder drei Computerstunden pro Woche wäre zeitlich durchaus möglich. Sie würde aber, umgerechnet in Lehrerplanstellen, ein Vermögen kosten. Daneben gäbe es die Möglichkeit, Computer von fachlich fortgebildeten Lehrern in den herkömmlichen Fächern einsetzen zu lassen oder bestimmte Stunden umzuwidmen. Dabei stellt sich die Frage, auf welche Bildungsinhalte man zugunsten des Computerunterrichts verzichten will. Daß die Schüler im mathematisch-naturwissenschaftlichen Bereich zuviel wüßten, wird niemand behaupten. Der musisch-ästhetisch-sportliche Unterricht fristet ein Dasein am Existenzminimum. Übrig blieben Deutsch, Geschichte, Erdkunde und die Fremdsprachen – die Fächer des allgemeineren Weltverständnisses. Gerade sie aber sind nicht unbedeutend für die Herausbildung jener Kriterien, die Schüler überhaupt erst zum Umgang mit der ungeordneten Informationsflut des Internets befähigen können. Welchen dieser Bereiche kann man guten Gewissens einschränken?

Die Antwort liegt nahe: vermutlich keinen. Schon heute mangelt es den Schülern an dem nötigen Urteilsvermögen, um das Internet als Nachschlagewerk sinnvoll nutzen zu können. Dabei verfügt das Medium über eine verführerische Suggestivkraft: Lehrer beobachten gerade bei schwächeren Schülern die Tendenz, sich einen Wust von Texten zu jedwedem Thema aus dem Internet herunterzuladen – in der Hoffnung, daß schon etwas Passendes dabei sein werde, und in dem Gefühl, sich eines fortschrittlichen Verfahrens zu bedienen. So konnte zum Beispiel eine Geschichtslehrerin ihre Schülerin in der elften Klasse des Gymnasiums nur mit einiger Mühe davon überzeugen, daß die Hausaufgabe, die darin bestand, sich über das Leben und Wirken von Gaius und Tiberius Gracchus zu informieren, nicht dadurch als erfüllt gelten könne, daß man einen seitenlangen Ausdruck über den 200 Jahre später geborenen Nachfolger des Augustus einreiche, der zufällig auch den Namen »Tiberius« trägt.

Eine Schülerin des zwölften Jahrgangs gab eine Facharbeit, ebenfalls für das Fach Geschichte, ab, die offensichtlich nicht von ihr selbst stammte: Sie hatte durch das Zusammenklauben von Versatzstücken aus dem Internet einen Text fabriziert, der wissenschaftlich klang, den sie selbst aber in keiner Weise erklären konnte. Damit war nicht nur die Chance verschenkt, sich in der relativ freien Arbeitsform der Semesterarbeit ein Thema selbständig zu erschließen – ein ganzes Team von Lehrern mußte wertvolle Arbeitszeit verschwenden, um die Quellen aufzuspüren, aus denen das Mädchen sich »informiert« hatte. Schließlich ging es um die Zeugnisnote in Geschichte für das ganze Halbjahr – kurz vor dem Abitur sind Eltern da schnell mit dem Rechtsanwalt bei der Hand. Auch das ist Schulalltag.

Eine weitere Verknappung des urteils- und kategoriebildenden Unterrichts dürfte mithin nicht zum Nutzen der Schüler sein. Die *Herald Tribune* zeigte in einer schönen Karikatur die möglichen Folgen einer Ausweitung des Computer-Unterrichts zu Lasten der traditionellen Fächer: Vorn im Klassenraum sind ein Lehrer und ein stolzer Schulrat zu sehen. Der Schulrat sagt: »At last! A computer for every schoolchild!« Auf den Pulten stehen die neuen Computer, und einer der Schüler ruft seinem Freund begeistert zu: »Great pictures! What do the words say?« Eine Entwicklung in diese Richtung kann man sich nicht wünschen. Der Chor der Internet-Propheten wird jedoch erwidern, zur Konkurrenz zwischen herkömmlichem Unterricht und Internet-Studien dürfe es gar nicht kommen. Vielmehr müsse der Computer selbstverständlicher Bestandteil jeder Unterrichtsstunde und jedes Lernschrittes sein. Damit aber sind wir bei der zentralen Frage: Was genau sollen die Schüler mit dem Computer lernen? Was sollen sie über ihn lernen? Soll Computerunterricht Anwendungstraining sein? Ist er Methodenunterricht und wie die Quelleninterpretation, das Übersetzen oder Bibliographieren den Erfordernissen des jeweiligen Faches unterworfen? Oder ist »Computer« ein Fach aus eigenem Recht, wie »Deutsch« oder »Mathe«?

Fest steht, daß sich für die Schüler drei berufliche Perspektiven eröffnen: Erstens gibt es diejenigen, die mit Informationstechnologie nichts zu tun haben werden, weil sie Straßen pflastern, Pizzas backen oder Brötchen verkaufen; zweitens diejenigen, die Computer in irgendeiner Form anwenden, um ihrer eigentlichen Tätigkeit nachzugehen; schließlich die, die selbst Software entwickeln. Die häufigsten Anwendungen des vernetzten Computers – das Absenden von E-Mails, das Aufrufen einer Homepage oder das Suchen einer Fahrplanauskunft – scheinen kein vormittagfüllendes Unterrichtsprogramm zu sein. Möglicherweise sollten alle Menschen diese Basisoperationen beherrschen. Indes wird die Handhabung dieser Funktionen sich in Zukunft ohnehin immer benutzerfreundlicher gestalten. Vergleichbar wären derartige Lehrinhalte der Fahrschule oder dem Studium der Bedienungsanleitung eines Handys. Beides überläßt man bislang den Leuten zur privaten Aneignung, ohne daß dadurch erhebliche gesellschaftliche Ungleichheit produziert oder die deutsche Wettbewerbsposition in den Branchen »Auto« und »Telefonie« geschwächt würde.

Über die Absurdität von Anwendungskunde spricht auch Neil Postman: »Allein in den USA haben 35 Millionen Menschen ohne weitere Hilfe gelernt, den Computer zu benutzen. Auch wenn die Schulen in den nächsten zehn

Jahren gar nichts tun, werden dann die meisten Menschen wissen, wie man mit den digitalen Maschinen umgeht.«

Der Unterricht in Programmiersprachen hätte den Nachteil, jene Mehrheit der Schüler zu überfordern oder zu langweilen, die Software zwar anwenden, nicht aber herstellen wollen. Immerhin wäre das selbständige Programmieren eine Anleitung zum Denken: ein analytischer Prozeß, der in unserer von Bildern bestimmten Welt wichtig sein könnte. Die Kinder hätten auf diese Weise eine Chance, wenigstens in groben Zügen zu erkennen, wie jene bunten Oberflächen entstehen, die sich durch ihren Mausklick öffnen. Das wäre ein aufklärerischer Inhalt. Doch geeignet scheint dieser Stoff im wesentlichen für das Gymnasium. Darüber hinaus stellt sich die Frage, wie früh die Schule berufsvorbereitende Festlegungen treffen soll: Es könnte ja sein, daß einem guten Informatiker am besten mit einer breiten Grundbildung gedient wäre – wie einem guten Arzt oder Rechtsanwalt.

Zur Ideologie der Computer-Apologeten gehört es, die Unterschiede in den intellektuellen und sozialen Voraussetzungen der Schüler zu leugnen. Gewiß ließe sich eine ideale Schule konstruieren, in der noch das unbegabteste Kind aus dem bildungsfeindlichsten Elternhaus brillieren würde. Doch diese ideale Schule müßte das benachteiligte Kind praktisch adoptieren – sie ist so weit von jeder Realität entfernt, daß es unredlich ist, mit ihr zu argumentieren. Unter den herrschenden Bedingungen in den Familien und in den Schulen aber gibt es nun einmal zahlreiche Kinder, deren dringender Förderbedarf sich auf ganz andere Dinge richtet als das Einschalten (oder gar das Programmieren) eines Computers. Indem man weiterhin so tut, als bedürfe es zur Herstellung von Chancengleichheit für diese Kinder nur der Schulverkabelung, zementiert man jene Ungleichheiten, die zu bekämpfen man vorgibt.

So werden, um nur ein Beispiel für diesen unerwünschten Nebeneffekt zu nennen, am Bildschirm in der Regel keine langen Texte gelesen. Also muß der Computereinsatz im Unterricht zu einer weiteren Enttextlichung unserer Alltagskultur führen. Gerade die von Haus aus benachteiligten Schüler leiden aber unter einem deutlichen Zuviel an Fernseh- und Nintendobildern. Ihr Problem ist die Abstraktion, die Fähigkeit zur konzentrierten Beschäftigung mit einem Text. Wer glaubt, er müsse unter diesen Schülern das »Computeranalphabetentum« bekämpfen, unterschätzt das Ausmaß des ganz buchstäblichen Analphabetismus: Rund vier Millionen Menschen in Deutschland – Muttersprachler – gelten als »funktionale Analphabeten«: Sie können weder Straßenschild noch Speisekarte entziffern. Nach einer OECD-Studie aus dem Jahr 1996 zur Lese- und Schreibfähigkeit der Bevölkerung in den Industriestaaten (International Adult Literacy Survey) erreichen gar 14,4 Prozent der deutschsprachigen Bevölkerung nicht die unterste Fähigkeitsstufe im Lesen und Schreiben; die Tendenz ist steigend. Amerika – in Computernutzung und Fernsehkonsum Vorreiter – lebt mit einer noch höheren Analphabetenquote: Nach einer Kongreß-Studie ist jeder fünfte erwachsene US-Bürger nicht in der Lage, die Zeitung zu lesen. Auf eine aufmerksamkeitsheischende Kampagne der Kultusministerkonferenz zur Bekämpfung des Analphabetismus wartet man indes vergeblich. Doch für Teilhabe am wirtschaftlichen und gesellschaftlichen Leben, auch in seiner digitalisierten Form, wäre Lesen-Können die erste Voraussetzung.

Eine wachsende Zahl von Schulleitern (und Fachlehrern) besteht nicht länger darauf, daß Haus- und Klassenarbeiten handschriftlich angefertigt werden. Es gilt als besonders fortschrittlich, Aufsätze direkt in den Laptop tippen zu lassen (schließlich muß man die teuren Geräte, wenn sie denn vorhanden sind, auch zu irgend etwas benutzen). Dabei scheint es nicht einmal das größte Problem zu sein, daß die Kinder etwa deshalb nicht mehr richtig schreiben lernten, weil sie sich von Rechtschreibprogrammen helfen ließen: »Auf diesen Gedanken kommen die meisten gar nicht«, sagt ein Realschulrektor. Die Gefahr liegt eher in der standardisierten Form des Schriftbildes, das auf dem Bildschirm oder dem Ausdruck stets einen perfekten Eindruck macht und vollständiger wirkt als eine handschriftliche Seite mit Streichungen und Korrekturen. Es dürfte wissenschaftlich schwer nachzuweisen sein, aber es ist plausibel, daß das handschriftliche Verfassen eines Textes nicht nur die Rechtschreibung übt, sondern vor allem zu einem anderen inhaltlichen Ergebnis führt als das elektronische.

Erstens sehen die eigenen Wörter in handschriftlicher Form angreifbarer aus – man kann sie zugunsten eines treffenderen Ausdrucks korrigieren. Zweitens hat man, während der Spanne, die der Gedanke braucht, um seinen Weg vom Gehirn auf die Seite zu finden, überhaupt die Zeit, sich um einen treffenderen Ausdruck zu sorgen. Drittens bleibt sichtbar, was man beim Schreiben »gelöscht« hat. Viertens mag es sein, daß einem in der Optik der eigenen Handschrift nur Begriffe verwendbar erscheinen, von deren Bedeutung man wirklich eine klare Vorstellung hat. Fünftens führt die Mühe, die Anstrengung des Selbst-Schreibens vielleicht zu begrüßenswerter Präzision und

Beschränkung: Sowohl Lehrer als auch Hochschullehrer berichten davon, daß die Umfänge der schriftlichen Arbeiten zugenommen hätten, seit der Einsatz von Computern erlaubt sei; die *inhaltliche* Qualität der Texte beurteilen wenige positiver als früher.

Doch selbst wenn empirisch bewiesen werden könnte, daß die Schreiberei mit dem Computer sowohl die Sicherheit in der Rechtschreibung als auch die Klarheit des sprachlichen Ausdrucks untergräbt, würde dies nicht zu einer unmittelbaren Umkehr in der schulischen Praxis führen. Die Schulen sind von höchster Stelle auf Computereinsatz programmiert; gigantische Investitionsprogramme beginnen gerade zu laufen. Die normative Kraft des Faktischen wird zuverlässig verhindern, daß der Füller mittelfristig eine Renaissance erlebt.

Die ganz große Medienaufregung um die Vernetzung der Schulen ist allerdings ebensoschnell wieder abgeflaut, wie sie begonnen hatte. Länder und Kommunen stehen nun mit der Umsetzung der Großaktion alleine da – und selbstverständlich kommt es zu genau jener Konkurrenzsituation zwischen elektronischer und der nurmehr baulichen Hardware, die man hatte voraussehen können. Der Sozial- und Kultusdezernent von Osnabrück etwa hat errechnet, daß die Stadt, um eine Vernetzung ihrer Schulen zu bewerkstelligen, rund zwanzig Millionen Mark hätte investieren müssen. Die rotgrüne Mehrheit beschloß daraufhin beachtlicherweise, die Computerisierung zu verschieben, bis alle Schuldächer saniert seien.

Anders die Stadt München: Für die Vernetzung aller Schulen und Kindertagesstätten (!) sind dort Investitionen von rund 230 Millionen Mark notwendig, bei laufenden

Wartungskosten von etwa 20 Millionen Mark im Jahr. Die *Süddeutsche Zeitung* berichtet mit spürbarer Begeisterung davon, daß in München immer häufiger mit »elektronischen Schulheften« gearbeitet würde – wobei »schon Elfjährige« sich zusätzlich Hintergrundmaterial für ihre Aufsätze aus dem Internet herunterladen könnten. Und dabei »auch noch rechtsradikale Werbung erkennen lernen«. Geradezu euphorisch wird eine Berufsschule für Medien beschrieben, deren »einzige Verbindung zur realen Welt« bald die »gemütliche Cafeteria« sein werde: Sonst sei die Schule ganz und gar frei von »Büchern, Tafeln, Lernmitteln«.

Doch so weit wie die vorbildlichen Münchner sind viele andere Kommunen noch nicht: Die Verbindung der Schulen zur realen Welt mit all ihren Mängeln ist dort noch auf breiter Front gegeben, und an gemütlichen Cafeterien fehlt es ebenso wie an PCs auf allen Schülerarbeitsplätzen. Schulen, Schulträger und Bundesländer bemühen sich aber, ganz wie man es ihnen aufgetragen hat: An den 3967 baden-württembergischen Schulen seien 4110 Computerfachräume gezählt worden, berichtet die *Frankfurter Allgemeine Zeitung* – dazu kämen mindestens 25.000 Computer in Nicht-Fachräumen, davon über 14.000 in Klassenzimmern. Auch in Nordrhein-Westfalen seien alle 3300 weiterführenden Schulen im Besitz eines Computers, ebenso die 2009 Schulen in Hessen. Bremen plane die Ausrüstung aller Schulen (auch der Grund-, Haupt- und Sonderschulen) mit Computern und Internetzugang – suche dafür jedoch noch private Sponsoren. Sachsen-Anhalt ergänzt die Tonnenideologie (viel hilft viel) um kühne inhaltliche Konzepte: In der Oberstufe der Gymnasien soll es in diesem Bundesland einen fächerübergreifenden Grundkurs mit dem

Titel »Der Alltag im globalen Dorf« geben. Auf dessen Ausgestaltung darf man gespannt sein: *online banking*? *direct brokerage*? Versandhandel? Benutzung des Chatrooms? Musiktauschbörse? Kinokasse? Es ließe sich natürlich auch der exemplarische Lebenslauf von Bill Gates behandeln. Microsoft ist – gewiß ohne eigennützige Absicht und ohne erkennbaren Vorteil – an dem einen oder anderen Sponsoring-Projekt an Vorzeigeschulen beteiligt.

Man kann es drehen und wenden, wie man will: Die Computerbegeisterung ist eine große neue Ideologie unseres Jahrhunderts. Und Schulen sind stets der Ort, wo Ideologien sich einzunisten trachten. Schließlich erreichen sie dort, flächendeckend und zuverlässig, ganze Jahrgänge, ganze Generationen. Daß ausgerechnet Sozialdemokraten die Avantgarde dieser neuen Heilslehre bilden, ist kein Zufall. Sie paßt stilistisch schön zur Werbung um die neue Mitte. Und sie ist geeignet, von den Defiziten eines hauptsächlich sozialdemokratisch verantworteten Bildungswesens abzulenken. Ein sozialdemokratisches Zukunftsmanifest beschreibt die Wunschvorstellungen, die man mit der Verkabelung verbindet: »Wir wollen die neuen Medien zu einem Instrument machen, mit dem soziale Unterschiede bei den Bildungschancen ausgeglichen werden können.« Da begegnet sie uns wieder, die alte Hoffnung, mit Bildungspolitik Sozialpolitik ersetzen zu können – nun auch noch vermittels einer neuen Großtechnologie, die sogar die Gesamtschule an Möglichkeiten zu übertreffen scheint. Der Hamburger Anglistikprofessor und Autor Dietrich Schwanitz vermutet die Gründe für die Internetbegeisterung der Sozialdemokraten freilich noch jenseits ihrer grundsätzlichen Technikgläubigkeit (die ängstliche Technikkritik der

Linken in den siebziger und achtziger Jahren war ja nurmehr eine befristete Modeerscheinung). Schwanitz glaubt (nur ein ganz klein wenig polemisch), daß das Medium die Genossen deshalb so sehr reize, weil sie hofften, die Geschichtslosigkeit seiner Datenmassen werde sie in einen Zustand der Unschuld zurückversetzen: In jene Zeiten, bevor sozialdemokratische Bildungsminister das Bildungswesen durch innere Schulreform, Senkung der Leistungsstandards, Diskreditierung von Prüfungen und Noten, Abschaffung der Geschichtszahlen, Projektunterricht und die Bürokratisierung der Hochschulen ruiniert hätten.

Internet-Anschlüsse für alle Schulen würden, so das Wunschbild, allen Schülern gleiche Ausgangsbedingungen, gleichen Zugang zum »Wissen« der Welt, gleiche Chancen verschaffen. Natürlich ist diese Hoffnung trügerisch – die reale Welt mit ihren Ungerechtigkeiten, ihren unfair verteilten Startvorteilen und unakzeptablen Benachteiligungen existiert weiter – aber diese Selbsttäuschung paßt gut zu der Sehnsucht nach großen, umfassenden, technokratischen Lösungen. Und: Man braucht in den Schulen und Hochschulen nicht aufzuräumen, nicht einmal ein einziges Dach neu zu decken.

In unterschiedlichem Maße pflegen alle Parteien die computerverehrende Rhetorik. Darüber hinaus gibt es weitere Propheten der digitalen Revolution: Zum Beispiel in den Zukunftsredaktionen jener Blätter, die sich gern für fortschrittlich halten; in den vielen Stiftungen, die Kongresse über Wohl und Wehe des Landes veranstalten; mittlerweile auch in fast jeder nachgeordneten Landesbehörde. Viele plappern dabei nur nach, was ihnen modern vorkommt. Man findet aber auch Hardcore-Ideologen, die sich vom Internet erträumen, was ihnen politisch-biographisch mißlungen ist: Nämlich den Staat und alle verhaßten Autoritäten zum Absterben zu bringen. Solchen Leuten scheint »Demokratie« im Netz attraktiver als die direkte Auseinandersetzung der Menschen in den wirklichen Institutionen; die Vorab-Auswahl und Bewertung von Informationen halten sie für eine Bevormundung. »Im Netz kann jeder tun und lassen, was er will«, sagt AOL-Chef Steven Case. Man muß allerdings hinzufügen: Wenn er überhaupt etwas kann. Die Voraussetzungen dafür schaffen Erziehung und Bildung, also Elternhaus und Schule. An die Kinder kann man diese Aufgabe nicht zurückdelegieren.

Doch wenn ein Trend erst einmal mit dem entsprechenden aufmerksamkeitsverzehrenden Getöse in Gang gesetzt ist, hält ihn so leicht nichts auf. Gewiß gibt es in einigen verlorenen Winkeln des Landes noch Jugendzentren, die nicht über einen eigenen Computerspielraum verfügen. Doch wo die finanziellen Möglichkeiten nur irgendwie gegeben sind, wo die Einrichtungsleiter auf irgendeinen Etat Zugriff haben, da stehen die Geräte. Es wird zu einer Haupt- und Staatsaktion, die netzfähigen Computer zu sichern – schließlich ist Vandalismus in der offenen Jugendarbeit kein unbekanntes Problem. Man kann nicht umhin, sich gelegentlich zu fragen, ob die gleiche Aufmerksamkeit der Erzieher, pädagogisch direkt auf die Vandalen gerichtet, nicht größere Erfolge erzielen würde als das Angebot von »Surfmöglichkeiten«. Doch wie sie ihren Ressourceneinsatz rechtfertigt, ist eins der gutgehüteten Geheimnisse der Jugendprojekteszene.

Sind die Computer jedenfalls aufgestellt, dann lassen sich interessante Beobachtungen machen. In einem Jugendzentrum der Evangelischen Kirche etwa verbringen zwei neun- oder zehnjährige türkische Jungen vergnügliche Stunden damit, über einen Chatroom des Internets, den sie beide aufgesucht haben, schriftliche Botschaften auszutauschen. Der Einwand, sie könnten sich doch auch direkt miteinander unterhalten, ist vielleicht zu schlicht: Natürlich kann es Spaß machen, mit jemandem, den man kennt, Zettelchen, E-Mails und SMS-Nachrichten auszutauschen – oder eben zu chatten. Nur bringt der technische Aufwand keine zusätzliche Qualität in die Kommunikation. Halt! werden die Internet-Freunde sagen: Das gilt vielleicht, wenn die Kinder beim Chatten nebeneinander sitzen. Aber was ist, wenn eins von ihnen in Kiel und das andere in Seattle wohnt? Dann müßte ihr gegenseitiger Austausch doch erfreuliche Folgen zeitigen: kulturelle Horizonterweiterung, Vertiefung der Englischkenntnisse? Beides kann eintreten; was im übrigen auch für Brieffreundschaften spricht. Aber natürlich sind die Gesprächsbeziehungen im Netz in aller Regel nicht so stabil wie Brieffreundschaften. Insofern stellt sich die Frage, ob das Chatten nicht auch eine große Menge von vollständig überflüssiger Kommunikation – vulgo: Geschwätz – zwischen Menschen produziert, die überhaupt nichts miteinander zu tun haben und auch nie in eine sinnvolle Beziehung zueinander werden treten können. Gerade die benachteiligten Jugendlichen, die üblicherweise Jugendhäuser und -treffs frequentieren, haben oft gravierende Defizite in ihrer Fähigkeit, sich mit anderen Menschen zu verständigen, die ihnen direkt gegenübersitzen. Möglicherweise sollten sich Förderbemühungen eher auf diese Defizite richten als auf die Bereitstellung technischer Mittel zur beziehungsfreien und folgenlosen Kommunikation.

Aber irgendein Transzendenzversprechen braucht wohl auch unsere gegenwartsbesessene, sofortistische Phase des Turbokapitalismus: Offenbar fällt es den Menschen schwer, längere Zeit ohne Verheißung zu leben, ohne Aussicht auf eine bessere Welt, ohne Utopie. Vom Internet hoffen Rechte und Linke, es werde die Beziehungen der Menschen zueinander revolutionieren und deren Verständnis füreinander fördern. Es werde der Demokratie aufhelfen, wo Unfreiheit herrscht, und sie wiederbeleben, wo ihre Subjekte verdrossen sind. Es werde eine von Mühsal freie Wirtschaftsweise entstehen lassen, Arbeit schaffen und denjenigen den Zugang zum guten Leben eröffnen, die bisher davon ausgeschlossen waren.

Wie es für sehr überzeugte Menschen typisch ist, reagieren die Verkünder der Internet-Lehre auf Einwände ziemlich ungnädig: Skepsis gilt ihnen als Kulturpessimismus, dieser wiederum als Ausdruck von Reaktion und Gestrigkeit, mangelnder »Zukunftsfähigkeit« und Spielverderbertum. Es beeindruckt, wie die Truppenreste von Achtundsechzig und die besinnungslosen Modernisierer in dieser Frage eine Einheitsfront bilden können. Erstere haben den antiinstitutionellen Gestus beigesteuert: Die irrwitzige Vorstellung, es sei undemokratisch, Wissen vorzustrukturieren; Kinder wüßten schon am besten, was gut für sie sei und sollten darum möglichst selbst bestimmen, was sie lernen wollten; Kinder müßten weniger Tatsachen und Zusammenhänge als vielmehr »das Lernen« lernen.

Gewiß müssen Kinder eine Arbeitshaltung, die auch kurzfristige Unlust überwindet, und Arbeitstechniken erst erwerben. Sie lernen aber vom Tag ihrer Geburt an, das sichert ihr Überleben. Auch Neugier muß man in Kindern nicht erst »wecken«, man kann sie höchstens abstumpfen: zum Beispiel, indem man sich weigert, den Kindern abgestuftes, sortiertes und didaktisch aufbereitetes Wissen zugänglich zu machen, das überhaupt Lernfortschritte und Erfolgsgefühle ermöglicht. Der antiautoritären Gesinnung kommt es sehr entgegen, Kinder nicht länger nötigen zu müssen, ihre Unlust zu überwinden, damit sich, oft erst mit zeitlicher Verzögerung, die Freude über einen Lernerfolg einstellt. Endlich kein Druck mehr: am Computer, so lautet die Hoffnung, lernen alle Kinder freiwillig. Natürlich wird es nicht lange dauern, bis sich dieser Glaube als Illusion erweist. Doch vielleicht integriert der Arbeitsmarkt die Halbgebildeten sogar leichter als die allzu selbständigen Leute mit eigener Urteilskraft.

Natürlich ist der (bisher ohnehin spärliche) Computereinsatz im Unterricht nicht der einzige oder auch nur der Hauptgrund dafür, daß die Schulen immer häufiger Abgänger mit einem defizitären Charakterprofil und lückenhafter Allgemeinbildung produzieren. Aber die Computerdebatte ist ein Beispiel dafür, wie man entschlossen an den wirklichen Problemen dieser Gesellschaft vorbeisehen kann – und wie man gleichzeitig viel Zeit und Geld dafür aufwendet, Probleme zu lösen, die nicht wirklich existieren. Niemand weckt dabei in den Kindern und Jugendlichen das kritische Bewußtsein dafür, daß der Computer zwar das Leben in vielerlei Hinsicht erleichtert, daß er aber auch Umständlichkeiten und neue Mühen produziert und sich stets als Form vor den Inhalt zu drängen droht, um den es eigentlich geht.

Eine E-Mail mag dann die schnellere Lösung sein, wenn das Gerät ohnehin dauerhaft eingeschaltet ist; muß man den Computer erst hochfahren, ist ein Anruf oder ein Fax nach wie vor der direktere Kommunikationsweg. Ein Textverarbeitungs- oder Layoutprogramm ist kein Selbstzweck: Es soll der Präsentation eines Inhaltes dienen. In der Praxis aber zehren die technischen Schwierigkeiten bei der Anwendung vieler Programme Energie auf, die dringend den Texten gewidmet sein müßte, die da geschrieben werden. Und die Schlußfolgerung daraus kann keinesfalls lauten, man müsse die Nutzer eben besser in der Anwendung schulen: *Wenn* Computer dem Anspruch gerecht werden sollen, Arbeitsprozesse zu vereinfachen, dürfen sie keinesfalls intellektuelle Kapazität für eine völlig nachgeordnete Aufgabe binden. Sonst kann man zwar von einer *Veränderung* des computergestützten Arbeitsplatzes sprechen, nicht aber von einem Fortschritt.

Die galoppierende Digitalisierung aller Lebensbereiche vom Bankautomaten über den Ticketschalter bis zur Verbreitung von Presseerklärungen im Internet ist eine zweischneidige Sache: Sie kostet einfache Arbeitsplätze für Menschen, die nicht kurzfristig auf Programmierer umschulen können; und sie fördert eine Mach's-dir-doch-selbst-Ideologie, die mit echter Dienstleistung nicht viel zu tun hat. Die Freiheit des Netzes ist die Freiheit, selbst zu suchen. Wer das Suchen nicht für einen an sich wertvollen Vorgang hält, sondern mit einer bestimmten Information gern weiterarbeiten – denken – würde, hat Pech gehabt. Beratung und Verantwortung schwinden in dem Maße, in dem Pressesprecher, Call-Center-Mitarbeiter oder Bankangestellte auf den Sachzwang Maschine verweisen können.

Wer diskutiert diese Aspekte der digitalen Revolution mit den Kindern? Wer weist sie darauf hin, daß E-Mail-Kommunikation mit weit entfernten Unbekannten entfremdete Kommunikation ist? Daß Web-Cam-Übertragungen aus irgendwelchen Privathaushalten zu einem öffentlichen Terror der Intimität beitragen? Und daß sie jede Vorstellung von Authentizität in Frage stellen? Was ist denn »echt« an einer Sendung aus der Wohnung von jemandem, der weiß, daß er auf Sendung ist? Was im Netz ist überhaupt »echt«, was »unecht«?

Neil Postman hat die Trübung des Authentizitätsbegriffs am Beispiel einer Fernsehwerbung für Telefone beschrieben: »Eine junge Engländerin wandert mit ihrem Mann nach Amerika aus und verläßt ihren verwitweten alten Vater – eine sehr traurige Szene. Dann sehen wir den alten Vater in seinem Haus, das Telefon klingelt, er nimmt ab, und sofort hellt sich sein Gesicht auf: Seine Tochter ruft aus Los Angeles an. Und auf dem Bildschirm erscheinen die Worte: ›Strecken Sie Ihre Hand aus, und berühren Sie jemanden.‹ Das soll heißen, es ist schon in Ordnung, seinen alten Vater in England allein zu lassen – man muß ihn nur anrufen. Ich sage: Es ist zwar gut, daß wir Telefone haben, aber mit einem Anruf reicht man eben nicht die Hand und berührt jemanden. So sehe ich auch das Internet nicht als Gemeinschafts- und nicht als Konversationsmedium.«

In der gegenwärtigen Ausstattungseuphorie werden solche kritischen Stimmen leicht übertönt – und es wird auch an kaum einer Stelle deutlich, wo sie im Unterricht ihren Ort haben sollten. Wie es ja im übrigen weder im Hinblick auf Tageszeitungen noch auf das übermächtige Medium Fernsehen gelungen ist, den kritisch-distanzierten Umgang mit ihnen systematisch zu lehren. Das ist keine Schuldzuweisung an die Schulen, die genug Aufgaben zu erfüllen haben – aber es wird mit dem Computerunterricht nicht anders gehen. Zu den modernen Medien gibt es in der veröffentlichten Meinung momentan eine ausschließlich affirmative Haltung, und das strahlt in die Schulen hinein. Ein starkes Schlagwort ist in diesem Kontext der Begriff »Interaktivität«: Internet, Lernsoftware und Spiele werden dafür gepriesen, daß sie dem Kind »antworten«. Doch so charmant, phantasievoll und witzig manche Homepage und einige (wenige) Computerspiele aufgebaut sind – »interaktiv« könnte man sie nur dann nennen, wenn auf der anderen Seite ein Mensch säße, der in Echtzeit mitspielte.

Das heißt nicht, daß manche Spiele und auch manche Lernsoftware nicht unterhaltsam sein könnten. Doch sie bieten stets nur begrenzte Betätigung, keine freie Kreativität. Selbst die zum Teil eindrucksvollen Mal- und Zeichenprogramme engen den kreativen Prozess ein – die Kinder können ihre Bilder nicht hochhalten, anfassen, die Perspektive willkürlich verändern, mit Wasser arbeiten, den Rand abschneiden, die Blätter knicken und was der gestalterischen Möglichkeiten mehr sind. Deshalb mag das Zeichnen mit einem interessanten Grafikprogramm immer noch anspruchsvoller sein als das Ausmalen eines Donald-Duck-Malbuches. Nur fehlt den Kindern, die mit Malbüchern abgespeist werden, in ihrem Leben meist mehr als der Zugang zu einem Grafikprogramm.

Der *digital divide* ist eine Erfindung. Die gespaltene Gesellschaft, die alle Computer-Verfechter zu fürchten vorgeben, existiert längst: Sie teilt sich in die Kinder, die morgens vor der Schule ein Frühstück bekommen, und solche, die hungrig losgehen; in die Kinder, denen abends vorgelesen wird, und jene, die nach stundenlangem Fernsehen am Abend morgens im Unterricht einschlafen; in die, denen es gelingt, in vier Grundschuljahren lesen und schreiben zu lernen – und die anderen.

8 DIE WIRKLICHKEITSRÄUBER

Fernsehen schafft eine Scheinwelt, in der Kinder sich verlieren

Das *Zweite Deutsche Fernsehen* möchte als Anstalt mit öffentlich-rechtlichem Verantwortungsgefühl gelten. Deshalb produzieren seine Mitarbeiter nicht nur Fernsehprogramme, sie veranstalten auch Kongresse, auf denen sie ihr Tun selbstkritisch zu reflektieren versuchen. Es war auf einer solchen »medienpädagogischen Fachtagung« des *ZDF* auf dem Mainzer Lerchenberg, daß die Medienwissenschaftlerin Maya Götz dem Publikum ein Filmchen zur Erläuterung ihres Vortrages zeigte: Es ging um das Kinderfernsehen. Im Saal versammelt saßen an die zweihundert Größen vom Fach. Gespannt verfolgten sie die Videoaufnahme von Zwei- und Dreijährigen, die man aus der Bildschirmperspektive gefilmt hatte, während sie den Teletubbies zuschauten. Die Kinder taten das, was nach Meinung der britischen Teletubby-Erfinder und ihrer Freunde in Deutschland dem einzigartigen Konzept der Baby-Serie zu verdanken ist: Sie verhielten sich, wie es im branchenüblichen Jargon heißt, vor dem Fernseher *aktiv*. Sie tapsten rhythmisch herum, wackelten mit ihren Hinterteilen, sangen und lallten die Laute der Plüschfiguren mit den Bildschirmbäuchen nach: a-oh, a-oh, winke-winke, winke-winke. Das Kongreßpublikum gluckste und kicherte vergnügt: Wie süß, die Kleinen! Was für feines, pädagogisch wertvolles Fernsehen. Inzwischen sind die Teletubbies bei uns ausgelaufen. Doch gewiß waren sie nur der Vorreiter eines neuartigen Kinderprogramms, das sich in den kommenden Jahren mit wachsendem Erfolg an das jüngste Publikum wenden wird.

Das Lachen der Macher sollte einem zu denken geben. Zeugt es nicht von einer erstaunlichen Verachtung für Kinder, von einem Mangel an Verständnis für das, was ihre Würde ausmachen könnte, und von einem beachtlichen Maß an professionellem Zynismus? Wer Kinder regelmäßig beobachtet, weiß, wie sie strahlen, wenn ein geliebter Mensch den Raum betritt, wie stolz und glücklich sie sind, wenn ihnen etwas gelungen ist, wenn die Bauklötze aufeinander liegenbleiben oder sie einen Satz endlich richtig über die Lippen gebracht haben. Diese kindliche Begeisterung hat nichts zu tun mit der Aufgedrehtheit kleiner Aufziehaffen, die die Teletubbies provozieren. Generationen von Eltern haben sich geduldig bemüht, ihren Kindern korrektes Sprechen beizubringen; eine Fernsehserie, deren Vermarkter ihr irgendwie das Prädikat »wertvoll« erschwatzt haben, spricht diesen Bemühungen nun Hohn. Sollen die Kleinen ruhig lallen! Das ist doch niedlich.

Vor allem in der sprachlichen Blödheit der Teletubbies liegt die Mißachtung der kindlichen Würde. Pädagogisches Handeln, Erziehung überhaupt, sollte aus Respekt vor der zu erziehenden Person immer schon einen Vorgriff auf deren Selbstbestimmung und Mündigkeit enthalten. Alles, was einem Kind an pädagogischer Interaktion angeboten wird, muß darum Raum zum Hineinwachsen lassen.

Das tun die Teletubbies ganz und gar nicht: Sie stehen für ein enges, plüschiges, herablassend-verniedlichendes Spießer-Bild von Kindheit. Zynisch ist die ganze Veranstaltung, weil es nicht um das Wohl der fernsehenden Kinder geht, sondern ausschließlich darum, sie zum Fernsehen zu bewegen. Das zentrale Medium möchte sich eine weitere Zuschauerzielgruppe erschließen, die Kleinkinder eben. Das gängige Pro-Teletubby-Argument lautet, die Sendung sei wenigstens kindgerecht und richte deshalb weniger Schaden an als die normalen Kinder- oder gar Erwachsenenprogramme, die die Kleinen in diesem Alter sowieso sähen. Es ist ein heuchlerisches Argument, und aus naheliegenden Gründen fällt es so defensiv und dürftig aus: Es gibt keine entwicklungspsychologische Notwendigkeit, Babys vor den Fernseher zu setzen. Vielmehr spricht alles dafür, daß sie sich dringend die reale Welt zu erschließen hätten, bevor sie mit den flackernden Bildern ruhiggestellt werden. Wer die Teletubbies ernsthaft verteidigt, hat offenbar schon aus den Augen verloren, daß es eine Welt diesseits der Television gibt.

Fernsehen in diesem frühen Alter erfüllt allein die Funktion, Eltern für eine gewisse Zeit von ihren Kindern zu befreien. Nur in Dauerfernseh-Familien mag man den brabbelnden Plüschwesen eine relative Überlegenheit gegenüber dem »einfach so« im Hintergrund laufenden Programm einräumen: Sie sind weniger hektisch, brutal und fehlinterpretierbar, und sie leiten die Kinder immerhin zu einer beschränkten Gymnastik an. Doch diesen armseligen Vorteil dürfte jenes fatale Signal weit überwiegen, das von der Ausstattung der Teletubbies mit dem Gütesiegel der *BBC* und des öffentlich-rechtlichen *Kinderkanals* ausgeht: daß nämlich Fernsehen für die Allerkleinsten prinzipiell in Ordnung sei. Es ist aber nicht in Ordnung; und daß die seriösen Sendeanstalten sich die Fernsehgewohnheiten der verantwortungslosesten Eltern zum Rechtfertigungsmaßstab nehmen, ist ein Skandal.

Die 24stündige Verfügbarkeit von Fernsehprogrammen ist in Deutschland relativ neu. Erst seit Einführung des Privatfernsehens Mitte der achtziger Jahre ist die flimmernde Zerstreuung dauernd abrufbar. Ein Blick in das Fernsehprogramm eines beliebigen Wochenendes offenbart Erstaunliches: zum Beispiel erste Kindersendungen am Morgen um 5.30 Uhr. Zur Zeit wächst bei uns die erste Generation von jungen Leuten heran – und kommt in wenigen Jahren selbst ins Elternalter – die mit diesem umfassenden Angebot groß geworden ist.

Daß das Aufwachsen im Fernseh-Universum die Sehgewohnheiten prägt, liegt nahe und läßt sich anhand einzelner Teilquoten illustrieren. So liegt etwa der Anteil der jungen Erwachsenen bis zwanzig Jahre, die sich regelmäßig die Zeichentrick-Strecken auf *RTL 2* ansehen, bei vierzig Prozent. Diese Comics wenden sich ausdrücklich nicht an Erwachsene (ob sie deshalb für Kinder geeignet sind, ist eine andere Frage). Man kommt nicht umhin, in diesem Trend (der die Medienmacher selbst sehr interessiert, schließlich hat er weitreichende Implikationen für den Aufbau des Werbeprogramms) zumindest ein Indiz für eine schleichende Nivellierung der Generationen zu sehen: Zwanzigjährige, die sich nachmittags an den Abenteuern der Pokémons ergötzen, haben etwas von jenen Kind-Erwachsenen, deren Typus Neil Postman in *Das Verschwinden der Kindheit* skizzierte: »Der Kind-Erwachsene ist ein Mensch, dessen intellektuelle und emotionale Fähigkeiten sich im Laufe seiner Geschichte nicht entfaltet haben und sich insbesondere von denen der Kinder nicht sonderlich abheben. Solche Menschen hat es immer gegeben, doch die Kulturen unterscheiden sich darin, wieweit sie die Entwicklung einer solchen Charakterstruktur begünstigen oder hemmen. Im Mittelalter war der Kind-Erwachsene gleichsam der Regelfall, vor allem, weil es in einer Welt ohne Literalität, ohne Schulen und *civilité* keiner besonderen Disziplin und Unterweisung bedurfte, um erwachsen zu werden. Aus ähnlichen Gründen wird der Kind-Erwachsene auch in unserer Kultur wieder zum Regelfall.«

Einer dieser Gründe mag tatsächlich sein, daß die »Unterweisung« vieler Kinder heute in erheblichem Maße an das Fernsehen delegiert ist: Bis zur zehnten Klasse bringen deutsche Schüler im Durchschnitt mehr Fernseh- als Schulstunden hinter sich. Natürlich ist das Fernsehen kein Stundenplan, die TV-»Unterweisungen« sind nicht geordnet und zielgerichtet. Sie bestehen vielmehr aus Werbebotschaften, Stereotypen über menschliche Beziehungen, Nachrichten, Ton- und Musikfetzen in wilder Mischung. Dazu kommen die ästhetischen Charakteristika des modernen Fernsehens: schnelle Bildschnitte, verwirrende Zeitsprünge und Widersprüche zwischen Ton und Bild, die Kinder nicht verstehen können.

Da das Fernsehen zu einer mächtigen Erziehungs-, oder eher: Sozialisationsinstanz geworden ist, lohnt sich ein Blick auf den bisher üblichen Verlauf der kindlichen Entwicklung. Daran wird einigermaßen deutlich, daß die Flut der Fernsehbilder ein Kind mindestens bis zum Schuleintritt kognitiv überfordert, obwohl sie es natürlich vermag, seine Aufmerksamkeit zu fesseln. Der große Psychologe

Jean Piaget (1896–1976) hat die Entwicklung des kindlichen Denkens anhand empirischer Beobachtungen beschrieben, und daraus Schlüsse gezogen, die bis heute einleuchten. Er unterscheidet die sensumotorische Entwicklung (von der Geburt bis zum zweiten Lebensjahr) und die Phase der »konkreten Operationen«. In der sensumotorischen Phase macht das Kleinkind erste Erfahrungen mit Objekten, Räumen, zeitlichen Abläufen und seiner sozialen Umwelt. Sensumotorisches Erleben entwickelt sich vor der Sprache und ist Grundlage für jedes nachfolgende Verständnis, Sprachfähigkeit eingeschlossen. Vom zweiten bis zum elften Lebensjahr schließt sich die Phase der »konkreten Operationen« an, in denen Kinder langsam erlernen, ihre Umwelt zu begreifen und sich sprachlich über sie zu verständigen.

Dieser Prozeß verläuft in Abschnitten: der erste umfaßt das Alter von etwa vier bis sechs Jahren, die zweite jenes von neun bis elf. Das Kind beginnt, seinen Verstand zu gebrauchen. Es arbeitet mit Prämissen und Schlußfolgerungen. Dabei geht es immer wieder um zwei Probleme. Erstens: Welche Mittel führen zu welchem Ergebnis, welches Ergebnis verlangt welche Mittel? Zweitens: Wie kann man Klassifikationssysteme und begriffliche Ordnungen einrichten? Ähnlichkeiten und Unterschiede der Gegenstände, mit denen sich das Kind befaßt, werden zu Ordnungsmerkmalen.

In den ersten Lebensmonaten lernt ein Baby, Objekte zu erkennen, sie im wahrsten Sinne des Wortes zu be-greifen: Durch Tasten mit den Fingern, mit den Lippen und der Zunge erfährt es ihre Eigenschaften, also »weich«, »hart«, »rauh«, »glatt«. Nur auf diese Weise kann es einen abstrakten Begriff des Konzeptes »rauh« oder »hart« gewinnen. Erst am Ende einer längeren Lernphase entsteht eine Vorstellung von Objekten, die gerade nicht zu sehen sind. Das Kind muß auch lernen, daß Objekte zu Boden fallen, wenn man sie losläßt; daß bestimmte Objekte eine Bandbreite von Erscheinungsformen aufweisen und doch unter den gleichen Begriff fallen, also klassifizierbar sind: unterschiedlich große Äpfel, Löffel aus Plastik oder Metall, verschiedenfarbige Klötze. Es erwirbt einen Eindruck von räumlicher Entfernung – und eine zeitliche Orientierung. Tausende von Einzelerfahrungen setzen das Wissen darum zusammen, wie schnell (oder langsam) Zeit vergeht, daß es eine zeitliche Abfolge von Ereignissen, ein »Vorher« und ein »Nachher« gibt.

Wie das Zurechtfinden im räumlichen und zeitlichen Umfeld muß ein kleines Kind auch die Orientierung im sozialen Umfeld lernen: Es ist auf die Erfahrung angewiesen, daß seine Eltern es nicht verlassen und stets für seine materiellen Bedürfnisse sorgen, um sich sicher zu fühlen. Das Kind braucht berechenbare Reaktionen »seiner« Erwachsenen. Sprachmelodie und Mimik anderer Menschen muß es erst erkennen lernen, wortlose Feindseligkeit spürt es durchaus.

Keine dieser lebensnotwendigen Erfahrungen können Kinder vor dem Fernseher machen. Die Zeit, die sie dort verbringen, ist für die Erkundung der Wirklichkeit verloren; das ist der erste Einwand gegen das Fernsehen. Der zweite lautet, daß der Bildersalat die Kinder womöglich über die tatsächliche Dauer des Zuschauens hinaus in ihrer Entwicklung stört: Widersprüchliche Bild- und Tonsignale verunsichern das Kind; sichtbare Objekte, die das Fernsehen allerdings der sinnlich-tastenden Erkundung vorenthält, scheinen die Naturgesetze außer Kraft zu setzen, und filmische Schnittechnik zerreißt die Erfahrung des zeitlichen Nacheinanders. Die wirklichkeitsfremde Schnelligkeit der Bilderfolgen ist womöglich ein größeres Risiko für Kinder als später erlebte TV-Gewalt, weil sie Vielseher in ihrer zeitlichen Orientierung verunsichert, sie die Erfahrung von *real time*, von Dauer erfordernden Abläufen, nicht aushalten läßt. (Gerade in dieser Frage fühlen sich die Teletubby-Befürworter natürlich sicher: Schließlich sind die Erlebnisse der Plüschbabys äußerst behäbig geschnitten. Aber sie sollen ja auch nur eine Einstiegsdroge sein.)

Sicher geht es, wenn man über die Schädlichkeit des Fernsehens spricht, um Extreme: Ein Kind, das in einem Familienklima mit vielen Anregungen, mit Spiel- und Bewegungsmöglichkeiten auch außerhalb der Wohnung aufwächst, wird keinen Schaden nehmen, wenn es gelegentlich eine halbe Stunde fernsieht oder – mit sieben, acht, neun Jahren – auch einmal einen ganzen Kinderfilm von anderthalb Stunden anschaut. Unglücklicherweise konzentrieren sich aber die negativen Rahmenbedingungen, die das Fernsehen zu einer Gefahr für die Persönlichkeitsentwicklung machen, in jenen Gesellschaftsschichten, die ohnehin kaum bereit oder in der Lage sind, ihren Kindern ein anregendes Umfeld zu bieten. Wenn das dauernde Flimmern des Bildschirms ergänzt wird um die enge Hochhauswohnung, den unberechenbaren, prügelnden Vater, die alleinerziehende, überforderte Mutter, dann entsteht ein Cocktail, dessen destruktive Wirkung man nicht unterschätzen sollte.

Praktiker in Kindergärten, Schulen und Sprachheileinrichtungen sowie Kinderärzte betrachten den exzessiven Fernsehkonsum von Kindern mit Sorge. Kurt Bielfeld, der Bundesvorsitzende der Deutschen Gesellschaft für Sprachheilpädagogik und Leiter einer Sprachheilschule in Berlin, beobachtet eine stetige Zunahme der Sprachentwicklungsstörungen bei Vorschul- und Grundschulkindern. In einer Studie der Universität Mainz aus der Mitte der neunziger Jahre ist von einer Steigerung um fünfundzwanzig Prozent in den letzten zehn Jahren die Rede. Die »Kommunikationsarmut« des Mediums Fernsehen werde dort, wo das Elternhaus nicht ausgleichend eingreife, zu einem echten Problem: »Die Kinder üben nicht, selbst zu sprechen, und niemand korrigiert ihre Fehler«, sagt Bielfeld.

Sprachlosigkeit, schrumpfende Wortschätze und Satzumfänge stellt auch Sylvia Schuster, die Sprecherin des Landesverbandes Nordrhein der Kinder- und Jugendärzte in Deutschland, bei etlichen ihrer kleinen Patienten fest. Man muß gar nicht auf Adornos Wort vom Totschlagen sinnloser Zeit, auf Herbert Marcuses Überlegungen zur Gleichschaltung der Zuschauer durch das Massenmedium oder Postmans Warnung vor der infantilisierten Fernsehgesellschaft zurückgreifen, um Fernsehen für ein Entwicklungshindernis zu halten: »Das Fernsehen überflutet das kleinkindliche Gehirn gerade in jener Zeit mit Bildern«, schreibt der amerikanische Intelligenzforscher Joseph Chilton Pearce, »in der es lernen sollte, Bilder von innen her zu erzeugen. Fernsehen unterdrückt die Fähigkeit der inneren Bilderzeugung, weil äußere Bilder auf das Kind einströmen.« Kreativität, Bewegung und jene Art von produktiver Langeweile, die Kinder zur Entfaltung eigener Aktivitäten bräuchten, bleiben auf der Strecke.

Wer hofft, daß das speziell für Kinder gemachte Fernsehen dem in irgendeiner Weise entgegenwirken würde, der hat es wahrscheinlich nicht auf sich genommen, auch nur fünf Minuten den Teletubbies, den Pokémons und ähnlichen Geschöpfen zuzusehen. Besonders die diversen Comic-Formate arbeiten fast ausnahmslos mit hektischen Schnitten, psychedelischen Farben, bedrängender Musik – und fürchterlich flachen Helden. Die Pokémons, japanische Merchandising-Monster, die sich eine Zeitlang als Sammelkarten, Spielfiguren und Gameboy-Population bei Kindern rund um den Globus größter Beliebtheit erfreuten, waren mit 70 Prozent Marktanteil auf *RTL 2* ein Quotenhit – und haben nicht den Ansatz einer Persönlichkeit. Ihre einzige Bestimmung ist es, in brutalen Kämpfen eine »höhere Entwicklungsstufe« zu erreichen. Dabei hatten ihre Erfinder sie gut gegen pädagogische Einwände besorgter Erzieher gewappnet: In etlichen Folgen kritisieren die »guten« Pokémons-Trainer um den Serienhelden Ash, andere (selbstredend böse) Trainer: Diese wollten aus Pokémon-Wettkämpfen »einen brutalen Kampfsport machen«. Doch Pokémons, sagt Ash, »sind keine Kampfmaschinen oder Waffen, mit denen man Geld verdienen kann«. Außer natürlich, man verkauft die Fanartikel zu dieser ersten selbstkommentierenden Serie.

In der Reihe *Dragon Ball* werden kleine Kinder zu Trainingszwecken verprügelt, damit sie lernen, »sich zu konzentrieren« und »ihren Geist völlig leer werden zu lassen«: östliche Vulgärphilosophie. Die Heldinnen der Mädchenserie *Sailormoon* erteilen schon einmal eine Lektion in gepflegtem weiblichem Masochismus, Bondagephantasien inklusive: Es ist schier unglaublich, wieviel und aus wie nichtigem Anlaß in dieser Reihe gefesselt wird. Auch überschreitet es womöglich doch die Grenze der Kinder-Comic-Etikette, wenn kopflose Männer halbnackten Heldinnen in aufreizenden Leder-Ketten-Arrangements den Rücken massieren. Die sprachliche Armut des Kinderfernsehens ist bemerkenswert und nicht auf das Gelalle der Plüschtubbies beschränkt. Auch die Pokémons sprechen kaum. Wenn sie etwas sagen, dann ihren Namen, in unterschiedlichen Tonlagen. Also: »Pikachu.« »Pikachu?« »Bisasam!« »Bisasam ... !!« »Owei.« »Owei. Owei.« Und im Zustand größerer Erregung: »Pikapikapika!« »Bisabisabisa! Bisabisabisa!!«

Daß diese Kreaturen problematische Babysitter sind, spricht sich in Mittelschichtfamilien allmählich herum. Dennoch wird immer noch viel zu viel gesehen. Bewußtseinsbildung braucht eben Zeit. Gerade bei sozial benachteiligten Familien müßte von allen sozialstaatlichen Instanzen, mit denen sie Kontakt haben, massiv gegen das Fernsehen agitiert werden – »Aufklärung« ist als Wort angesichts der Größe des Problems fast zu schwach. Faszinierenderweise neigen liberale Mittelschicht-Intellektuelle – zu denen natürlich auch die Medienwissenschaftler gehören, von denen wiederum nicht wenige bei der Werbeindustrie oder Fernsehsendern auf der Payroll stehen – dazu, den Massenfernsehkonsum der Unterschicht konsequent zu verharmlosen. Ihre eigenen Kinder verblöden sie natürlich nicht mit Dauerglotzen. Denen aber, die aus vielerlei Gründen ohnehin benachteiligt sind, unterstellen sie verantwortungsvolle Entscheidungsfähigkeit. Daß die Vielseherei die schmalen Chancen von Kindern aus bestimmten indolenten Verhältnissen noch weiter mindert, nehmen sie dabei im Namen ihrer unbefleckten Liberalität in Kauf.

Doch die negativen Effekte übermäßigen Fernsehkonsums lassen sich selbstverständlich auch dort beobachten, wo Eltern sehr wohl die Möglichkeit hätten, die Freizeit ihres Kindes anders zu gestalten. Da ist zum Beispiel der neunjährige Robert, der den zwangsweise fernsehfreien Siebzigsten seines Großvaters durchstehen muß. Er ist nicht besonders begeistert von Opas Geburtstagfeier: »Ich möcht' jetzt Fernsehen gucken«, mault er, »oder am PC spielen.« Doch zu Roberts Leidwesen bleibt die Kiste aus. Die Gelegenheit, den beiden weniger medienaffin erzogenen Cousinen Lara und Anne seine Lieblingssendungen aufzählen zu können, ist da nur ein schwacher Trost. Beide Mädchen sehen so aus, als würden sie gern etwas spielen. Dennoch lauschen sie höflich den mit Nachdruck vorgetragenen Qualitätsurteilen ihres Cousins: Irgendwann aber fragt Lara entnervt: »Ja, was passiert denn nun in dem Film?« Stille. »Weiß nicht«, sagt Robert, »Monster jagen. Voll geil aber.« Die Unfähigkeit, eine der vielen Fernsehgeschichten nachzuerzählen, ist typisch für dauerfernsehende Kinder. Ihre Aufmerksamkeit wird zwar von den schnell wechselnden Bildern gefesselt; gleichwohl sind sie nicht in der Weise konzentriert, mit der andere Kinder sich in ein Buch oder in ein Spiel vertiefen. Dazu kommt der Umstand, daß Fernsehen die Einübung von Kommunikation verhindert. Man braucht nicht viel zu antworten, man könnte es nicht einmal, wenn man es wollte.

Robert wächst nicht in jenem einschlägigen Milieu auf, wo der Fernseher von morgens bis abends dröhnt und der Ton höchstens heruntergedreht wird, wenn der Sozialarbeiter vorbeikommt, um den Entschuldungsplan zu besprechen. Aber der Fernsehkonsum des Jungen liegt doch deutlich über den gut eineinhalb Stunden täglich, die deutsche Kinder zwischen drei und dreizehn im Durchschnitt vor dem Bildschirm verbringen. Einen abschließenden Beweis dafür, daß Roberts Zappeligkeit, sein begrenzter Wortschatz und die von seinen Eltern beklagten mäßigen Schulleistungen direkte Folgen dieses Konsums sind, gibt es nach dem Stand diverser zuständiger Disziplinen nicht. Genau wie nicht klar ist, ob es sich bei Robert schon um ein Kind mit »Aufmerksamkeits-Hyperaktivitätssyndrom« (ADHS) handelt, oder ob seine Unruhe noch im Normalmaß der Grundschuljungen liegt.

Daß das Fernsehen generell Kinder mit einer Prädisposition zur »Hyperaktivität« ungünstig beeinflußt, ist schwer bestreitbar. Der österreichische Kinderpsychiater Michael Millner beschreibt in seinem Buch *Das Beta-Kind* eindrucksvoll die Situation eines hyperaktiven Kinds vor dem Bildschirm: »Es sitzt viele Stunden täglich gleichsam angeschnallt im TV-Sessel, reglos zur Passivität verdammt. Seine Augen sind immer starr nach vorn gerichtet, auf den bunten Guckkasten an der Wand, und seine Sprache ist verstummt – besser: regrediert auf gelegentliche Urlaute. Kommunikativ isoliert und konzentriert – aber vorerst keineswegs hyperaktiv oder konzentrationsgestört – ist das ganze ›Beta-Kind‹ (ein Kind, das überwiegend in und mit der Fernseh-Welt lebt, d.V.) auf ›Input geschaltet‹.« Doch in der Sekunde, schreibt Millner, in der das Gerät abgeschaltet werde, verkehre sich diese Ruhigstellung in ihr Gegenteil: »Das mit tausend bunten Bildern, Handlungsfetzen, Action-Bruchstücken, Emotionen, Ängsten und unaufgelösten Befürchtungen vollgegossene Kind konnte sich bis dahin nicht wegrühren, nichts fragen oder antworten, nichts helfen oder verhindern, es konnte bisher körperlich nicht reagieren, nichts verändern, nicht miteingreifen in die Handlung. Stundenlang war dieses Kind wie

›angehalten‹, steif dem Sog der ›Beta-Welt‹ ausgeliefert – und plötzlich reißt der Strom ab.«

Dann müsse das Kind den Druck ableiten, unter dem es gestanden habe. Es springe herum, suche ständig einen neuen Aufmerksamkeitsfokus und wende sich schnell gelangweilt wieder ab. Schon bei wenig fernsehenden Kindern läßt sich nach einer Stunde vor dem Bildschirm eine gewisse nervöse Spannung beobachten. Die Vielseher aber, schreibt Millner, würden nach dem Abschalten zu einer hektischen Kopie ihrer Filme: »Ihre Sprache hat sich auf einen Telegrammstil verkürzt, ihre Dialoge gleichen den Sprechblasen von Cartoons (›Bummm!‹, ›Bääång!‹, ›Waaamm!‹) ihre Grobmotorik ist hyperaktiv geworden und dient kaum mehr der Fortbewegung, ihre Feinmotorik ist schusselig und dient kaum mehr dem Gestalten von Spiel. Alles, was das Kind anfaßt, dient nunmehr dazu, die Zeit zu raffen und alle Handlungsabläufe auf ihre (vermeintlichen) Kulminationspunkte abzukürzen, ohne Anlaufzeit und ohne Ausklingzeit.« Die Fernsehwelt habe so dem Kind ihre ureigensten Techniken übergestülpt: das ständige und abrupte Unterbrechen von Handlungs- und Denkabläufen, das plakative Denken, die Oberflächlichkeit und das ungeheuer akzelerierte Tempo.

Solche Kinder, berichtet Millner aus seiner Praxis, seien »sprunghaft, fahrig«, kämen nie zur Ruhe und schwankten immer hin und her zwischen Aufgedrehtheit und Langeweile. In der normalen, der wirklichen Welt passiere rein gar nichts mehr, was sie anrege: »So müssen sie versuchen, die Zeit des Tages zu raffen, zu verkürzen, zuzuspitzen, wo immer es geht. Und sie sind geradezu gezwungen, sich ständig neue ›Spots‹ zuzuführen, möglichst groß und scharf und farbig, möglichst plakativ und rasch erfaßbar.

Sie sind gezwungen, ihrem eigenen inneren Rhythmus zu folgen, den ihre akzelerierte innere Uhr ihnen vorschreibt.«

Das sind die Kinder, von denen jede Grundschullehrerin berichten kann: Sie erscheinen übermüdet zur ersten Schulstunde, sie können nicht stillsitzen. Einer Geschichte oder einer Erklärung der Lehrerin vermögen sie nicht bis zum Ende zu folgen, denn in ihrer Erwartung wäre längst das nächste Bild, die nächste Überblendung an der Reihe. Einen Spannungsbogen kennen diese Kinder nicht, und dementsprechend ist es ihnen unmöglich, eigene Geschichten zu formulieren.

All diese Schwierigkeiten hat auch Robert. Freilich gibt es außer dem Fernsehen andere mögliche Erklärungen dafür: daß seine Eltern, eine Industriekauffrau und ein Systemadministrator, nicht viel Zeit für ihn haben, weil sie beruflich stark in Anspruch genommen sind, zum Beispiel; daß die Familie oft umziehen mußte; daß Robert oft erst spät ins Bett geht – viele seiner Lieblingssendungen laufen abends. Zudem akzeptieren seine Eltern, daß das Kind nun einmal bestimmte Serien besonders gern sehen will. Wer seien sie, ihm den Wunsch zu verwehren? Die beiden haben, wie so viele in diesem Land, als Eltern vor dem Fernsehen kapituliert. Immerhin gelten andere Maßstäbe des menschlichen Zusammenlebens in dieser Familie noch. Die Eltern gehen dazwischen, wenn Robert sich mit Freunden zu schlagen droht, und machen generell sehr deutlich, daß sie Gewalt ablehnen. Diese Haltung hat der Junge – trotz seiner Neigung zu »Bumm« und »Bääng« – zumindest verbal übernommen. »Die sind schon echt brutal, diese Monster«, sagt er. Aber eben auch geil.

So sprunghaft, flackernd, irrlichternd und unkonzentriert Robert sein mag – aggressiv ist er nicht. Der Frage, ob Gewalt im Fernsehen Kinder zur Nachahmung animiere, spürt die Wirkungsforschung seit fünf Jahrzehnten mit erheblichem Aufwand nach. Immer wieder treten Medienwissenschaftler mit beruhigenden Ergebnissen an die Öffentlichkeit: Ein direkter Zusammenhang zwischen den Sendungen, die die Kinder gesehen hätten, und gewalttätigem Verhalten lasse sich nicht herstellen, heißt es ein ums andere Mal.

Bei allem Vertrauen in die empirische Sozialforschung läßt sich aber auch nicht leicht erkennen, wie solch ein unmittelbarer Zusammenhang nachgewiesen werden sollte. In den seltensten Fällen dürften Kinder im Fernsehen einen Axtmörder beobachten, dann ein Beil aus dem Keller holen, nach draußen marschieren, einem Spielkameraden den Schädel spalten und anschließend einem Team von Sozialwissenschaftlern ihre Fernsehgewohnheiten zu Protokoll geben. Umgekehrt stellen Sozialarbeiter, Lehrer und Polizisten, wenn sie solche Fragen überhaupt erheben, bei gewalttätigen Kindern und Jugendlichen neben anderen Belastungsfaktoren häufig auch intensiven Fernsehkonsum fest. Man kann sich diesem Zusammenhang verschließen, solange er nicht bewiesen ist. In der Praxis aber tut man gut daran, mit ihm zu rechnen – und wenige Praktiker würden ihn bestreiten.

Bei der Gewaltbereitschaft, die das Fernsehen möglicherweise auszulösen in der Lage ist, geht es nicht um direkte Nachahmung. Es geht vielmehr darum, daß die vielsehenden Kinder – wenn sie zudem in ihren Eltern kein starkes zivilisatorisches Korrektiv besitzen – sich permanent in einer Ersatzwelt bewegen: Die Erfahrungen machen dort nicht sie, sondern andere. Und diese Erfahrungen sind zum Teil so brutal, so überzogen und grausam, daß gerade kindliche Zuschauer sich dagegen immunisieren müssen, um sie zu ertragen. Anders als bei einer selbstgelesenen Geschichte, deren Gefahren man gemeinsam mit dem Helden bestehen muß, und deren Spannung sich bei geeigneten Büchern am Ende harmonisch auflöst, dringen die Bilder der unheimlichen, gewalttätigen oder bedrohlichen Fernsehsendungen mit einer viel größeren Intensität auf das Kind ein: In der Regel gibt es keinen durchkonstruierten Spannungsbogen der Handlung, sondern einen actiongeladenen Höhepunkt nach dem anderen – zumal, wenn man auch noch durch die Programme zappt. Um das auszuhalten, müssen Kinder sich abstumpfen. Das Fernsehen wiederum vergrößert und überzeichnet für den abgestumpften Zuschauer: Mimik und Gestik sind dort immer übertrieben, feine Nuancen und Differenzierungen in Sprache und Körperhaltung, wie sie im Theater zu beobachten wären, gehen verloren oder sind ohnehin nicht gewollt.

Das vielsehende Kind unterdrückt also permanent seine Angstgefühle und bekommt gleichzeitig einen völlig falschen Eindruck davon, wie Menschen reagieren, die geschlagen, verletzt, beleidigt werden. Die Ersatzerfahrungen des Fernsehens vermitteln ihm eben *nicht* die inneren Erlebnisse, die sich nur durch eigene Erfahrungen lernen lassen. Irgendwann kommt in manchen Kindern offenbar das Verlangen auf, diesen schützenden, aber auch einengenden Panzer, der sie umgibt, zu durchbrechen. Sie wollen endlich etwas spüren; sie wollen wissen, wie sich die wirkliche Welt zu ihrer Fernsehwelt, zu ihren Ersatzerfahrungen verhält.

Die Fernsehwelt, schreibt der Kinderpsychiater Millner, habe diese Kinder in tiefe Unsicherheit gestürzt, was dem anderen weh tue und was nicht. Deshalb *müßten* sie hinaus in die wirkliche Welt: »Sie müssen endlich einmal selber ausprobieren, ob der Kinnhaken, den sie schon 50.000 oder 60.000 mal gesehen haben, weh tut, und wie es ist, wenn man jemanden in den Kopf schießt.« »Ausprobierverbrechen« nennt Millner Taten, die in diesen Kontext gehören: »Und natürlich ist für diesen neuen Typ von Verbrechen kein Tatmotiv erkennbar. Es gibt auch kein Tatmotiv. Denn das Verbrechen wird nicht in einer Emotion begangen, sondern um einer Emotion willen, um eine Emotion zu erleben.«

Das Bedürfnis, überhaupt einmal etwas zu spüren, und die totale Unfähigkeit, sich vorzustellen, was das Opfer fühlen mag: Diese beiden Momente erklären nicht nur einen Teil der blinden Gewalt gegen Ausländer, Obdachlose und Behinderte, die sich, in einem Versuch der Pseudo-Rationalisierung, als Rechtsextremismus maskiert. Sie bieten auch eine Erklärung für Fälle wie diesen: Teenager foltern und quälen einen vierzehnjährigen Mitschüler im brandenburgischen Eberswalde und lassen ihn schließlich hilflos und in Lebensgefahr liegen. Vergleichbare Verletzungen, sagt der behandelnde Notarzt (kein Berufsanfänger), habe er in seinem Leben noch nie gesehen. Zu ihren Motiven können die Jugendlichen sich nicht wirklich äußern. Es fällt das Wort »Langeweile«.

Ähnliche Vorkommnisse scheinen sich zumindest in den vergangenen zehn Jahren zu häufen. Das vielleicht spektakulärste war der Mord, den 1993 zwei britische Zehnjährige an dem zweijährigen James Bulger begingen. Ein Motiv der beiden Jungen konnte damals nicht ermittelt werden. Die Tatsache, daß sie die Horrorvideos mit der gewalttätigen Puppe *Chucky* kannten (und welches reguläre Fernsehprogramm wohl noch?), wurde von zahlreichen aufgeklärt-liberalen Kommentatoren für unerheblich gehalten – ein »reduktionistischer« Erklärungsversuch. Gewiß müssen die Lebensverhältnisse der beiden Täter insgesamt verhängnisvoll gewesen sein, doch *Chucky* und seine Kollegen dürften zur Gefühllosigkeit dieser beiden Kinder beigetragen haben.

Den Typus des zu jeder menschlichen Regung unfähigen Menschen beschreibt mit letzter Konsequenz der amerikanische Schriftsteller Bret Easton Ellis in *American Psycho*. Sein Held Patrick Batemann hat zwar eine nach außen glatte, unauffällige Benutzeroberfläche, die er in Armani-Anzügen präsentiert. In seinem Innern jedoch widerstreiten tödliche Langeweile und hektische Reizsuche. Alkohol, Drogen und Sex reichen nicht mehr aus, um ihm Erlebnisse zu verschaffen. Also tötet er: Frauen, Penner, Konkurrenten. Seine Foltermethoden sind unbeschreiblich (Ellis beschreibt sie trotzdem). Bateman filmt seine Opfer und führt seine Echtzeit-Horrorvideos neuen Opfern vor. Bei all dem ist er völlig unerreichbar, wie gepanzert. An keiner Stelle läßt der Autor seine Hauptfigur auch nur den Schatten von Mitgefühl spüren – außer mit sich selbst. Man braucht kaum zu erwähnen, daß Ellis die Wirklichkeit überzeichnet. Fragt sich nur, wie sehr.

Im Jahr 1999 erschoß in Meißen ein fünfzehnjähriger Schüler eine Lehrerin vor den Augen seiner Mitschüler. Wenig später sollte in Deutschland ein amerikanischer Film mit dem Titel *Tötet Mrs. Tingle* anlaufen. Dieser Film war natürlich nicht die Ursache für den Mord. Aber mit seiner scheinbaren Aufforderung zur Tötung einer Lehrerin wurde er zu einem schrillen Symbol für ein grundfalsches Verständnis von Unterhaltung. Kurt Reumann fragte damals in der *Frankfurter Allgemeinen Zeitung*, ob es nicht gerade die übermäßige Gewöhnung an künstliche Bilder sei, die verhindert habe, daß irgendjemand die vorausgegangenen Drohungen des Schülers ernst nahm – oder ihm bei der Bluttat in den Arm fiel. Die Helden in dem Film *Tötet Mrs. Tingle*, schreibt Reumann, würden (entgegen der irreführenden Botschaft des Titels) nicht zusehen, wenn jemand zweiundzwanzigmal auf einen Lehrer einsticht: »Muß man heutzutage Filmstar sein, um aktiv zu werden? Ist es vielleicht die stärkste Wirkung von Film und Fernsehen, daß sie uns zu Zuschauern machen – auch in der Wirklichkeit?« Selten wird die Frage nach dem Zusammenhang von Fernsehunterhaltung, bloßer Abstumpfung und aktiver Gewaltausübung so klug gestellt.

So wenig die Wirkungsforschung geleistet hat, um so gründlicher ist wissenschaftlich notiert worden, wer wann was wie lange sieht. Schließlich sind derlei Erkenntnisse bares Geld wert. Deutsche Erwachsene sitzen täglich durchschnittlich drei Stunden und zwanzig Minuten vor der Flimmerkiste. Wer soll sich da ernsthaft über die Fernsehzeiten der Kinder wundern? Deren durchschnittlich 99 tägliche Fernseh-Minuten untergliedern sich in 76 Minuten für Drei- bis Fünfjährige, 96 Minuten für Sechs- bis Neunjährige und 117 Minuten für Zehn- bis Dreizehnjährige. Wer ein eigenes Fernsehgerät im Kinderzimmer stehen hat (ein Drittel der Kinder; im Westen: 25 Prozent, im Osten: 48 – der Nachholebedarf!) guckt länger: etwa 145 Minuten am Tag. 62 Prozent aller Kinder sehen täglich fern, Jungen länger als Mädchen. Und Fernsehen führt zu noch mehr Fernsehen: Diejenigen, die es regelmäßig tun, treiben den Durchschnitt nach oben; sie liegen weit über der Zwei-Stunden-Marke. 600.000 Kinder harren länger als drei Stunden vor dem Gerät aus – zwanzig Stunden in der Woche, achtzig Stunden im Monat, tausend Stunden im Jahr, elftausend Stunden in einem Kinderleben.

Vor allem die Privatsender bieten Kinderprogramme nicht aus pädagogischem Impetus an, sondern zu dem Zweck, ein Umfeld für auf Kinder ausgerichtete Werbesendungen zu schaffen. Hauptziel der Sender ist es daher, die Kinder am Bildschirm zu halten. Zu diesem Zweck wird das Programm »von jung nach alt« aufgebaut, sagt Andrea Lang, Leiterin des Programmbereichs Kinder und Cartoon bei *RTL 2*. Das heißt: Mittags gibt es Sendungen für die Kleinen, die noch nicht zur Schule müssen oder früh nach Hause kommen; ab 15 Uhr läuft dann die Zeichentrick-Strecke für die Zehn- bis Dreizehnjährigen; die Jüngeren bleiben dran. Möglichst viele Zuschauer sollen mit ins Vorabendprogramm genommen werden, deshalb gibt es als Überleitung um 18 Uhr etwa die Simpsons, den Cartoon für coole Teenager.

Eine normale nachmittägliche Werbestrecke auf *RTL 2* (alle 25 Minuten) umfaßt fünfzehn bis zwanzig Werbespots für die üblichen Produkte der Kinderwelt: für Lollies und Mini-Würstchen, für Hamburger von McDonald's und den neuen Disney-Film, für Eiscreme, Comics und die CD *Voll Ferien* (»einfach fett, geiler geht nicht«). Je besser die Quote, desto teurer werden die Werbeminuten. Wenn es dann noch gelingt, die notwendigen Kinderprogramme billig einzukaufen oder vom Hersteller des zugehörigen Lizenz-Spielzeugs kostenlos zu erhalten – die Privatsender verzichten in der Regel auf aufwendige Eigenproduktionen – ist die Veranstaltung aus Sendersicht erfolgreich.

In den gängigen Debatten um Kinder und Fernsehen trifft sich hartes ökonomisches Interesse mit einer Reihe hilfreicher weicher Faktoren. Die Diskussion findet in einem eigenartigen Klima zwischen Resignation, falscher Liberalität, ausgefeilter Apologetik und blankem Zynismus statt. »Häufig ist die Medienkompetenz von Kindern und Jugendlichen größer als bei Lehrern und Erwachsenen (sic), die oft noch im kulturkritischen Habitus erstarrt sind«, schreibt etwa Professor Dieter Baacke, ehemaliger Vorsitzender der Gesellschaft für Medienpädagogik und Kommunikationskultur (GMK), und adelt so das Verweilen vor der Glotze zu einem fortschrittlichen Generationenprojekt. Und Dirk Ulf Stölzel, ehemaliger Leiter des Projekts »Kinderfernsehen« bei der Deutschen Forschungsgemeinschaft und Ex-Verantwortlicher für den Jugendschutz beim inzwischen eingestellten Kindersender *Nickelodeon*, erklärt in der Zeitschrift *Psychologie heute*, Fernsehen sei eine Kulturtechnik, deren Vermittlung als »ganzheitliches Erziehungsziel« definiert und umgesetzt werden müsse. Man fragt sich, was damit gemeint sein könnte: Sollen Kinder fernsehen lernen? Und ist »Fernsehen können« ein ebensolches Bildungsziel wie Lesen, Schreiben oder Klavierspielen? Auch daß Kinder in die Lage versetzt werden müßten, mit Werbung »umzugehen«, ist oft zu lesen: Schließlich ermögliche Werbung, so steht es in einem von medienpädagogischer Beratung triefenden Papier der Deutschen Werbewirtschaft, »Kommunikation über Konsum« und diese wiederum »soziales Lernen« – was seinerseits dem Erwerb von »sozialer Intelligenz« diene. Und natürlich sollen verantwortungsvolle Eltern mit ihren Kindern gemeinsam fernsehen und viel über das Gesehene sprechen.

Dieser Wunsch ist fromm, dient der allgemeinen Entlastung und wird sofort wieder vergessen, wenn die Eltern am Wochenende ausschlafen oder am quengelanfälligen Spätnachmittag ihre Ruhe haben wollen. All diese Vorschläge für verantwortungsvollen Umgang mit dem Fernsehen der Kinder setzen Engagement voraus: Die Bereitschaft, beim Bügeln selbst auf die Hintergrundbilder zu verzichten; Sendungen zunächst aufzuzeichnen und im voraus zu sichten; altersabgestufte Fernsehzeiten durchzusetzen; die Eltern anderer Kinder und die Großeltern so lange zu bedrängen, bis sie versprechen, den Kindern nicht zu gestatten, was zu Hause verboten ist; zu intervenieren wenn Kinder zappen; das Fernsehen nicht als Ruhigsteller für anstrengende Kinder zu verwenden und den Kindern Argumente an die Hand zu geben, damit sie sich wehren können, wenn sie von Altersgenossen unter Druck gesetzt werden. (Häufig ist jedoch der angebliche Druck aus Schule oder Kindergarten nur ein Entlastungsargument für Eltern, die sich zu Hause den Kampf ums Fernsehen sparen wollen. Viele Lehrerinnen und Erzieherinnen achten sehr sorgfältig darauf, daß in ihrem Zuständigkeitsbereich nicht mit Fernseherfahrungen geprahlt wird.) Die Bereitschaft zu diesen aufwendigen Begleitmaßnahmen jedenfalls fehlt in aller Regel genau in den Familien, in denen sie besonders nötig wären.

Es ist wichtig, was die Anbieter sich bei der Programmgestaltung denken; es wäre wünschenswert, daß sie ein Mindestmaß an Respekt vor ihren Zuschauern an den Tag legen, daß manche Stoffe ihnen doch zu dumm oder zu grausam sind. Die Eltern aber, daran führt kein Weg vorbei, müssen sich genug für das Wohlergehen ihrer Kinder interessieren, um Programme überhaupt nach diesen Kriterien zu beurteilen und auszuwählen. Das tun sie in aller Regel nicht: Die wenigsten Eltern kennen die Inhalte der Kindersendestrecken. Müßten sie sich einem sorgfältigen Studium der *Pokémons* und *Digimons*, der *Dragon Balls* und *Sailermoons*, der *Teletubbies* und *Darkwing Ducks* widmen, hätte das Fernsehen seine Aufgabe schon verfehlt: den Eltern kinderfreie Zeit zu verschaffen.

Der Zynismus der Jugendsendungen mag die Kinderverachtung der Fernsehmacher enthüllen – die größte Gefahr für die kleinen Zuschauer birgt er nicht: Die meisten Kinder sitzen abends zwischen 18 und 21 Uhr vor der Mattscheibe. Gefährdet werden sie also vor allem durch ungeeignete Erwachsenenprogramme und Schlafmangel. All dies fällt allein in den Verantwortungsbereich der Erziehungsberechtigten – so lautet das Hauptentlastungsargument der Anbieter. Der Hinweis auf die Kundenautonomie erledigt die Verantwortung der Sender für ihre Angebote aber nicht völlig: Es fällt auf, wie unterschiedlich private und öffentlich-rechtliche Kinderprogramm-Redakteure diese Verantwortung begreifen. Gewiß, auch beim *Kinderkanal* oder in der Redaktion des großen Klassikers *Die Sendung mit der Maus* beim *Westdeutschen Rundfunk* wird über Quoten geredet. Sie dienen hier allerdings nicht dem Zweck, den Preis für Werbeminuten in die Höhe zu treiben. Vielmehr geht es um die interne Existenzberechtigung: Aufwendig produzierte Sendungen wie die »Maus« müssen nachweisen, daß sie tatsächlich nachgefragt werde, sonst können sie keinen noch so gutgemeinten Bildungsauftrag erfüllen. Bei der »Maus« mit einem Marktanteil von durchschnittlich sechzig Prozent der Drei- bis Achtjährigen gelingt die Versöhnung von Qualität und Quote.

Doch das Bemühen des *Kinderkanals* um anspruchsvolle Inhalte, die eigenen Nachrichten-Formate für Kinder, das ausgewogene Verhältnis zwischen Realfilm, Magazinsendung und Cartoon, die zahlreichen Klassiker des Kinder-Fernsehfilms aus den Beständen von *ARD* und *ZDF* und der Verzicht auf 25-Minuten-Häppchen werden vom Publikum nicht unbedingt belohnt: Die Kinder, die einen Lieblingssender angeben können (42 Prozent), ziehen zu drei Viertel Privatsender vor, im Osten werden fast ausschließlich die Privaten gesehen. Der *Kinderkanal* mit seinem Marktanteil von 11,5 Prozent liegt hinter *Super RTL* (18,7) und *RTL* (13,8). Er hat eine relativ erlesene Zuschauerschaft: Kinder, deren Eltern nicht alles akzeptabel finden. Gerade die Vielseher unter den Kindern werden üblicherweise nicht eines bildungsbürgerlichen Kulturangebots teilhaftig, das die Dumpfheit des Glotzens, die Einsamkeit vor dem Bildschirm ausgleichen könnte. Diese Kinder lernen nie, was eine gut erzählte Geschichte ist: Ihre endlosen Billig-Comic-Episoden beginnen sämtlich in irgendeinem Nichts, schleppen sich unmotiviert durch den Kampf und Sieg und Kampf in ein benachbartes Nichts und verenden dort. Dieses Nichts ist für manche von ihnen fast alles. Zehntausend Anrufe aus der Kategorie »parasoziale Interaktion« erhält der *Kinderkanal* pro Monat: »Das sind einsame Kinder, die bei uns anrufen, weil sie mit irgend jemandem sprechen möchten«, sagt Diana Schulte-Kellinghaus, Programmchefin beim *Kinderkanal* in Erfurt. Wie weit die Fernsehwelt in die Wirklichkeit mancher Kinder einwandert, zeigt die kleine verlorene Zeichnung eines Viertkläßlers im Therapieraum seiner Schule. Die Betreuungslehrerin hatte auffällige Kinder ihren »größten Wunsch« malen lassen. Auf Kims Blatt verlieren sich am unteren Rand einige kleine Monster. Darüber steht: Ich wünsche mir, daß es auf der Welt echte Pokémon gibt.

Um Chancengleichheit für Kinder aus Fernsehhaushalten herzustellen, wird es nötig sein, das öffentliche Klima zu ändern, wie es im Fall des Rauchens so eindrucksvoll gelungen ist. Es gilt, jene Eltern unter Druck zu setzen, die im Dauerfernsehen keine Gefährdung für ihre Kinder erkennen wollen. Es geht darum, die Macht des Fernsehens als Erziehungsinstanz zu brechen. Man wird dabei nicht umhin kommen, sich trotz aller Ermüdung mit jenen Alt-Achtundsechzigern auseinanderzusetzen, die es immer noch für ein Medium der Aufklärung zu halten scheinen. Sie bestimmen bis heute das Meinungsklima in jenen Multiplikatoren-Milieus, die eine solche Kampagne zu tragen hätten. Die Berliner Publizistin Barbara Sichtermann etwa verteidigt die Teletubbies mit der Behauptung, Eltern ärgerten sich nur über die Plüschwesen, weil sie von ihnen aus ihrer Rolle als Geschichtenerzähler verdrängt würden. Es ist weit entfernt von jeder empirischen Realität anzunehmen, viele Eltern betätigten sich noch als Geschichtenerzähler. Aber durch die entsprechende ideologische Brille läßt sich natürlich in jeden kommerziellen Unsinn noch ein antiautoritärer Impuls hineinschauen. Die kulturkritischen, ja düsteren Befürchtungen, die gerade das Denken von Adorno geprägt hatten, haben sich im Zuge der Integration der Achtundsechziger in die Bewußtseinsindustrie fast vollständig verloren. Heute gilt es als »rechts«, mit pessimistischem Blick auf die Entwicklung zu blicken, die das Fernsehen den westlichen Gesellschaften – oder jedenfalls ihren Unterprivilegierten – zu bringen scheint. Immerhin gibt es die Hoffnung, daß ein öffentlicher Bewußtseinswandel mit der Zeit gelingt: Lehrer, Erzieher und Kinderärzte wären dafür schon zu gewinnen. Und eine neue Anti-Fernseh-Bewegung könnte sich interessanterweise auf einen so ausgewiesenen Experten wie Ted Turner berufen, den erfolgreichen Gründer des amerikanischen TV-Senders *CNN*. Auf einer Medienkonferenz sagte er in einem Vortrag über die Auswirkung des Fernsehens auf die kindliche Entwicklung: »Stop watching TV, it is bad for your brain.«

9
LESEN, LESEN, LESEN

Ohne Bücher kann niemand erwachsen werden

Über Harry Potters fabelhaften Erfolg muß man nicht mehr viele Worte und Zahlen verlieren. Die ersten vier Bände dieser auf sieben Teile angelegten Reihe der schottischen Autorin Joanne K. Rowling sind über sechzig Millionen mal verkauft worden; das Erscheinen des vierten Bandes im Sommer/Herbst 2000 (*Harry Potter und der Feuerkelch*) inszenierten Verlage und Buchhandlungen weltweit als Kultereignis. Zu Hunderten und Tausenden strömten verkleidete Kinder auf Harry-Potter-Parties; im Internet boomen die Fanclub-Seiten, und in der nicht-englischsprachigen Welt machten sich Schülerinnen und Schüler an Raubübersetzungen des *Feuerkelchs* – auch die des Englischen nicht Mächtigen sollten vor dem offiziellen Erscheinungsdatum an den Text kommen.

Ein interkulturelles Phänomen war auch das globale Erstaunen der Eltern darüber, daß ihre fernsehgewöhnten Kinder plötzlich nach einem Buch verlangten, und es sogar lasen. Noch mehr wunderten sich die Eltern, als sie sich selbst nach dem Buch greifen sahen. Hätten sie etwas mehr Ahnung von Kinderbüchern gehabt, so hätten sie nicht dermaßen zu staunen brauchen. Joanne K. Rowlings

Geschichte des zaubernden Internatszöglings Harry Potter hat einfach alles, was gute Kinderliteratur ausmacht. Die Autorin schafft eine Parallelwelt, in der Kinder das Leben gedanklich üben können. Von der ersten bis zur letzten Seite nimmt sie die Regeln dieser Welt ernst; die Erzählung bietet einen Erlebnisraum von ausreichender Tiefe an; ihre Sprache ist reich an Witz. Rowling nimmt Bosheit ernst und läßt das Gute am Ende die Oberhand behalten.

Es war kein Wunder, daß dieser literarische *scoop* aus Großbritannien kam. Die Angelsachsen haben eine eindrucksvollere Kinderliteratur als die Deutschen – allenfalls die Skandinavier halten da noch mit. Daß dies so ist, kann jeder in geeigneten Buchhandlungen des benachbarten Auslands leicht überprüfen. Nahe beim Kopenhagener Rathaus zum Beispiel befindet sich ein deutscher Buchladen, der hauptsächlich von den Studenten und Professoren der Universität lebt. Für deutsche Touristen, die sommers mit ihren lesehungrigen Kindern in dänischen Ferienhäusern einregnen, hält der Laden glücklicherweise eine gut bestückte Kinderbuchecke vor. Dem studienorientierten Charakter der Buchhandlung entsprechend umfaßt ihr Sortiment beinahe ausschließlich die Werke deutschsprachiger Autoren, Übersetzungen aus anderen Sprachen ins Deutsche fehlen. In dieser eigentümlichen Konzentration wird das Elend unserer Kinderliteratur augenfällig. In den Regalen steht wenig Unterhaltsames, aber jede Menge Belehrendes. Von wenigen Ausnahmen abgesehen – dazu gehört Michael Ende (*Momo, Die unendliche Geschichte*), in jüngster Zeit vielleicht auch Cornelia Funke (*Drachenreiter, Herr der Diebe*) – sind unsere Autoren in den vergangenen dreißig Jahren einer Tradition der Didaktisierung, des Belehren-Wollens und Moralisierens gefolgt, die älter ist als der Struwelpeter. Freilich geht es seit 1968 nicht mehr darum, den Kindern die Lernziele der schwarzen Pädagogik nahezubringen. Beliebte Themen sind vielmehr zerbrechende Familien, Drogensucht, schwere Krankheit und Tod, die Dritte Welt, Migrantenschicksale, Umweltkatastrophen, Konflikte in der Klasse/Gang/mit der besten Freundin und – in extenso – die Auseinandersetzung mit dem Dritten Reich. An Mut zur Erziehung mangelt es im deutschen Kinderbuch nicht. Es ist darum oft ein bißchen grau, ein wenig langweilig: Farbe und Spannung bringen Übersetzungen, vor allem aus dem Englischen und aus dem Schwedischen.

Britische und skandinavische Autoren wollen Kinder nicht in erster Linie belehren, sondern sie unterhalten, das freilich intelligent, sprachlich anspruchsvoll, spannend, witzig. Warum hat gerade Großbritannien so viele Kinderbuch-Klassiker – von *Pu, der Bär* bis zum *Wind in den Weiden*, vom kleinen *Hobbit* bis zu den *Kindern von Arden* – hervorgebracht? Die Briten stehen in einer empirischen Schreibtradition. Sie sind nicht mit dem deutschen Geniekult des Idealismus belastet, der eigentlich nur die großen Gefühle stürmender und drängender junger Männer für akzeptablen Stoff der künstlerischen Verwirklichung hält. Deshalb konnten in England auch große Autoren einfach aus Spaß für junge Leser schreiben, ohne ihren Ruf zu gefährden. Den englischen Kindern ist das zugute gekommen.

Man darf bezweifeln, daß die deutschen Kinderbücher so funktionieren, wie ihre wohlmeinenden Autoren es erhoffen: Daß ein gutes, gerechtes Beispiel unmittelbar zu einem guten, gerechten Verhalten des lesenden Kindes führt. Mehr spricht dafür, daß es andere Dinge sind, die man beim Lesen lernen kann: Leser müssen, im Gegensatz zu Fernsehzuschauern, aktiv sein. Sie müssen aus den Zeichen des Textes Bedeutung, aus den Bedeutungen Geschichten schaffen, und zwar einzigartige Geschichten, die nur in ihrer eigenen Vorstellung existieren.

Die Debatte darüber, wie sehr das Lesen von Büchern zu einer erfreulichen Entwicklung der Persönlichkeit beitragen kann, wird in unserer an sich wortorientierten Kultur nur noch erstaunlich defensiv geführt. Ähnlich wie andere Restbestände eines klassischen bürgerlichen Bildungskanons – etwa das Musizieren, die Kunsterziehung oder selbst der Sport – steht das Lesen in heftiger Konkurrenz zum Fernsehen. Nur noch die wenigsten Eltern fragen, ob Lesen überhaupt eine (ja vielleicht *die*) wünschenswerte Beschäftigung für ihre Kinder sein könnte – wirkte es nun direkt belehrend, indirekt bildend oder schlicht unterhaltend. Nach einer Untersuchung der »Stiftung Lesen« aus dem Jahr 1993 findet sich in jedem dritten Haushalt kein einziges Kinderbuch. Animierte 1992 noch knapp die Hälfte aller Familien ihre Kinder zum Lesen, so tut dies heute nur noch ein Viertel. »Vermittlung von Lesefreude« rangiert in einer Liste der wichtigsten Erziehungsziele auf Rang sechzehn. Und die zeitliche Konkurrenz durch das Fernsehen ist erdrückend: Über eineinhalb Stunden sitzen Kinder täglich vor dem Bildschirm, eine gute Viertelstunde lang lesen sie. In diesen Durchschnitt gehen sowohl die papierlosen, dauerfernsehenden Haushalte am unteren als auch die mit Bücherregalen bis unter die Zimmerdecke ausgestatteten Haushalte am oberen Ende der Bildungsskala ein. Lesen steht, diese Bilder vor Augen, für aufgeklärte und angenehme Verhältnisse, für ein Leben mit Chancen und Möglichkeiten.

Gleichwohl spielt das Lesen in der gegenwärtigen, auf die ökonomische Verwertbarkeit von Fähigkeiten fixierten Bildungsdiskussion kaum eine Rolle – obwohl es doch eine so entschiedene Möglichkeit zum Erwerb geistiger Fitneß bietet. Das mag zum einen daran liegen, daß die Kompetenzen, die das Lesen vermittelt, langfristig und still sind und zunächst einmal nicht nach »Fortschritt« klingen; zum anderen daran, daß es eine Reihe von traditionellen Ressentiments dagegen gibt, wenn ein Kind seine Nase in Bücher steckt. Nicht nur in völlig bildungsfernen Schichten befürchtete man lange Zeit ernsthaft, exzessives Lesen könne die Augen verderben, das untätige Herumsitzen den Körper schwächen. Solche Assoziationen mögen sich im kollektiven Gedächtnis gehalten haben, wobei sie sich interessanterweise nicht auf den Computer zu übertragen scheinen (dem wird allenfalls nachgesagt, er verführe zum Verzehr von *junk food*, mache also dick). Leser galten auch, und gelten zum Teil bis heute, als Eigenbrötler – viele Eltern wünschen sich aber Kinder, die in Gruppen ihren Platz behaupten. Zudem neigen Erwachsene, die nie eine genußvolle Leseerfahrung gemacht haben, dazu, Lesen vor allem für Arbeit, für Informationsaufnahme zu halten: Sie werden kaum durch eigenes Vorbild für die lustvolle ästhetische Erfahrung werben.

Zusätzlich zu dieser instinktiv ablehnenden Haltung gegenüber Büchern gibt es auch ein unaufgeklärt-politisches Ressentiment gegen eine allzu offensive Leseerziehung. Das Buch ist ein bürgerliches Gut, steht also unter Ideologieverdacht. Kritiker wollen in seiner »Mystifizierung« ein Machtmittel erkennen, das der Unterdrückung der Unterschicht diene. Kinder mit Leseschwierigkeiten spürten angeblich, daß Bücher Teil einer fremden, elitären und feindseligen Kultur seien, gegen die sie sich unbewußt sperrten. Pädagogen, die diese vermeintlich progressive Attitüde pflegen, begehen einen klassischen linken Fehler: Sie bekämpfen (oder ignorieren) das sogenannte Elitäre – statt es möglichst vielen zugänglich zu machen und es auf diesem Wege zu demokratisieren. Wer Chancengleichheit herstellen will, müßte sich heute eher auf einen Lesekreuzzug begeben, als das Land bis ins letzte Hinterzimmer des schäbigsten Jugendzentrums mit Computern vollzustellen.

Nicht allein der Eliteverdacht mag manche professionellen Erzieher und manche Eltern gegen eine gezielte Leseförderung einnehmen. Zu demselben Ergebnis führt eine in dieser Gesellschaft weitgehend durchgesetzte Gleichgültigkeit gegenüber Bildungsinhalten. Daß es so etwas wie einen verbindlichen Bildungskanon gibt, akzeptieren heute nicht mehr viele Leute. Die Vertrautheit mit dem neuesten Steven-Spielberg-Film ist längst selbstverständlicher als die Kenntnis der *Illias*. Kanonfragen beginnen nicht etwa dort, wo über herausragende, nurmehr harmlose oder grundschlechte Bücher gestritten wird, sondern bereits da, wo jemand sich das Urteil erlaubt, eine Aktivität – etwa das Lesen – für förderlicher zu halten als eine andere, zum Beispiel das Fernsehen. In diesem Zusammenhang taucht auf medienwissenschaftlichen Fachtagungen und in den entsprechenden Publikationen häufig eine bestimmte Argumentationsfigur auf: der Sein-Sollen-Schluß. Weil die Massen fernsehen, gilt es als elitär, ihnen das Lesen schmackhaft machen zu wollen. Dabei könnte auch der Umkehrschluß stimmen: Wenn sie mehr läsen, wären viele Menschen in der Lage, ein selbstbestimmteres, wacheres und genußreicheres Leben zu führen als unter der besinnungslosen Dauerberieselung.

Diese Hoffnung würde freilich in jedem Kultusministerium und in jeder Kindergartenleitung als weltfremd verworfen werden. Tatsächlich aber könnten gerade die staatlichen Bildungseinrichtungen sowohl durch individuelle Vorbilder als auch durch eine bestimmte Politik der Erziehung großen Einfluß auf die Kinder ausüben, deren Wohlergehen sie sich angeblich widmen. Am Beispiel des Internet und der Computernutzung in den Schulen hat sich gezeigt, wie gut politische, journalistische und werbliche Imagekampagnen es vermögen, eine technische Neuerung, die nur für einen sehr kleinen Teil der täglichen Lebensbewältigung hilfreich ist, in das Zentrum des öffentlichen Interesses zu rücken.

Doch um eine offensive Lesepolitik zu gestalten, müßte man an die Nützlichkeit des Ziels glauben. Welche Gründe sprechen dafür, daß Eltern, Lehrer, Erzieher und Bildungspolitiker sich – gegen den technikfixierten Zeitgeist – stärker für das Lesen einsetzen? Was sind die »erzieherischen« Vorteile des Lesens gegenüber Fernsehen und Computerspiel? Und falls sich solche Vorteile ausmachen lassen: Ist dann jedes Buch gleich gut, liegt der Gewinn in der reinen Tätigkeit des Lesens, oder gibt es Qualitätsunterschiede – also Anhaltspunkte für einen Kinderbuchkanon? Neil Postman hat in *Das Verschwinden der Kindheit* mindestens ebensosehr *für* das Lesen wie *gegen* das Fernsehen Stellung bezogen: »So wird«, schreibt Postman, »das Kind dadurch langsam zum Erwachsenen, daß es jene Art von Verstand ausbildet, die wir von einem guten Leser erwarten; dazu gehören ein kräftiger Individualismus, die Fähigkeit, logisch und folgerichtig zu denken, die Fähigkeit, gegenüber Symbolen eine distanzierte Haltung einzunehmen, die Fähigkeit, mit einem hohen

Grad von Abstraktion umzugehen und die Fähigkeit, die unmittelbare Befriedigung von Bedürfnissen aufzuschieben.«

Bedürfnisaufschub ist heute eine heikle Forderung. Wer üblicherweise auf jeden Wunsch eines Kindes sofort eingeht, um kurzfristig seine Ruhe zu haben, wird schwer vermitteln können, daß es sich in manchen Fällen lohnt, sich zu mühen: mit dem Lesen-Lernen, später mit dem Enträtseln einer Geschichte, die nicht alle ihre Geheimnisse auf Knopfdruck preisgibt. In der oben erwähnten Studie der Stiftung Lesen haben Heinz Bonfadelli und Angela Fritz die Rezeptionsunterschiede zwischen Print- und Bildmedien systematisiert.

Das Buch funktioniert in ihrer Einteilung nach dem »Abholprinzip« in räumlich-zeitlicher Ungebundenheit: Das lesende Kind muß lernen, seine Zeit selbst zu strukturieren. Das Fernsehen hingegen folgt dem »Zustellprinzip«: Es teilt die Zeit für das zuschauende Kind ein. Die Texte eines Buches sind verbal kodiert – das Kind muß bereits wissen, wie man sie entschlüsselt. Beim Fernsehen erlaubt das bloße Hinsehen »befriedigende, wenngleich unqualifizierte« Rezeptionserfahrungen. Der »Rezeptionsmodus des Buches ist »konzentriert-intensiv«: Das lesende Kind muß in seiner Phantasie aktiv eigene Bilder erzeugen. Beim Fernsehen kann es die angebotenen Bilder mehr oder weniger passiv »nebenbei-extensiv« aufnehmen. Während das Buch auf die kreative Selbsterfahrung des Lesens zielt, richtet sich der Rezeptionszweck des Fernsehens auf Ablenkung und Zerstreuung.

Fernsehen fordert die geistige Regheit des Kindes mithin wenig heraus; und ein Kind wird sich auch niemals stolz daran erinnern, eine Fernsehsendung gesehen zu haben. Die Erfahrung hingegen, ihr erstes vollständiges Buch zu bewältigen, beeindruckt Kinder zutiefst, doch vor dieser beglückenden Erfahrung sind Hindernisse aufgetürmt. Aus diesem Grund leuchtet das Plädoyer von Dietrich Schwanitz ein, der Kinder im Prinzip erst dann fernsehen (und am Computer spielen) lassen will, wenn sie bereits lesen können: Warum sollten sie sich sonst anstrengen, innere Bilder zu produzieren, wenn die Fernbedienung ihnen kurzfristig ein ähnliches Wohlbehagen verschafft? Daß Freude an Literatur auf lange Sicht mehr Befriedigung verspricht, daß diese Freude aber nur dem offen steht, der sie rechtzeitig suchen- und kennenlernt, können Kinder noch nicht wissen.

Damit jemand ein begeisterter Leser werden kann, braucht er vor allem eine Ressource: Zeit. In den Familien herrscht heute aber Zeitmangel durch unvermeidbare wie selbstauferlegte Termine. Zum Schulunterricht kommen häufig Hort oder Tagesmutter, am Nachmittag findet das übliche, umfangreiche Freizeitprogramm statt. Manchen Fernsehsendungen wird ein fester Platz im Tagesablauf eingeräumt. In all der Hektik fehlt die Muße, die nun einmal zum Lesen gehört: der bequeme Sessel, die ruhige Ecke, in der man nicht dauernd gestört, abgelenkt und durch Geräusche belästigt wird. Ein lesendes Kind braucht das Gefühl der Behaglichkeit. Es darf nicht ständig fürchten, etwas zu verpassen. »Selbstvergessenheit und Konzentration, Versenkung und entspannten Ernst, Distanz, Gelassenheit, aber auch Orientierung und Selbstbehauptung gegenüber dem *big and small business*, den Zwängen und Verdinglichungen, innerhalb derer wir täglich handeln« – all dies lehre das Lesen, schreibt die Medienwissenschaftlerin Bettina Hurrelmann. Doch für derartige Versenkung muß der Tagesablauf »Fenster« vorsehen. Und häufig ist auch eine gewisse Art von produktiver Langeweile notwendig, die Kinder überhaupt erst dazu bewegt, nach den Parallelwelten zu suchen, die ein Buch eröffnen kann. Als Leser lassen sie sich allerdings schlecht in unsere Systeme der Kinderverwahrung und -unterhaltung einpassen: Es gibt wenige Einrichtungen der außerschulischen Betreuung, die auf den lesenden Individualisten eingestellt sind und ihm ruhige Rückzugsmöglichkeiten bieten. Kinderbetreuung heißt Gruppe, und die Gruppe ist ohne böse Absicht ein Feind des Lesens. Um so wichtiger wäre es, daß Eltern darauf achteten, ihren Kindern wenigstens zu Hause freie ruhige Zeit zu lassen.

Die Liebe zu Büchern beginnt natürlich nicht erst dann, wenn die Grundschullehrerinnen den Kindern das Dekodierprogramm für Texte beigebracht haben: An den Lesebüchern der ersten Klasse wird sich, wie der amerikanische Pädagoge Bruno Bettelheim angemerkt hat, kein intelligenter Sechsjähriger begeistern. Ihre Autoren arbeiten unter einem Dilemma: Sie müssen einfache Übungstexte anbieten in dem Wissen, daß sie die Leseanfänger mit den offerierten Inhalten intellektuell unterfordern. Wer sich für Bücher begeistern soll, muß schon vor der Fibel einen Eindruck davon gewonnen haben, *was* Geschichten sind, *wie* sie funktionieren, *warum* sie spannend sind und Freude bereiten. Es gibt nur einen Weg, das zu lehren: Die Eltern müssen vorlesen. Wer nicht bereit sei, seinem Kind mindestens eine Stunde am Tag vorzulesen, der verdiene es überhaupt nicht, ein Kind zu haben, schreibt die amerikanische Kinderbuchautorin Joan Aiken. Das mag ein radikaler Standpunkt sein. Es gibt viele Lebensverhältnisse, die von diesem Ideal weit entfernt sind. Doch darum bleibt es trotzdem ein wünschenswertes und menschenfreundliches Ziel, für das die Institutionen des Bildungswesens ebenso werben könnten wie für das Zähneputzen oder die Computerkenntnisse.

Hat es ein Kind gut getroffen und besitzt es vorlesende Eltern, dann entwickelt es bereits in der Vorschulzeit Verständnis für Geschichten. Der britische Literaturwissenschaftler J. A. Appleyard bezeichnet das Kind in dieser Frühphase als »Spieler«, der langsam lernt, die Bilder und Gefühle, die ein Text anbietet, auseinanderzusortieren und von der Wirklichkeit zu unterscheiden. Es lernt, so zu tun »als ob«. Im Schulalter ist das Kind texterfahren genug, um selbst zum »Helden« seiner Geschichten zu werden. Ein Buch kann dann schon eine Zuflucht sein. In dieser Phase gibt es in der äußeren Wirklichkeit so viel zu lernen und einzuordnen, daß das Kind gern in der einfacher strukturierten Welt des Buches Hilfe sucht. Dort erlangt es Kontrolle und Identität in der Auseinandersetzung zwischen »Gut« und »Böse«. Jugendliche schließlich stellen fest, daß Literatur nicht nur ein romantischer Ausweg aus der Realität ist, sondern auch abstrakte Ideen und Einsichten in die Erwachsenenwelt vermittelt. Von den drei beschriebenen Stufen ist die erste – die Fähigkeit, in Analogie zum Spiel die Literatur als Welt des »Als ob« zu begreifen, die man nach eigenem Willen aufsuchen und wieder verlassen kann – die wichtigste, und sie prägt das spätere Leseverhalten. Aber nicht allein das Leseverhalten: Je besser das lesende Kind versteht, daß die Welt der Geschichten autonom und von unserer Wirklichkeit abgekoppelt ist, desto sicherer wird es auch in dem Gefühl, daß man

Gefahren unter diesen fiktiven Bedingungen furchtlos entgegentreten kann. Das Kind geht immer souveräner mit seinen eigenen Rollen in den Erzählungen um. Das hilft ihm, sich auch in der Wirklichkeit besser in die Perspektive anderer einzufühlen. Es ist dieses Mitfühlen, das ganz offenbar beim Fernsehen weit weniger eingeübt wird als beim Lesen. Oft kann man beobachten, daß fernsehende Kinder mit Rollenspielen größere Schwierigkeiten (und weniger Freude daran) haben als lesende Kinder. Das Bild vom lesenden Eigenbrötler täuscht – Fernsehen macht viel einsamer als Bücher.

Zu diesem Befund paßt, daß sich beim Lesen ein interessanter empirischer Unterschied zwischen Jungen und Mädchen feststellen läßt: Die Stiftung Lesen ermittelte, daß 62 Prozent der Mädchen, aber nur 43 Prozent der Jungen »sehr gern« lasen; und die Mädchen hielten es deutlich länger hinter ihren Büchern aus. Was könnten die Gründe für dieses unterschiedliche Verhalten sein? Jungen-Eltern, die es durchaus begrüßen würden, wenn ihre Söhne sich mehr mit Büchern beschäftigten, ziehen sich gern auf biologistische Erklärungsmuster zurück: Jungen seien nun einmal wilder, technikorientierter, würden mehr durch ihre Freunde beeinflußt als Mädchen, sagen sie. Darüber, daß es wirklich ein lesehemmendes männliches Gen gibt, haben uns die Entschlüsseler des menschlichen Genoms bisher nichts berichtet. Die Einflüsse der Umwelt hingegen – dazu gehört das Elternverhalten – kann man wahrscheinlich nicht hoch genug einschätzen. Bettina Hurrelmann vermutet, daß das Lesen der Mädchen in den Familien stärker unterstützt werde als das der Jungen: Die Leseförderung durch die Mütter, beobachtete sie, gehe tendenziell mit einer anspruchsvolleren

Lektüre bei den Mädchen einher, während ein solcher Zusammenhang bezüglich der Bücherauswahl der Jungen nicht bestehe.

Für die Lesepraxis der Mädchen gälte, daß sie sich auf literarisch anspruchsvollere Lektüre ausrichte, je mehr die Mädchen läsen. »Unter welchen Bedingungen die Jungen ein anspruchsvolleres Buch zur Hand nehmen, ist dagegen mit Hilfe der vorliegenden Daten nicht festzustellen.« Gewiß mag bei der Leseunlust mancher Jungen auch der Umstand eine Rolle spielen, daß sie im Leseanfangsalter den Mädchen in der Entwicklung noch hinterherhinken, sich deshalb in der Schule schwerer tun und so weniger Erfolgserlebnisse haben. Doch dieser zeitlich befristete Rückstand reicht zur Erklärung des gesamten Phänomens nicht aus. Wahrscheinlich ist, daß das stille und konzentrierte Lesen schlecht zu den männlichen Rollenerwartungen paßt, die Eltern und Umwelt an einen Jungen herantragen. Dann allerdings wäre es von erheblichem gesellschaftlichen Interesse, die Leseförderung bei Jungen zu intensivieren. Schließlich liegt es nahe, daß das Leseverhalten nicht nur Konsequenz eines bestimmten Klimas in der Familie ist, sondern seinerseits Auswirkungen hat: auf die Entwicklung, die Kreativität, die Empathiefähigkeit eines Kindes. Delinquenz bei Kindern und Jugendlichen, Verhaltensauffälligkeiten, Aggressivität und mangelnde Konzentrationsfähigkeit sind ganz überwiegend Jungenprobleme. Eltern erklären auch diese Verhaltensweisen ihrer Söhne oft mit Wesensargumenten, mit deren So-Sein. Es ist aber ebenso wahrscheinlich, daß eine typische Mädchensozialisation – in diesem Fall also: mehr lesen, weniger fernsehen – den Jungen von vornherein andere Verhaltensmuster eröffnen könnte, von denen alle profitieren würden: die betroffenen Jungen selbst, ihre Eltern, Lehrer und Mitschüler. Empathiefähigkeit und kreative Phantasie jedenfalls, die Jungen und Nicht-Lesern häufig zu fehlen scheint, versucht man Erwachsenen später mühsam und mit ungewissem Erfolg in Managementkursen beizubringen.

Literarische Texte zu lesen, ist mehr als ein pädagogisches Instrument zur Zähmung zappeliger Jungen oder zur Einübung einer karriererelevanten emotionalen Kompetenz. Frühe Leseerfahrungen sind die ersten ernsthaften Versuche eines ästhetischen Verhaltens: Sie prägen alle Erwartungen, die ein Mensch jemals an Literatur haben wird. In ihnen lernt ein Kind, was »Geschichten« überhaupt sind – und ob es künftig Lesen als Genuß oder als Arbeit empfinden wird. Daraus ergeben sich hohe formale und inhaltliche Anforderungen an die Qualität von Kinderliteratur. In der Literaturwissenschaft wird sie gern als »kleine« Form betrachtet: als schriftlich fixierte Fassung des mündlich überlieferten Märchens, als kürzere, »lesefreundliche«, Miniaturfassung »echter« Literatur. Doch diese Wahrnehmung kann man mit guten Gründen umkehren. Wenn die ersten Leseerfahrungen unser Literaturverständnis prägen, dann werden die Kinderbücher zum Modell für die Funktionsweise »erwachsener« Literatur.

Ein literarischer Text ist eine Vorgabe an den Leser. Er legt ihm eine Kommunikationsweise nahe, die sich vom Sprachgebrauch der alltäglichen Verständigung unterscheidet. Die Welt eines literarischen Textes existiert nicht wirklich, sie ist ein rein sprachliches Konstrukt. Dem Leser, auch dem lesenden Kind, ist dies ständig bewußt. Es gibt notwendige Voraussetzungen für das Gelingen der Kommunikation zwischen Kind und Text: sprachliche Sensibilität, produktive Phantasie, Offenheit, Spontaneität, Distanz. Im Umgang mit literarischen Texten wird die voll entfaltete Kommunikationsfähigkeit eines Menschen vorweggenommen, auch wenn der Leser noch ein Kind ist, das nicht den ganzen Gehalt dieses Kommunikationsangebots ausschöpft.

Derselbe Text gibt an verschiedene Leser jeweils verschiedene Informationen ab – jedem nach Maßgabe seines Verständnisses. Das, was der kindliche Leser in einem Text nicht sofort versteht, geht ihm nicht verloren: Das Noch-außerhalb-der-Vorstellung-Liegende klingt nach und wirkt auf das bereits Verstandene ein. Wer als Erwachsener einmal einen schwierigen philosophischen oder fremdsprachlichen Text gelesen hat, wird diese Erfahrung kennen: Man versteht bei der ersten Lektüre gar nicht alles, dennoch lohnt es sich weiterzulesen. Irgendwann später schließen sich die Verständnislücken – manchmal sogar ohne nochmalige Lektüre. Kindern geht es im Prinzip nicht anders.

Es zahlt sich aus, vor dieser »Überforderung« durch einen Text nicht zurückzuschrecken. Deshalb darf Bettina Hurrelmann diese Rendite des Lesens auch ruhig etwas hochgestochen bilanzieren: »Literarisch-ästhetisches Verhalten ist zwar in den Dimensionen der inhaltlichen und formalen Komplexität der Texte an den jeweiligen Entwicklungsstand von Kognition, Moral und Sprache gebunden, aber es antizipiert (...) die Möglichkeit des Diskurses. Ästhetisches Lernen ist daher antizipatorisches Lernen der Diskursfähigkeit. Seine Ausstrahlung auf die sprachlich-kommunikative, moralische und auch kognitive Entwicklung dürfte plausibel gemacht werden können, vor allem aber seine Bedeutung für die Entwicklung der Identität. Wie in den latenten Strukturen pädagogischer Interaktion ein Vorgriff auf Selbstbestimmung und Mündigkeit immer schon enthalten sein sollte, obwohl er erst nach und nach vom Kinde entziffert und rekonstruiert werden kann, so wird auch ästhetische Kommunikation um so eher gelingen, je vertrauter einem Kind diese Kommunikationsweise werden konnte.«

Dies ist natürlich kein Plädoyer dafür, Kindern Texte von Theodor W. Adorno oder Peter Sloterdijk anzubieten – es sollten schon Kinderbücher sein. Doch was ist ein gutes Kinderbuch? Welches sind die Kriterien für die Buchauswahl? Ein Qualitätsmerkmal, das gleichermaßen im Interesse der Kinder wie der vorlesenden Eltern liegt, ist die »Mehrebenenstruktur« des Buches. Es sollte einen kindlichen Leser öfter als einmal zu interessieren vermögen und eine Rückkehr erlauben. Und es sollte auch für die Erwachsenen ein befriedigendes Leseerlebnis bereithalten. Als Vorleser werden sie schließlich mit dem Erzähler einer Geschichte identifiziert. Diese Rolle muß akzeptabel sein, der vorlesende Erwachsene darf sich nicht lächerlich oder dumm vorkommen, wenn er überzeugen will. Auf diesem Weg gelangt man quasi durch die Hintertür zu einem der zentralen Qualitätskriterien für Kinderliteratur: Können Erwachsene sie ertragen? Oder ist sie so herablassend, so dumm, so offenkundig schlecht und kinderverachtend geschrieben, daß es einem peinlich wäre, sie vorzulesen? Dann ist sie für Kinder wohl kaum gut genug.

Erich Kästner verabscheute Autoren, die zu Kindern herabschrieben: »Wer soll der Jugend die Sterne zeigen und deuten?« fragte er. »Wer soll den Zauber der Heimat und den Glanz der Ferne heraufbeschwören? Wer soll ihr den

Kompaß des Gewissens in die Hand drücken? Wer soll ihr das Land der Erinnerungen verheißen? Wer soll ihr die neuen Märchen erzählen? Wer soll für sie Vorbilder aufrichten, keine großen Denkmäler, aber Denkmäler der Größe? Wer soll ihr das Heimweh nach dem Glück schenken? Wer soll ihr Herz zum Lachen bringen? Doch, um alles in der Welt, nicht jene mediokren Leute, die ›nur‹ Kinderbücher fabrizieren? Doch nicht jene Ahnungslosen, die, weil Kinder erwiesenermaßen klein sind, in Kniebeuge schreiben?«

Für Eltern bedeutet die Suche nach guten Kinderbüchern Arbeit (aber gewiß auch Unterhaltung). Die Regale der Buchhandlungen sind voll mit bunten Titeln, der Bilderbuchmarkt tendiert zu immer aufwendigeren technischen Produktionen (bei abnehmender Bedeutung der Texte). Kataloge und Klappentexte geben verständlicherweise nur einen gefilterten Eindruck, der auf Verkaufsförderung zielt. Es hilft also alles nichts: Eltern, die es gut meinen, müssen lesen. Dabei sollten sie ihr eigenes Urteil ernst nehmen und die Kniebeuge zum Kind hinunter vermeiden. Kinder können Texte vertragen, die sie in einzelnen, gerade sprachlichen Aspekten, noch überfordern – sie können ja fragen.

»Es mag sogar besser für Kinder sein«, schreibt der Oxford-Professor und Fantasy-Autor J.R.R. Tolkien, »wenn sie einige Geschichten, besonders Märchen, lesen, die sie eher über- als unterfordern. Ihre Bücher sollten wie ihre Kleider auf Zuwachs gekauft sein, und jedenfalls ihre Bücher sollten dieses Wachstum fördern.« Worauf es hingegen ankomme, sei die innere Regeltreue der Geschichte: »Der Autor schafft eine Parallelwelt«, schreibt Tolkien,

»die der Verstand des Lesers betritt. Innerhalb dieser Welt ist das, was der Autor erzählt, ›wahr‹: Es stimmt mit den Gesetzen dieser Welt überein. Deshalb glaubt der Leser daran, solange er sich in dieser Welt bewegt.« Frustrierend und ärgerlich ist es hingegen, wenn der Autor sich schlampig über die von ihm selbst geschaffenen Konventionen der Parallelwelt hinwegsetzt. Eine Indianergeschichte, in der am Ende eines Kapitels zwei Cowboys am Marterpfahl stehen, sollte im nächsten Kapitel nicht mit dem Satz beginnen: »Nachdem Jim und John sich befreit hatten ...«

Respekt vor kindlichen Lesern (der sich in der Lesbarkeit der Texte auch für Erwachsene ausdrückt); Geschichten zum Hineinwachsen; innere Stimmigkeit – das sind schon drei brauchbare Kriterien für die Beurteilung von guten Kinderbüchern. Ein weiteres Erfordernis ist eine gewisse grundsätzliche Gutartigkeit. Sich in der materiellen Umwelt zurechtzufinden, das eigene Ich von ihr abzugrenzen und auf die Befriedigung physischer Bedürfnisse zu vertrauen (ohne bei Hunger und Durst sofort zu verzweifeln), sind wichtige Entwicklungsaufgaben der frühen Kindheit. Geschichten, die – zum Beispiel über die Schilderung verlockender Mahlzeiten oder prächtiger Schätze – ein Gefühl der materiellen Sicherheit verstärken, waren bei Kindern immer beliebt. Heute, in der Überflußgesellschaft, kommt der komplementäre Aspekt hinzu: Kinder, die niemals Hunger, Durst oder Kälte erfahren haben, lernen in ihren Büchern den Mangel überhaupt erst kennen. Und ahnen in der Diskussion über die Frage, warum die Kinder in Enid Blytons »Abenteuer«-Serien über Dosenpfirsiche mit Kondensmilch in Verzückung geraten, zum ersten Mal, daß man über Alltägliches und Selbstverständliches froh sein kann. Dabei geht es nicht um billiges Moralisieren (»die armen Kinder in Afrika«), sondern eher darum, daß Literatur Kindern stellvertretend eine geschärfte Erfahrung, eine durch vorangegangenen Verzicht akzentuierte Freude vermittelt. Niemand würde sich Verhältnisse zurückwünschen, in denen sie diese Erfahrung selbst machen müßten. Aber sie gehört, in der einen oder anderen Form, zum Leben dazu.

Schließlich sehnen sich Kinder nach moralischer und emotionaler Sicherheit. Sie wollen sich auf »ihre« Erwachsenen verlassen können; und sie wünschen, daß richtiges Verhalten in einer Geschichte am Ende belohnt wird. Aus diesem Grund sind düstere Enden für Kinderbücher problematisch. Ebensowenig eignen sich die Pseudo-Auflösungen des klassischen Horror-Genres, die sich immer häufiger auch in Büchern für Kinder finden: Es trägt zu deren tiefer Verunsicherung bei, wenn die Fronten am Ende einer Geschichte nicht geklärt sind, und das Böse sich unerkannt – die Helden aber offensichtlich weiter bedrohend – über das Ende des Buches rettet. Die sozialkritische Schule der Kinderbuchkritik wird diese Sichtweise aus vollem Herzen ablehnen: Weder lebten die meisten Menschen in materieller oder emotionaler Sicherheit, noch widerfahre den Benachteiligten üblicherweise Gerechtigkeit; deshalb sei es Aufgabe der Kinderliteratur, auf Mißstände hinzuweisen und ein realistisches Bild der Welt zu vermitteln.

Gewiß wäre es falsch, Kinder auf Dauer in einer illusionären heilen Welt leben zu lassen. Doch die bloße Aufzählung von Mißständen reduziert Literatur auf Informationsvermittlung und garantiert deshalb noch lange nicht das Heranwachsen von kritik- und urteilsfähigen Menschen. Soweit man die inhaltliche Ebene der Kinderliteratur betrachtet, spricht daher vieles dafür, zunächst – in Übereinstimmung mit dem kindlichen Bedürfnis nach Sicherheit und Liebe – vorzuführen, wie die Welt sein könnte und sollte, statt das Vertrauen in sie von Anfang an grundsätzlich zu untergraben.

Schließlich hängt die Qualität eines Kinderbuches auch noch von einer grundsätzlichen Offenheit seines Textes ab, die dem Leser Raum für die Betätigung seiner Phantasie läßt. Autoren von Büchern mit didaktischer Absicht, sei sie nun auf die Gefahren des Atomkriegs oder die Tischsitten gerichtet, können an dieser Offenheit kein Interesse haben, denn wenn das lesende Kind zu viele eigene Vorstellungen einbrächte, könnte die Moral der Geschichte verwässert werden. Geschlossen und schematisch sind auch viele der endlosen Kinderbuchreihen, von Enid Blyton bis zu den heute beliebten »Drei-Fragezeichen«-Krimis oder »Gänsehaut«-Gruselschockern. Ökonomisch sind diese Reihen erfolgreich. Kinder lesen sie offensichtlich gern, ebenso wie sie gern eine ganze Tüte Haribo auf einmal leeressen. Viel größer ist freilich auch der literarische Nährwert dieser Bücher nicht. Sie arbeiten mit standardisierten, klischeehaften Bildern und streben nach einer möglichst lückenlosen Illusionserzeugung; handelte es sich um Bücher für Erwachsene, spräche man von Trivialliteratur.

Es ist unschädlich, Kinder, die Büchern gegenüber grundsätzlich Hemmungen haben, mit diesen leichten Einstiegen zu locken. Vielleser verschlingen achtzig Bände Enid Blyton einfach nebenbei, ohne erkennbare Nebenwirkungen zu zeigen. Nur sollten Eltern sich nicht in der Illusion wiegen, sie hätten ihren Kindern damit schon hinlänglichen Zugang zur Literatur eröffnet. Das kann mit diesen Büchern ebensowenig gelingen, wie Kinder auf der Basis einer Haribo-Diät zu Gemüseliebhabern zu machen. Nach *Gänsehaut* muß es weitergehen – mit Büchern, die ebenso spannend sind, aber sprachlich anspruchsvoller, ambivalenter, offener, witziger, ironischer: die, mit anderen Worten, Lesen zu einer Ausschweifung machen, zu einem emanzipativen, nicht bloß konsumierenden Vorgang.

Als Streiter für eine neue Lesekultur und eine offensive Leseförderung kommt man an dieser Stelle leicht in argumentative Nöte: Schon die Forderung, Eltern sollten sich intensiv mit dem Lesestoff ihrer Kinder beschäftigen, ist ja unrealistisch. Die allerwenigsten kennen auch nur die Fernsehsendungen, die ihre Kinder täglich ansehen. Es ist nicht anzunehmen, daß sie sich unter literaturwissenschaftlichen Gesichtspunkten mit deren Lektüre auseinandersetzen werden. In diesen Fällen ist in der Tat jeder gelesene Comic und jeder Gruselschocker den Zeichentrickserien im Fernsehen vorzuziehen. Es gibt aber genug Eltern, die sich nicht ohne weiteres auf ihre Unterprivilegierung zurückziehen können: Bis weit in Akademiker-Haushalte hinein herrscht gegenüber der Qualität – oder mangelnden Qualität – von Kinderliteratur eine unglaubliche Indifferenz. Der Auswahl des richtigen Müslis, der angesagten Kinderkleidung oder des besten Sportvereins wird in diesen Familien mehr Aufmerksamkeit gewidmet als der Frage, was die Kinder lesen.

Auf diesem Hintergrund ist Joanne K. Rowling mit ihrem Harry Potter dann doch, wenn kein Wunder, so wenigstens ein Glücksfall. Natürlich ist es auch einer gigantischen

Marketing-Maschinerie zu verdanken, daß die Bücher ein solcher Welterfolg wurden. Aber sie haben eben Substanz, und es lohnt sich, zum Schluß noch einmal genauer zu betrachten, warum sie gute Kinderliteratur sind. Die Grundlinie der Harry-Potter-Geschichten ist einfach: Es gibt eine Menschen- und eine Zaubererwelt, die sich an bestimmten Stellen überschneiden. Die Menschen, von den Zauberern abschätzig »Muggel« genannt, nehmen die Welt der Magie üblicherweise nicht wahr. Die Zauberercommunity ist gespalten in die Anhänger des schwarzen Hexenmeisters Lord Voldemort und die guten Magier, die eine aufgeklärt-freundliche Art von Hexerei praktizieren wollen. Harry Potter, der Held der Erzählung, hat als Baby einen Angriff Lord Voldemorts auf sich und seine Eltern überlebt, und dadurch auf geheimnisvolle Weise dessen Macht gebrochen. Die Geschichte von Harrys Schulkarriere in dem Hexen- und Zauberer-Internat Hogwarts ist auch die Geschichte von Voldemorts Versuch, diese Macht zurückzuerobern.

Joanne K. Rowling spielt mit Repertoireelementen, die ihren jungen Lesern aus anderen Zusammenhängen bekannt sein können: Die Struktur ihrer Romane folgt der Internatserzählung, für die es in der angelsächsischen Erzähltradition Hunderte von Vorbildern gibt – die deutschsprachige Literatur hat da gerade einmal Kästners *Fliegendes Klassenzimmer* und Spoerls *Feuerzangenbowle* hervorgebracht. Doch statt Französisch und Mathematik lernen die Schüler »Verwandlungen«, »Muggelkunde« und »Zaubertränke«. Rowlings Buch ist also zuallererst ein Beispiel für den spielerischen Umgang mit literarischen Konventionen. Daß auch Erwachsene die Harry-Potter-Bücher schätzen (es gibt sogar besondere Ausgaben, deren Einband kaschiert, daß es sich um ein Kinderbuch handelt), liegt an den vielen Ebenen des Textes: Kinder mögen die Geschichte einfach zum Nennwert nehmen und mit ihrem Helden bangen, wenn eine Prüfung ansteht, wenn er mit seinen Mitschülern zerstritten ist oder von Drachen bedroht wird. Für erwachsene Leser sind viele feine Zwischentöne hörbar: die Zauberer-Bürokratie, die Lord Voldemort in *appeasement*-Attitüde allzu zögerlich gegenübertritt; die unsichtbaren und doch wirksamen Barrieren der englischen Klassengesellschaft; die Frage, ob Menschen zu ihren Prinzipien stehen, wenn sie zwar nicht lebensbedrohlich, aber doch spürbar, etwa am Arbeitsplatz, unter Druck gesetzt werden. Als unscharfer Hintergrund unterliegt den Harry-Potter-Büchern die Suche nach den Bedingungen, die ein totalitäres Regime an die Macht bringen und es dort erhalten. Diese Aspekte mögen leitmotivisch auf Kinder wirken, die sie noch nicht im vollen Umfang verstehen; sie haben meist Entsprechungen auf der »kindgerechten« Erzählebene, auf der es um die Interaktion der Schüler miteinander geht.

Rowling hat durchaus ein paar didaktische Hintergedanken, doch diese breitet sie nicht mit erhobenem Zeigefinger aus: In der Quidditch-Mannschaft des unsympathischsten Schulhauses (Quidditch ist ein Spiel, das mit vier Bällen auf fliegenden Besen gespielt wird) gibt es eben keine Mädchen, in allen anderen Mannschaften schon. Mag sich jeder dabei denken, was er will. Spielerisch geht Rowling auch mit Sprache um, leider lassen sich nicht alle ihre Späße übersetzen. Der Spiegel etwa, der Harry (und allen anderen, die hineinschauen) ihre sehnlichsten Wünsche zeigt, heißt auf Englisch Erised (rückwärts gelesen: desire), auf Deutsch Nerhegeb (rückwärts: Begehren). Der Name des Schulleiters, Dumbledore, ist eine alte englische Form für »Hummel«.

Für dumm gehalten werden die kindlichen Leser von Rowling nie. Sie müssen Spielereien mit dem literarischen Repertoire verstehen, Bezugnahmen auf die Erwachsenenwelt der Politik, der Macht und des korrupten Journalismus. Sie müssen Sprachspiele dekodieren und werden zusätzlich mit zahlreichen Situationen konfrontiert, an die sich jeder aus seinem eigenen Schulleben in der einen oder anderen Form schmerzlich erinnern dürfte: was es heißt, ein Außenseiter zu sein; mit dem Unterrichtsstoff nicht zurechtzukommen; verlacht zu werden, weil die Eltern kein Geld haben.

Doch die Konflikte unter den Schülern lösen sich überwiegend in einer menschenfreundlichen Weise auf: Das Böse, das Tückische wird bestraft, dem Guten widerfährt im großen und ganzen Gerechtigkeit. Das Bedürfnis kindlicher Leser nach emotionaler Sicherheit wird also nicht dauerhaft frustriert – auch nicht durch die immer bedrohlicher wirkenden Versuche Lord Voldemorts, die Macht in der Zaubererwelt wieder an sich zu reißen.

Besonders in *Harry Potter und der Feuerkelch* macht die Autorin bei der Darstellung des Kampfes zwischen Harry und seinem Todfeind Voldemort heftige Anleihen bei gotischen Schauerromanen. Friedhöfe, Schattengestalten, strömendes Blut, Wiederauferstehung des Unholds, Verstümmelung, Tod eines Unschuldigen – das ist relativ großes Kaliber für ein Kinderbuch. Daß die Geschichte nicht in billigen Horror abgleitet, mag daran liegen, daß niemand wirklich daran zweifeln muß, daß das Gute am Ende gewinnen wird. Das Böse ist etwas, woran Harry und seine Freunde leiden, was ihnen Angst macht und das sie fürchten, aber es ist eine Prüfung, an der sie schließlich wachsen. Nur im Angesicht des Bösen erkennt man sicher, was gut ist, und kann sich für das Gute entscheiden. »Es sind weniger unsere Fähigkeiten als unsere Entscheidungen, die zeigen, wer wir wirklich sind«, sagt Albus Dumbledore, der weise Zauberer, am Ende eines Abenteuers zu Harry. Schöner könnte man die Philosophie Joanne K. Rowlings nicht zusammenfassen. Es ist diese Philosophie, in Verbindung mit literarischem Talent, die die Harry-Potter-Bücher zu Klassikern machen wird: zu Büchern, zu denen Kinder immer wieder zurückkehren können wie zu einem guten Freund. Solche Bücher sind vom Zeitgeist unabhängig und müssen kein Verfallsdatum fürchten.

Das Lesen fördert die Identitätsentwicklung des Kindes; es hilft ihm, die Sichtweisen anderer zu verstehen; es lehrt den spielerischen Umgang mit Sprache; es eröffnet die Möglichkeit, in der Parallelwelt des Buches Prüfungen zu bestehen, die man auch in der wirklichen Welt fürchtet. Lesen bedeutet aktive Kommunikation mit einem Text, das Sich-Einlassen auf den Diskurs, Kreativität und vorausahnende Phantasie. Kinder finden in Büchern Freunde – und Vorstellungswelten, die nur ihnen selbst gehören. Da das Lesen am Anfang mühsam ist, sind sie auf die Hilfe ihrer Eltern angewiesen: Diese müssen ihnen vorlesen, damit sie überhaupt die Freude an Geschichten kennenlernen. Sie müssen sie ermutigen, wenn die ersten Bücher noch recht zäh zu bewältigen sind. Und sie müssen bei der Auswahl von spannender, unterhaltsamer Lektüre behilflich sein, in die die Kinder hineinwachsen können.

Man wird einer solchen Forderung den Vorwurf machen, sie verabsolutiere und verallgemeinere ganz bestimmte Mittelschicht-Lebensgewohnheiten. Doch es sind eben diese »Gewohnheiten« die Kindern mit dem entsprechenden kulturellen Hintergrund die volle Teilhabe an allen gesellschaftlichen Chancen eröffnen – während sie den anderen dauerhaft verschlossen bleibt. Lesen ist im wahrsten Sinne des Wortes eine Schlüsselqualifikation.

10
»HEUTE SIND WIR LOCHKARTEN«

Lerncomputer, Elternersatzteile, interaktive Teddybären: Spielzeug für den Ernst des Lebens

In Amerika gibt es ein neues Spielzeug, das auf dem deutschen Markt (noch) keine Chance haben dürfte: *Todeszellen-Marv*. Die etwa sechzehn Zentimeter große Figur – ein wenig grobschlächtiger und finsterer dreinblickend als Barbies »Ken« – sitzt auf einem batteriebetriebenen elektrischen Stuhl. Per Knopfdruck kann sie exekutiert werden: Stromstöße schütteln den Körper, die Augen glühen rot, dann sinkt Marv in sich zusammen. Seine letzten Worte lauten: »Ist das alles, was ihr draufhabt, ihr Memmen?« Der etwa 45 Mark teure Artikel der Firma »Mc Farlane Toys« soll sich auf Anhieb hervorragend verkauft haben.

Kann man einen derartig wilden Mißbrauch des Spielzeugbegriffs einfach mit einer kulturellen Überlegenheitsgeste gegen die verrückten Amerikaner abtun? Wohl nicht. Gäbe es in Deutschland genauso lax-liberale Jugendschutz-Vorschriften wie in den USA, dann würde ein solches Angebot auch bei uns seine Nachfrage finden. Der Spielzeugmarkt ist ein Markt wie jeder andere. Es geht den Anbietern um Gewinne. Was sich verkaufen läßt, wird gemacht. Den Herstellern von Spielzeug pauschal pädagogisches Verantwortungsgefühl zu unterstellen, wäre naiv. Harmlosigkeitsbeteuerungen ist ebenso zu mißtrauen wie wortreichen Erklärungen zur didaktischen Nützlichkeit mancher Produkte. Bei den Eltern liegt die Entscheidung, was in die Kinderzimmerregale gelangt – und wie erfreulich, unterhaltsam, lehrreich oder schädlich es dort wirkt.

Viele interessiert diese Frage gar nicht. Doch sogar bei den Wohlmeinenden herrscht Ratlosigkeit. Welches Spielzeug? Und wieviel? Und selbst, wenn die Ausstattung des Kinderzimmers den eigenen erzieherischen und ästhetischen Ansprüchen entspräche: Was ist mit Verwandtengeschenken? Taschengeld-Autonomie? Dem Herzenswunsch der Tochter, den die Firma Mattel unglücklicherweise auf ein geflügeltes Barbie-Pferd mit Regenbogenmähne lenken konnte? »Ich meine, Eltern sollten Kindern ihre Wertvorstellungen deutlich machen«, sagt der Braunschweiger Pädagoge Hein Retter in einem *Geo*-Interview. »Aber ohne Keule; eher humorvoll, damit klar wird, in welcher verrückten Welt wir leben.« Vor allem sollten sie sich gelegentlich vor Augen führen, welchem Zweck das kindliche Spiel *nicht* dient: nicht der Einübung von Markennamen; nicht der Ruhigstellung, damit die Eltern ungestört sind; nicht der unmittelbaren Berufsvorbereitung.

Daß man im Spiel auch etwas lernen kann (und lernen soll), ist keine neue Erkenntnis. Pädagogischen Streit gab es stets um die Gewichtung der Spaß- und Ernstanteile. »Ein Kind, welches tüchtig, still und ausdauernd spielt, wird gewiß auch ein tüchtiger, stiller, ausdauernder Mensch«, schrieb Friedrich Fröbel (1782–1852) in *Menschenerziehung*. Man kann nur hoffen, daß sich Fröbels Spieltheorie nicht unbedingt auf die möglichen Nutzer von Todeszellen-Marv anwenden läßt. Tatsächlich ging es Fröbel um kleinere Kinder, um das menschliche Grundverhältnis »Spiel«. Spiele, schrieb er, müßten »vom möglichst Einfachen und Ersten in der Erscheinung – von dem Ball, wie die Pflanze aus dem Kern, das Tier aus dem Ei – ausgehen«. Liege aller Mannigfaltigkeit eine Einheit, »aller scheinbaren Willkür und Zufälligkeit ein still waltendes Gesetz zugrunde, so müsse man die Gegenstände finden oder darstellen, »in denen dieses still waltende Gesetz angeschaut wird und als Klarheit und Reinheit in die Seele des Anschauenden übergeht.«

Die Vorstellung, daß Gott in allem wirke, und daß sich die göttliche Ordnung besonders gut durch bestimmte Spielgegenstände veranschaulichen lasse, dürfte heute das Erziehungshandeln der wenigsten Erwachsenen bestimmen; die Fröbelschen »Spielgaben« aber – der Ball, die Kugel, der Würfel, der achtfach geteilte Würfel – gehören noch immer zur Baby-Grundausstattung. Vermutlich kommen sie dem kindlichen Programm der tastenden, ableckenden, fallenlassenden und wiederaufhebenden Welterkundung besonders entgegen.

Jean Piaget hat die vier Entwicklungsphasen der kindlichen Spielfähigkeit so beschrieben: Zunächst müssen Kinder überhaupt lernen, Verhaltensweisen zu dekontextualisieren – also etwas nur spielerisch zu tun, den Löffel etwa nur zum Schein abzulecken. Danach ersetzen symbolische die konkreten Spielobjekte (also ein Stock statt eines Steckenpferdes zum Pferdespiel); schließlich werden auch die symbolischen Objekte überflüssig. Die Rollen, die das spielende Kind einnehmen kann, werden vielfältiger. Das Kind kann spielen, daß es selbst etwas ißt, aber es kann auch eine Puppe füttern oder spielen, daß die Puppe selbst ißt. Schließlich setzt eine Sozialisation der bisher privaten Regeln und Konventionen ein. Man einigt sich mit anderen über einen Spielverlauf, zu verwendende Symbole und Regelwerk.

Kinder, deren Spielfähigkeit voll entfaltet ist, beherrschen im wesentlichen drei Formen des Spiels: das symbolische Spiel (So-tun-als-ob), das Regelspiel (dazu gehören Brett- und Kartenspiele, sportliche Wettkämpfe, Ballspiele) und das Objektspiel (ästhetische Gestaltung, Konstruktionsspiele). Kleine Kinder verbringen den Großteil ihres wachen Lebens spielend und lernen dabei unentwegt. Dieses spielerische Lernen, schreibt der Entwicklungspsychologe Heinz Remplein, sei die Grundlage für das erarbeitende Lernen, dessen sich die intentionale Bildung bediene: »Darum ist auf die Pflege des kindlichen Spiels größter Wert zu legen.« Zugleich sei aber das Spiel, eben im Unterschied zur Arbeit, autonom: eine Tätigkeit, die ihren Wert – Lustgewinn – in sich selbst trage, während die Arbeit ihren Wert von außen her erhalte. Das Spiel sei darum allerdings keine leichtfertig zu betrachtende Angelegenheit: »Denn jeder weiß, daß Kinder ihre Spiele durchaus ernst nehmen und tief gekränkt sind, wenn die Erwachsenen diesen Ernst nicht teilen.«

Bei dem Streifzug durch die Spielwarenabteilungen wünscht man sich manchmal etwas mehr Respekt vor diesem Ernst, nicht so viel billiges, schrilles Geklapper und Geklingel, weniger lieblosen Ramsch. Doch es sind die Eltern, die den Ramsch kaufen: Sechs Milliarden Mark ist der deutsche Spielwarenmarkt wert. Für Eltern hat das Spielzeug naheliegenderweise eine andere Funktion als für die Kinder. Manche erfüllen eigene frühere Träume durch Gaben an ihren Nachwuchs: das dreistöckige Puppenhaus, die elektrische Eisenbahn, der Technikbaukasten. Das müssen nicht die schlechtesten Geschenke sein, denn sie gewährleisten immerhin, daß sich die Eltern – aus eigenem Interesse – mit Kind und Spielzeug beschäftigen werden. Oft jedoch beruhigen sie mit dem hastig eingekauften dreißigsten Plüschtier nur ihr schlechtes Gewissen. Es quält sie deshalb, weil sie in ihrem tiefsten Innern wissen, daß ihren Kindern vor allem Zeit und Zuwendung fehlen.

Nicht immer liegt es am objektiven Streßquotienten der Eltern, ob sie ausreichend mit ihren Kindern spielen. Viele Erwachsene fühlen sich offenbar kindisch, wenn sie sich auf Rollenspiele einlassen, die Ritterburg stürmen, die Puppenfamilie füttern oder die Dinosaurier auf der Dinosaurierfarm ins Bett bringen. Dabei wäre das Mitspielen keineswegs kindisch, sondern vielmehr eine sehr sinnvolle, erwachsene Intervention. Denn Kinder können nicht von allein und ganz aus sich selbst heraus spielen. Sie lernen es erst. Dabei kommt es offenbar gerade auf die Kombination von anthropologischem Programm, Nachahmung und Anregung an: Vom ersten Beißring, den sie einem Baby reichen, sind die Eltern in das spielende Lernen und lernende Spielen der Kinder einbezogen. Sie sind Vorbild für Nachahmungen, Partner für Versteck- und Überraschungsspiele, von ihnen erhalten die Kinder Vorlagen für Rollenspiele (die die Kinder später in unendlichen Formen ausgestalten und abwandeln können). Solche Vorlagen können tatsächliche Interaktionen in der Familie sein, aber auch das Mitspielen, die Kasperle-Theater-Vorführung, die erzählte oder vorgelesene Geschichte: alles, was dem Kind hilft, das Als-ob-Prinzip zu begreifen.

Später läßt sich sehr gut beobachten, welche Kinder in dieser Hinsicht Anregungen erfahren haben: Der zehnjährige Ole etwa kann sich stundenlang mit seinen Playmobil- und Legofiguren beschäftigen. Aus den Versatzstücken der Systeme baut er – unter Zuhilfenahme von Bauklötzen, Pappkartons und Kissen – gewaltige Landschaften, Dörfer, die miteinander Handel treiben oder im Krieg liegen, Urwälder mit Dinosauriern oder Drachen, magische Sümpfe, Höhlen mit verborgenen Schätzen. Ole wächst in einer freundlichen, zugewandten Familie auf; vermutlich deshalb ist er ein freundliches, offenes Kind. Er erzählt gern Geschichten über seine Spiellandschaften. Es gibt aber auch Geheimnisse: Teile des Spiels sind privat und gehen Erwachsene nichts an. Weil Ole Hunderte von Geschichten *kennt*, kann er Hunderte von eigenen Geschichten erfinden.

Anders Niklas. Obwohl die Eltern des Neunjährigen (wie Oles Eltern sind sie Akademiker) sich durchaus zeitlich für ihr Kind engagieren – zum Beispiel begleiten sie ihn ganze Wochenenden bei Hockeyturnieren –, hat der Junge große Schwierigkeiten, sich selbst zu beschäftigen. Heerscharen von Lego-Kriegern liegen in seinem Zimmer über den Fußboden verstreut, ohne daß er den Anfang für ein Spiel finden könnte. Wenn Niklas seine Langeweile zum Ausdruck bringt, erlauben ihm die Eltern relativ schnell Ausweichstrategien: In seinem Fall heißen diese Fernsehen oder *Nintendo*. Immer dann, wenn Niklas selbst etwas erfinden müßte, um Spaß zu haben, greift er auf vorgefertigte Inhalte zurück, die jederzeit abrufbar sind. Er hat nie gelernt, daß man solche Inhalte auch selbst schaffen kann; ihm fehlt die Erfahrung mit Geschichten, die sich zur Variation, zum Weiterspielen eignen. Die Eltern greifen in der Langeweile-Situation selten konstruktiv ein. Sie spielen ungern in den Figuren-Rollenspielen mit, und sie lesen wenig vor.

Kinder wie Niklas, die eigentlich nicht wissen, wie man spielt, haben häufig, zusätzlich zu ihrem Kreativitätsdefizit, noch ein weiteres, eigentlich banales Problem: Sie kommen mit der Unordnung in ihrem Kinderzimmer nicht zurecht. Die Spielsachen liegen wild und wenig attraktiv durcheinander. Auf dem Fußboden ist kein Platz, irgend etwas aufzubauen, eine neue Geschichte zu beginnen.

Es muß mit dem eigentümlichen Wandel des Kindheitsbildes zusammenhängen, daß immer mehr Eltern glauben, ihre Kinder könnten und müßten ihre Zimmer selbst aufräumen. Gewiß sollte man sie zu Ordnung, pfleglichem Umgang mit ihren Sachen, Sauberkeit und noch manchen anderen verpönten Sekundärtugenden anhalten. Aber bis Kinder elf oder zwölf Jahre alt sind, fehlt ihnen die Übersicht, Ordnung in einem erwachsenen Sinne des Wortes zu organisieren. Sie können nur unter Anleitung aufräumen, und nur unter Anleitung können sie deshalb lernen, sich an Systematik und Übersichtlichkeit zu freuen. Der britische Autor James M. Barrie (1860–1937) hat in einer Passage seines *Peter Pan* ein schönes Bild für die ordnende Hilfe der Mutter (die klassische Rollenverteilung sei ihm hier verziehen) gefunden. Es symbolisiert nicht allein die Unterstützung des Kindes beim Aufräumen, sondern einen ganzen liebevollen Erziehungsstil: »Mrs. Darling hörte von Peter Pan zum ersten Mal, als sie die Gedanken ihrer Kinder aufräumte. Jede gute Mutter kramt abends in den Gedanken ihrer Kinder, wenn sie schlafen, ordnet sie für den nächsten Morgen und packt alles wieder an den rechten Platz. Wenn du wach bleiben könntest, aber das kannst du natürlich nicht, würdest du sehen, wie deine eigene Mutter das macht, und du fändest es hochinteressant, sie zu beobachten. Es ist genau wie Schubladen aufräumen. Du würdest sie auf den Knien sehen, vermute ich, wie sie belustigt ein paar Dinge anschaut und sich fragt, wo in aller Welt du die denn aufgegabelt hast, wie sie schöne und weniger schöne Entdeckungen macht, wie sie das eine an ihre Wange drückt und das andere eilig wegpackt. Wenn du am Morgen aufwachst, sind die Ungezogenheiten und schlechten Angewohnheiten, mit denen du zu Bett gegangen bist, fein säuberlich zusammengefaltet und ganz unten in deinem Kopf verstaut; und oben, schön gelüftet, liegen die besseren Gedanken, daß du sie gleich benutzen kannst.«

Zu diesem Erziehungsstil muß man sich allerdings aufschwingen: Von gleich zu gleich funktioniert er nicht. Was nicht heißt, daß er darum Respekt vor dem Kind vermissen ließe. Aber dieses liebevolle Sich-Kümmern – um die Gedanken des Kindes wie um seine Spielkisten – kostet Zeit: Kinder werden nicht von alleine groß. Diese Gesellschaft wird sich darüber verständigen müssen, wie sie die Zeit für ihre Kinder aufbringen will. Oder sie nimmt es hin, daß immer mehr von ihnen mit Persönlichkeitsdefiziten aufwachsen.

Nicht nur die leicht verfügbare Fernsehablenkung oder der unstrukturierte Spielzeugsumpf sind Spielhemmnisse, sondern auch die erdrückenden Massen von Spielzeug. Die Regale durchschnittlicher Kinderzimmer ächzen unter der Last der Plüschtiere, Barbie-Puppen, Playmobil-Ritterburgen, Polly-Pocket-Schlösser, Lego-Raumstationen, Furbys, Lerncomputer, Schachteln mit Gesellschaftsspielen und Kartons mit dem Plastikstrandgut zahlloser Kindergeburtstage. Flohmärkte dienen als Entsorgungsplätze für den Überfluß: Zu einem Zehntel des Originalpreises kann man dort kaum bespielte Sachen nahezu jeder Machart erwerben. Auf immer weniger Kinder wird immer mehr Spielzeug getürmt; die Fülle überfordert die Kinder und zerstört ihre Konzentration.

Astrid Lindgren hat die verhängnisvolle Wirkung des Überflusses in der Geschichte von der *Prinzessin, die nicht spielen wollte* beschrieben. Die Prinzessin heißt Lise-Lotta und hat ein ganzes Zimmer voller Spielsachen: »Da gab es die süßesten kleinen Puppenmöbel und Puppenherde mit richtigen kleinen Töpfen und Wasserkesseln, da gab es alle Arten Stofftiere, weiche Katzen und struppige Hunde. Da gab es Baukästen und Malbücher und Tuschkästen und einen richtigen Kaufmannsladen mit Rosinen und Zucker und bunten Bonbons in den Schubfächern. Und trotzdem wollte die Prinzessin nicht spielen.«

Nichts scheint dem unglücklichen Kind zu helfen, weder noch mehr neue Puppen, noch die Medizin des königlichen Leibarztes, noch die Bemühungen der Hofdamen. Erst als Lise-Lotta ein anderes kleines Mädchen kennenlernt – denn natürlich ist sie nicht nur ein Überfluß-, sondern auch ein einsames Kind – wird ihr langsam klar, was »spielen« eigentlich bedeutet:

»›Mach die Tür auf, dann können wir spielen‹, schlug Maja vor. ›Nein, nein‹, sagte Lise-Lotta, ›Spielen ist das Entsetzlichste, was ich kenne. Spielst du denn?‹ ›Das kannst Du glauben! Ich spiele immer, immer und immer‹, sagte Maja. ›Mit meiner Puppe hier.‹ Sie hielt etwas hoch, was eher aussah wie ein Stück Holz mit einigen Lappen darum.«

Das Stück Holz heißt Pia, und mit Pia und ihrer neuen Freundin Maja hat die kleine Prinzessin mehr Spaß als je zuvor mit ihrem teuren Spielzeug: »Mama, warum hast du mir denn nie eine Puppe wie Pia geschenkt, mit der man auch spielen kann?« fragt sie ihre Mutter. »Darauf konnte die Königin nur antworten, daß sie noch nie so eine Puppe in dem feinen Spielwarengeschäft, wo sie das Spielzeug für die Prinzessin einkaufte, gesehen hatte.« Pia ist nicht überdeterminiert und festgelegt, wie die teuren Schlafpuppen der Prinzessin: Man kann sich vorstellen, daß sie lacht, weint, schläft, mit Käse aus zermatschten Himbeeren und Kalbsschnitzel aus einem Stückchen Holz gefüttert wird. Das Spielinteresse der Kinder konzentriert sich auf diese eine »Sache« – und schnell ist die Sache keine Sache mehr, sondern eine Gestalt mit Eigenleben.

Mindestens so wichtig wie die Offenheit und Einfachheit des neuen Spielzeugs ist natürlich der Umstand, daß Lise-Lotta, die nur mit Erwachsenen aufgewachsen ist, zum ersten Mal ein Kind in ihrem Alter trifft. Andere Kinder zum Spielen – seien es Geschwister- oder Nachbarskinder – sind in unserer Gesellschaft keine Selbstverständlichkeit mehr. Die Möglichkeit, einfach nebenan zu klingeln, Freunde abzuholen und dann mit einer Bande von Gleichaltrigen draußen zu sein, ist vielen Kindern heute schon durch die Wohnsituation genommen. Häufig wird diesem Mangel erst abgeholfen, wenn es nicht mehr ganz so dringend wäre: Dann nämlich, wenn die Eltern es sich leisten können, aus der Stadtwohnung in ein Stadtrandgebiet zu ziehen. Gerade in den jüngeren Reihenhaus-Neubaugebieten ist die Situation für kleine Kinder günstiger als in den Innenstadtquartieren; die große Beliebtheit solcher Siedlungen zeigt, wie sehr Familien unter der urbanen Wohnsituation leiden. Doch manche Probleme werden damit nur zeitlich verschoben: In den Stadtrandgebieten sind es die Jugendlichen, denen Freizeitangebote in erreichbarer Nähe fehlen.

Eine Ur-Sehnsucht von Kindern läßt sich in der Stadtwohnung ebenfalls nur schwer erfüllen: das Zusammenleben mit Tieren. Es ist kein Zufall, daß ausgerechnet die Pokémon so ungeheuer erfolgreich wurden. Neben der Befriedigung der kindlichen Sammelleidenschaft boten die japanischen Taschenmonster ein Wunschbild an: Das pelzige Tier, der beste Freund des Kindes, der überallhin mitgenommen werden kann und stets zu seinem Besitzer hält. Auch in zahlreichen Kinderbüchern spielt das treue Tier, das einem Kind ganz allein gehört, eine wichtige Rolle. So etwa in den immer noch beliebten Endlos-Reihen aus der Feder von Enid Blyton: Stets toben kluge mutige Hunde durch ihre Geschichten, und einen Jungen, der Füchse oder Adler zähmen kann, gibt es fast immer. Die unzählbaren Pferde-Romane für Mädchen sind eine andere Spielart der Tier-Sehnsucht. Für die üblichen Haustiere ist es zweifellos besser, nicht in engen Wohnungen gehalten zu werden – aber den Kindern geht auf diese Weise eine sehr wichtige Erfahrung verloren. Für ein Tier könnten sie verantwortlich sein, sie könnten lernen, wie man mit einem schwächeren Wesen umgeht und was Zuverlässigkeit bedeutet. Natürlich müßten ihnen auch dabei die Eltern zur Seite stehen – Kinder vergessen nun einmal das Füttern. Aber das lebendige Tier mag doch einen stärkeren Appell an Mitgefühl und Einfühlungsvermögen richten als die Pokémon-Figuren aus dem Fernsehen – oder all die plappernden und blubbernden »interaktiven« Spielsachen, die heute den Spielzeugmarkt aufrollen.

Der Überfluß hat eine Kehrseite: die Abwesenheit von Mangel. In dem Maße, in dem alles immer da ist, ist auch nichts mehr wirklich kostbar. Indem Eltern jeden Wunsch sofort erfüllen – warum sollten sie es auch nicht tun, sie selbst kaufen sich ja auch augenblicklich, was sie brauchen – läuft das Wünschen leer, wird es zu einem bloßen Reflex. Die herausgehobenen Geschenk-Tage wie Weihnachten und Geburtstag lassen sich dem Alltag gegenüber nur durch einen noch größeren Spielwarenberg markieren. Bezeichnenderweise empfinden viele Erwachsene die anlaßgebundene Schenkerei inzwischen als Last und winken für sich selbst ab. Die materielle Fülle maskiert den Mangel an etwas anderem: Anteilnahme. Lieber drei Brettspiele schenken, als eines mit den Kindern spielen müssen. Mag sein, daß die große Sehnsucht heutiger Kinder sich darum gar nicht so sehr auf materielle Dinge richtet, sondern darauf, daß ihre Eltern sich nicht scheiden lassen oder nicht immerzu arbeiten müssen; oder auf eine lebendige Katze, oder einen Garten, oder Schnee zu Weihnachten.

Trotzdem darf man darüber spekulieren, ob nicht auch der handfeste Mangel – und die Hoffnung darauf, daß ein Wunsch manchmal doch in Erfüllung geht – eine bereichernde Erfahrung sein könnte. Dabei geht es um Gottes Willen nicht um eine Idealisierung von Not und Elend: aber um die Frage, worüber Menschen sich freuen und wann sie glücklich sind. Es ist einmal mehr Astrid Lindgren, die die Erfüllung eines Herzenswunsches in dem

Märchen *Die Puppe Mirabell* (1949) eindringlich beschrieben hat: Nichts auf der Welt möchte Britta-Kajsa lieber haben als eine Puppe. Doch ihre Eltern sind bitterarm. Britta-Kajsa hat die Hoffnung aufgegeben, jemals eine Puppe zu bekommen. Da schenkt ihr ein geheimnisvoller alter Mann ein Samenkorn. Und daraus wächst die herrlichste Puppe, die man sich vorstellen kann: Sie trägt einen roten Hut, hat helles, seidiges Haar und an den Füßen kleine weiße Lederschuhe. Mirabell heißt sie; und wenn kein Erwachsener dabei ist, kann sie sprechen. Man kann sich die Gefühle des Mädchens angesichts dieses Wunders vorstellen; unter einem deutschen Weihnachtsbaum wird man Vergleichbares vergeblich suchen. Vielleicht müssen Kinder heute aus Märchen erfahren, daß manche Wünsche nur, wenn wir Glück haben, erfüllt werden.

Es ist leicht, gegen diese Überlegung die Zahl der armen Haushalte in Deutschland in Stellung zu bringen, und für diese schwierigsten Verhältnisse mag zum Teil anderes gelten. Aber der großen Mehrheit der Menschen in diesem Land mangelt es in materieller Hinsicht an kaum etwas. Für diejenigen, die Spielzeug verkaufen wollen, bedeutet das, daß sie mitten im Überfluß neue Wünsche wecken müssen. Und das bei einer ständig schrumpfenden Zielgruppe und unter heftiger Konkurrenz durch die Elektronik-Branche. Der Trend geht darum zu immer neuen Produkten, immer kurzfristigeren Kampagnen, immer heftigerem Kampf um den Kunden Kind. Seit einigen Jahren wird der Spielzeugmarkt immer stärker von Lizenzprodukten beherrscht: Annähernd die Hälfte der 1999 in den USA verkauften Spielsachen waren Derivate verschiedener Bücher, Zeichentrick- und Kinofilme. Alles in allem 8,4 Milliarden Mark weltweit brachten allein die Figuren, Spiele und die Musik zu den *Krieg der Sterne*-Filmen ein. Kein Wunder also, daß sich alle drei Spielzeuggiganten – Hasbro, Mattel und Lego – frühzeitig Rechte für die Vermarktung von Joanne K. Rowlings Harry-Potter-Figuren gesichert haben: Gemessen am Bucherfolg versprechen diese ein ähnlich gutes, wenn nicht besseres Geschäft. Lizenzprodukte gibt es mittlerweile vom kleinen Prinzen und von der Maus, selbstredend von sämtlichen Disney-Figuren, ob sie nun Winnie-der-Pu oder »Dinosaurs« heißen; von den Teletubbies, vom Hasen Felix, von Asterix und Obelix, Werner, Pippi Langstrumpf, dem Regenbogenfisch, dem Bären Paddington. Sogar Existenzen wie die sogenannte Diddl-Maus, die nicht einmal mehr die schlichteste Story zum Hintergrund haben, sind kommerziell erfolgreich. Offenbar wirkt bei den Kunden der werblich vermittelte Eindruck, mit den bekannten Figuren eine Art Markenprodukt (und vor allem eine Geschichte) kaufen zu können: Mit solchen Sachen müßte es sich doch wie von selbst spielen. Doch wenn die Kinder die Lizenzhelden nicht in eigene Spielpläne integrieren können, dann landen die Serienwesen in der Ecke. Es ist nämlich um so schwieriger, mit einer Sache zu spielen, je festgelegter diese inhaltlich ist.

Doch der Verkauf von Spielsachen, mit denen man nicht richtig spielen kann, liegt durchaus im Interesse der Hersteller. So wird in immer kürzeren Zeitabständen Ersatz nötig. Die Vermarktung von Spielzeug wird zu einem Multimedia-Ereignis, einem Mehrfrontenangriff: Fernsehserie und Kinofilm werben für ein Produkt, aber auch Hamburger-Ketten; wer den Film mag, kauft die Plüschtiere und die Sammelbildchen; wer bisher nur die Sammelbildchen kannte, muß nun auch die Fernsehserie sehen. Manche Spielzeuge üben eine Markenbindung für den späteren

Modegeschmack ein. Diesem Zweck soll vermutlich *Benetton*-Kleidung für Barbiepuppen dienen – und jene Biegepuppe, die gleich ganz als *Esprit*-Girl auftritt.

In seinem nachdenklichen und traurigen Roman *Momo* (1973) hat Michael Ende beschrieben, wie es Kindern in einer Gesellschaft ergeht, die außer Profitstreben keinen anderen Ehrgeiz mehr kennt. Eine Gesellschaft, die für nichts, am allerwenigsten für Kinder, noch Zeit hat. Das Mädchen Momo, das den Umtrieben der grauen Herren, jener Zeit-Diebe, die für diese düstere Entwicklung verantwortlich sind, trotzt, soll mit einem Spielzeug ruhiggestellt werden. Dieses Spielzeug nimmt viele aktuelle Trends unseres Spielzeugmarktes vorweg: »Kurze Zeit später fand Momo auf den Steinstufen der Ruine eine Puppe. Nun war es schon öfter vorgekommen, daß Kinder eines der teuren Spielzeuge, mit denen man nicht wirklich spielen konnte, einfach vergessen und liegengelassen hatten. Aber Momo konnte sich nicht erinnern, diese Puppe bei einem der Kinder gesehen zu haben. (...) Sie sah nicht aus wie ein Kind oder Baby, sondern wie eine schicke junge Dame oder Schaufensterfigur. (...) Momo starrte sie fasziniert an. Als sie sie nach einer Weile mit der Hand berührte, klapperte die Puppe einige Male mit den Augendeckeln, bewegte den Mund und sagte mit einer Stimme, die etwas quäkend klang, als käme sie aus einem Telefon: ›Guten Tag. Ich bin Bibigirl, die vollkommene Puppe.‹«

Sehr schnell stellt sich heraus, daß man sich mit Bibigirl nicht gut unterhalten kann, daß sie sozusagen nicht wirklich interaktiv ist. Außer »Guten Tag« beherrscht Bibigirl noch drei weitere Sätze: »Ich gehöre dir. Alle beneiden dich um mich«, und: »Ich möchte noch mehr Sachen haben.«

Damit sind die Funktionen der Puppe vollständig beschrieben. Sie soll Phantasie töten, nicht wecken: »Momo versuchte es mit einem anderen Spiel und als auch das mißlang, mit noch einem anderen und noch einem und noch einem. Ja, wenn die Puppe gar nichts gesagt hätte, dann hätte Momo an ihrer Stelle antworten können, und es hätte sich die schönste Unterhaltung ergeben. Aber so verhinderte Bibigirl gerade dadurch, daß sie redete, jedes Gespräch. Nach einer Weile überkam Momo ein Gefühl, das sie noch nie zuvor empfunden hatte. Und weil es ihr ganz neu war, dauerte es eine Weile, bis sie begriff, daß es die Langeweile war.«

Der graue Herr, der die Puppe auf Momo angesetzt hat, um sie von ihren Freunden zu trennen, erklärt dem Mädchen, wie man richtig mit ihr spielen soll: Die Puppe braucht Sachen. Ein Abendkleid. Einen Tennisdress. Einen Reitanzug. Ein Nachthemd. Ein Kleid. Ein anderes Kleid. Einen Fotoapparat. Einen Puppenfernseher. Ohrringe. Einen Puppenrevolver. Parfümflaschen, Badesalz, Körperspray. Und wenn all das auch langweilig werden sollte, dann habe Bibigirl noch einen Freund. Und eine Freundin. Und auch die bräuchten Sachen. »Du siehst«, fuhr der graue Herr fort, »es ist ganz einfach. Man muß nur immer mehr und mehr haben, dann langweilt man sich niemals.« Als Momo immer noch skeptisch dreinblickt, verliert er die Geduld: »Was denn, was denn?« sagte er und zog die Augenbrauen hoch: »Du bist immer noch nicht zufrieden? Ihr heutigen Kinder seid aber wirklich anspruchsvoll! Möchtest du mir wohl sagen, was dieser vollkommenen Puppe denn nun noch fehlt?« Momo blickte zu Boden und dachte nach. »Ich glaub«, sagte sie leise, »man kann sie nicht liebhaben.«

Doch darauf kommt es nicht an. Weder den grauen Herren von der Zeitsparkasse, noch den meisten, die heute Spielzeug machen, verkaufen – und kaufen. Die Nachfrageseite des Spielwarenmarktes hat sich im vergangenen Jahrzehnt radikal verändert, und die Veränderung ist dabei nur Ausdruck größerer Prozesse des gesellschaftlichen Wandels. Drei Tendenzen sind erkennbar: Erstens endet die Kindheit heute früh, mit etwa zwölf Jahren. Danach wird es für jedes Spielzeug schwer, gegen die Konkurrenz von Handys, CDs, Markenkleidung und elektronischer Ausstattung zu bestehen. Zweitens werden die Erwachsenen kindlicher: Sie spielen fast mehr als ihr Nachwuchs. Und drittens gibt es, wie im wirklichen Leben, einen ungeheuren Druck zur Dauerinnovation, zur Technisierung der Spielprozesse und zur Aufrüstung der Hardware.

»Das erste, was man auf der Spielzeugmesse von uns wissen will, ist selbstverständlich: Was habt ihr Neues?«, sagt Erich Huber, der technische Leiter der Bodo Hennig Puppenmöbel-Manufaktur in Wildpoldsried. Für den Hersteller teurer, klassisch schlichter Holzpuppenstuben ist diese Frage nicht immer leicht zu beantworten: Die Zahl der Gegenstände, mit denen man selbst das aufwendigste Puppenhaus ausstatten kann, ist endlich. Und kein noch so entzückender Marktstand, keine täuschend echt bemalten Holzschinken, winzigen Maggi-Fläschchen oder Wäschemangeln für den Zwergenhaushalt sind eine Antwort auf den Elektronikboom, der Bodo Hennig das Geschäft seit ein paar Jahren schwerer macht. Rund zehn Millionen Mark setzt die Firma des 72jährigen Spielzeugmachers jährlich um – »dafür muß man ziemlich viele kleine Holzteile drechseln und verkaufen«, sagt Erich Huber. Die Öko-

Welle der achtziger Jahre, die der Firma durch die Holzbegeisterung vieler Eltern (es war auch die Hochzeit der Brio-Bahnen) große Erfolge beschert habe, sei vorbei. Heute liegen Lerncomputer im Trend.

Hennigs Spielsachen erscheinen dagegen altmodisch. Sie sind bewußt so gestaltet, daß sie den Kindern Freiräume zur Betätigung ihrer Phantasie lassen. Alle Formen sind einfach, alle Figuren haben weitgehend neutrale Gesichtsausdrücke. Rollenspielen kommt das entgegen. Die Kinder könne jede Stimmung, jede häusliche Situation inszenieren. Bei den Puppenmöbeln für die Kleinen verzichtet Bodo Henning bewußt auf allzu nostalgische Elemente, sie sollen ja Geschichten aus ihrem eigenen täglichen Leben nachspielen können. Deshalb gibt es im Programm selbstverständlich einen kleinen hölzernen Computer. Wenn man seine Puppen stundenlang daran tippen läßt, kann man durchaus etwas lernen – oder bewältigen. Etwas anderes freilich als das, was man »lernte«, wenn man selbst stundenlang vor dem Computer säße.

Vertrauten sie allerdings allein auf den Kindermarkt, die Allgäuer Spielzeugmacher hätten kein Auskommen mehr. Die Hälfte ihrer Miniaturen erwerben Sammler, Tendenz: steigend. Gerade ältere Menschen, vor allem Frauen, holen sich mit Hennigs historischen Puppenmöbeln ein Stück ihrer Kindheit, die von Krieg und Not überschattet war, zurück. Für diese – zahlungskräftige – Zielgruppe hat der Spielzeugmacher eine ganze Jugendstilvilla entworfen. Die nachgeholte Jugend, auch die Begeisterung für die in der Tat entzückenden winzigen Möbelstücke, ist vor allem sympathisch und bisweilen rührend. Sie ist aber auch der Ausdruck einer unmerklichen Akzentverschiebung in unserer Gesellschaft: Die (wenigen) Kinder sollen möglichst früh auf das harte Berufsleben vorbereitet werden; die zahlreichen Alten, mit ihren Geld- und Freizeitressourcen, spielen: ob nun mit Puppenstuben, Tretrollern oder Strategiespielkarten. Die einen müssen ganz schnell erwachsen werden. Die anderen sind einem umfassenden Jugendlichkeitskult verfallen.

Diesem mit gewaltigem Werbeaufwand beförderten Trend kann sich kaum ein Kind entziehen. Dementsprechend gilt ein Puppenhaus heute nicht als *cool*, es ist beim besten Willen kein Modeartikel. Das kindliche Nutzeralter sinkt. »Über-Zehnjährige spielen kaum damit«, sagt Erich Huber. Die Eltern sind längst nicht mehr davon überzeugt, daß sich die Welt im Rollenspiel der Puppenstubenbewohner besser begreifen läßt als im *Nintendo*-Labyrinth – oder eben am Lerncomputer. Sie müssen mit frischem Jargon umworben werden. Bei Bodo Hennig hat man für diese Aufgabe einen Marketingmitarbeiter eingestellt, der sehr nett von »Sozialkompetenz« und »Kreativität« spricht – und davon, wie wichtig beides für die spätere Karriere sein könne.

In dem alten Streit um Nützlichkeit und Unterhaltungswert von Spielzeug hat sich – seit in der politisch-ökonomischen Berichterstattung gern mit den Folgen der Globalisierung und den gesellschaftsumwälzenden Wirkungen des Internet gedroht wird – die Waagschale wieder einmal zugunsten der zukunftsorientierten Belehrung geneigt. Es gibt Mausklicktraining für den Kindergarten; sprechende Bären, die Krabbelkindern das Alphabet beibringen; bei Karstadt in Hamburg stehen vierzehn verschiedene Lerncomputer zu Preisen zwischen 150 und 350 Mark bereit. Der Werbung für derartige Produkte haftet ein nötigender Unterton an: Wer will seinen Kindern die Zukunftschancen verbauen, indem er ihnen das falsche Spielzeug kauft? Selbst solchen offenkundig zur Ex-und-hopp-Kategorie zählenden Kreaturen wie den brabbelnden Plüsch-Furbys wird mit dem Etikett »interaktiv« noch eine Art Ausbildungswert angedichtet. Dabei sind die Furbys – und alle ihre plärrenden Kameraden im Geiste – so »interaktiv« wie Bibigirl: Sie können ein vorgefertigtes Standardprogramm abspielen, das Kinder zuverlässig daran hindert, sich selbst etwas auszudenken. Wenn aber Kinder, statt damit spielen zu können, von ihrem Spielzeug in Grund und Boden geredet werden, dann kappt das die Entfaltung ihrer Kreativität. Daran, mehr als an einem Mangel an Lerncomputern, mag es liegen, daß deutschen Kindern jene naturwissenschaftliche Kreativität zu fehlen scheint, die zur Zeit so sehr gesucht ist. Möglicherweise werden sie keine guten Software-Ingenieure, weil sie nicht spielen können. Und sie können nicht spielen, weil der Überfluß an Spielzeug, auch an pseudo-interaktivem Spielzeug, sie paralysiert. Die Technisierung des Spielwarenangebots grübe damit wenigstens partiell genau jener Arbeitsmarktorientierung das Wasser ab, in deren Namen sie auftritt.

»Lernt, was das Zeug hält, so früh und so viel wie möglich, aber ohne uns: So lautet die Botschaft der Großen an die Kleinen und Kleinsten«, schrieb Monika Osberghaus unter dem Eindruck eines Besuchs auf der Nürnberger Spielzeugmesse in der *Frankfurter Allgemeinen Zeitung*. Und schilderte ein Eltern-Ersatzteil, das sie dort gesehen hatte: den *Storyteller* von Ravensburger, ein gelbes Kunststoffbuch, das mit dem elterlichen PC verbunden werden kann. Je nach Programmierung bringt dieses Wesen den

Kindern Lieder oder Vokabeln bei, sagt ihnen, wann es Zeit zum Zähneputzen oder zum Ins-Bett-Gehen ist. Vom *Storyteller* bis zum Schlafschul-Unterricht in Aldous Huxleys *Schöne Neue Welt* ist es nicht mehr weit. Man mag diese Entwicklung seelenlos finden, ein wenig unschön für die Kinder. Ganz neu ist sie nicht: Michael Ende hat in *Momo* schon Kritik daran geübt, als Computer noch »kybernetische Apparate« hießen: »›Heute spielen wir Lochkarten‹, erklärte Paolo, ›das ist sehr nützlich, aber man muß höllisch aufpassen.‹ ›Und wie geht das?‹ ›Jeder von uns stellt eine Lochkarte dar. Jede Lochkarte enthält eine Menge verschiedener Angaben: wie groß, wie alt, wie schwer und so weiter. Aber natürlich nie das, was man wirklich ist, sonst wäre es ja zu einfach. Manchmal sind wir auch nur lange Zahlen, MUX/763/y zum Beispiel. Dann werden wir gemischt und kommen in eine Kartei. Und dann muß einer von uns eine bestimmte Karte herausfinden. Er muß Fragen stellen, und zwar so, daß er alle anderen Karten aussondert und nur die eine zum Schluß übrigbleibt. Wer es am schnellsten kann, hat gewonnen.‹ ›Und das macht Spaß?‹ fragte Momo etwas zweifelnd. ›Darauf kommt es nicht an‹, sagte Maria ängstlich, ›so darf man nicht reden.‹ ›Aber worauf kommt es denn an?‹ wollte Momo wissen. ›Darauf‹, antwortete Paolo, ›daß es nützlich für die Zukunft ist.‹«

Den Druck, den Nützlichkeitsfixierung und Technikgläubigkeit erzeugen, bekommen auch die Großen der Branche zu spüren: zum Beispiel die Traditionsfirma Lego, mit deren bunten Plastikbausteinen Generationen von Kindern groß geworden sind. Als Hersteller von Puppenmöbeln (aus Holzabfällen bei der Produktion von Bügelbrettern) hatte der Familienbetrieb im dänischen Billund nach dem Zweiten Weltkrieg angefangen. Heute operiert das Unternehmen weltweit und ist mit einem Jahresumsatz von rund zweieinhalb Milliarden Mark der drittgrößte unter den Spielzeugriesen. Hundertdreißig Mitarbeiter tüfteln allein in der Entwicklungsabteilung neue Spielzeuge aus. Die Geschichte der Firma war über Jahrzehnte eine Erfolgsgeschichte; erst gegen Ende der neunziger Jahre begann Lego unter der allgemeinen Kinderknappheit, dem immer frühzeitigeren Ausstieg aus der Spielphase und der Konkurrenz durch elektronisches Spielzeug zu leiden.

Unternehmenssprecher unterteilen die eigene Geschichte in vier Phasen, die aber durchaus als paradigmatisch für große Teile des gesamten Spielzeugmarktes gelten dürfen: In den vierziger und fünfziger Jahren dominierten reine Konstruktionsspielzeuge – die typischen Lego-Bausteine (die man heute, selbstredend, nach Farben und Formen sortiert, über das Internet gleich eimerweise bestellen kann). In den sechziger Jahren wurden die Spielsachen mobil: Lego brachte Räder und Zahnräder auf den Markt. Die siebziger und achtziger Jahre waren die große Zeit der Figürchen: Auf den Lego-Baustellen sollte Leben herrschen. Bei Lego nennt man diese Phase gern die Phase des »Geschichtenerzählens« und des »Rollenspiels« – obwohl natürlich die Ritter, Indianer, Marsmännchen und Tankwarte die Kinder auch stärker auf bestimmte Spielverläufe festlegten. In den neunziger Jahren schließlich erhielten die Bausteine ein »Verhalten«: In diese Kategorie gehören die programmierbaren Legosteine der Serie *Mindstorm*.

Auch bei Lego findet man Design-Manager, die auf der aktuellen Didaktisierungswelle schwimmen: von *stealth learning*, einer Art anschleichender, getarnter Belehrung spricht etwa Steven Canvin, der die Vorzüge des Programms *Mindstorm* erläutert. Seit 1999 sind die technisch hochgerüsteten Baukästen mit intelligenten Legosteinen auf dem deutschen Markt. In der realen Welt lassen sich daraus erstaunlich aktionsfähige Roboter bauen, die die schlafende Katze erschrecken oder den Wellensittich automatisch füttern. Ein wenig klingt auch das nach Schulfunk und Technikdrill. Doch die Philosophie, die mitgeliefert wird, ist immerhin plausibel: Lego soll die Kreativität von Kindern fördern, egal ob sie aus roten »Achtern« ein Haus bauen oder ein computergesteuertes Kletterfahrzeug mit Licht- und Wärmesensoren konstruieren.

Zu schwierig darf die Spielidee nicht sein; und sie darf Kinder nicht durch allzu straffe thematische Vorgaben einengen. Ungern erinnert man sich bei Lego an manche komplizierten Rennautobausätze früherer Jahre: Wenn die Montage überhaupt gelang, setzten ihre Besitzer die Endprodukte wie Reliquien ins Regal, um sie nie wieder anzurühren. Das war nicht im Sinne der Erfinder. Von der immer höheren technischen Spezialisierung hat sich Lego wieder verabschiedet. Heute beobachtet Geschäftsführer Mads Nipper drei Trends auf dem hart umkämpften Spielwarenmarkt: Besonders gut verkaufe sich Spielzeug, das eine »starke Geschichte« zur Grundlage habe (wie Harry Potter, für den Lego Lizenzen erworben hat); Spielzeug, das an die kindliche Sammelleidenschaft appelliere wie die Pokémon (mit denen Hasbro allerdings nach dem anfänglichen Fieber einen empfindlichen Einbruch erlebte), oder Spielsachen die mit neuer Technik ausgestattet sind. »Wir setzen Technik aber nie um ihrer selbst willen ein«, sagt Nipper. Für sinnlos piepsende oder blinkende elektronische »Gimmicks« hat er nur Verachtung übrig. »Wir wollen den Kindern die Möglichkeit geben, die virtuelle und die physische Welt intelligent miteinander zu verbinden. Wir geben uns viel Mühe, sie rechtzeitig wieder vom Computer wegzulocken.« Für einen Hersteller von Bausteinen und Figürchen ist diese pädagogisch wünschenswerte Absicht auch ökonomisch lebensnotwendig.

Lego ist die Verbindung von Computer und Bauklotz besonders in einem neuentwickelten Produkt gelungen: den *Lego Studios*. Sie werden zusätzlich womöglich in der Lage sein, nicht nur die virtuelle und die wirkliche Spielwelt in einen Zusammenhang zu bringen, sondern auch zwei Zielgruppen gleichermaßen anzusprechen, die in der Branche heute als inkompatibel gelten: Jungen und Mädchen. Während sich noch in den siebziger Jahren engagierte Eltern fragten, wie man auch die Jungen dazu bewegen könne, mit Puppen zu spielen, und versuchten, die Mädchen zum »Toben« und Indianerspielen anzuhalten, herrscht heute de facto wieder eine Teilung der Spielzeugwelt. Jungen spielen überwiegend mit Action-Figuren, Konstruktionsspielzeug und, mehr als Mädchen, mit Gameboys, Video- und Computerspielen; Mädchen spielen mit Puppen, Puppenstuben, Plüschtieren, Pferdefiguren und bevölkerten Miniaturlandschaften aus Plastik. Beide Zielgruppen benutzen nach wie vor die Lego-Bausteine (nicht aber die Technikbausätze) und Spielsysteme wie »Playmobil«. Die alte Frage danach, ob das Rollenverhalten angeboren oder anerzogen sei, ist für die Konstrukteure bei Lego beantwortet: Mädchen und Jungen seien von Natur aus unterschiedlich, Mädchen bevorzugten das Rollenspiel, Jungen die Konstruktion. Also müsse man ihnen unterschiedliche Spielsachen geben: Einerseits. Andererseits sind auf dem engen Markt die Produkte mit der größten Reichweite am ehesten überlebensfähig.

Wem es gelingt, beide Geschlechter zu erreichen, der hat einen klaren Verkaufsvorteil. Mit den *Lego Studios* mag Lego ein solches Konzept gelungen sein. Auf den ersten Blick setzen sie einfach die Tradition der Themenpakete (Ritter, Indianer) fort. Die Packungen enthalten kleine Regisseure, Kulissen, vollständige Dinosaurier, Dinosaurierteile, Dinosaurierbabys. Mit einer winzigen digitalen Kamera kann diese ganze Pracht gefilmt werden; die Figuren werden wie im Papiertheater an langen Stäben bewegt. Auf dem PC steht eine Software bereit, mit der die Kinder eigene Spielfilme schneiden und vertonen können, in denen ihre Legomännchen die Hauptrolle spielen.

Natürlich ist es ein teures Spielzeug; aber die Preisgestaltung ist typisch für eine weitere Entwicklung in der Spielzeugbranche: die Teilung des Marktes in das intelligente, teure Elektronikspielzeug, mit dem man tatsächlich spielen kann – und den Trash, dessen heimliches Programm auf kurzfristige Bedürfnisbefriedigung und möglichst schnellen Austausch zielt. Auch das tatsächlich intelligente (und nicht bloß blöd grinsende) elektronische Spielzeug wird nur den Kindern wirklich Spaß machen, die schon spielen können. Und um spielen zu lernen, ist nicht Hardware notwendig, sondern Software: Phantasie, Kreativität, ein Repertoire an Stoffen und Geschichten, die Fähigkeit, in die Rolle eines anderen zu schlüpfen. All dies lernt man nicht vor dem Fernseher und nicht vor dem Computer und nicht in Familien, in denen die Erwachsenen nicht mit den Kindern sprechen.

So sind hier, wie überall, die Chancen ungleich verteilt: Manche Elternhäuser bieten die liebevolle, interessierte, humorvolle Atmosphäre, in der es sich spielen läßt – andere nicht. Nur sind es in diesem, weniger vielleicht als in allen anderen Fällen, nicht so sehr die materiellen Ungleichheiten, die einen Nachteil für die Kinder bedeuten. Manches spricht dafür, daß diejenigen, die mit allem überhäuft werden, was der Markt hergibt, eine weniger reiche Erfahrung machen als jene, die auch einmal verzichten müssen. Gewiß gibt es den Markendruck, den Haben-haben-Appell der *peer groups*, des Fernsehens, der Werbung insgesamt. Darunter jedoch werden nur die Kinder wirklich leiden, denen zu Hause auch in geistiger Hinsicht keine Alternative zu dieser alleroberflächlichsten Repräsentation von Status angeboten wird. Bedauerlicherweise fallen solche Faktoren oft zusammen. Das sind dann die Verhältnisse, in denen seelische Leere und das Gefühl, vom Massenkonsum ausgeschlossen zu sein, sich zu einem Ressentiment verdichten, dessen unerfreuliche Auswirkung man auf manchem Schulhof beobachten kann.

Alle Eltern, die sich Gedanken machen, sollten sich vielleicht beim nächsten Griff zur zweihundert Mark teuren Spielzeugschachtel drei einfache Kontrollfragen stellen: Kaufe ich dieses Geschenk, weil ich eigentlich mehr Zeit mit meinem Kind verbringen sollte? Wird es einen Überfluß mehren, der nur im Überdruß des Kindes enden kann? Und: Hätte ich selbst Lust gehabt, damit zu spielen? Das Schöne am Markt, auch am Spielzeugmarkt, ist, daß er (bislang) frei ist: Man darf sich entscheiden, nicht zu kaufen.

11
ALLE MACHT GEHT VOM KINDE AUS?

In ihrem Kampf für Kinderrechte verwirklichen erwachsene Lobbyisten vor allem sich selbst

Die Familien und die Institutionen des Bildungswesens hätten reichlich zu tun, um der heraufziehenden Erziehungskatastrophe Herr zu werden. Dazu bewegen könnte die Akteure vermutlich nur eine umfassende Veränderung des öffentlichen Denkens und Redens über Kindererziehung. So ein Prozeß, der Menschen dazu bringen soll sich anzustrengen, braucht Zeit. Bedroht wird er durch Ersatzthemen, die nur vermeintlich etwas mit dem wirklichen Problem, also: mit der wachsenden Zahl der vernachlässigten und verwahrlosten Kinder zu tun haben. Ein solches Ersatzthema, das vor allem den Interessen einer bestimmten Gruppe von Erwachsenen dient, ist die Durchsetzung der sogenannten »Kinderrechte«. Sie dürfte an der Situation der Kinder in diesem Land wenig ändern. Dafür aber heischen die zuständigen Lobbyisten um so mehr Aufmerksamkeit.

Werbeträger sind dabei natürlich die Kinder selbst; denn wenn Kinder für eine Sache sind, dann ist die Sache gut: Sie stehen ja mit ihrer ganzen Unschuld, ihrer Begeisterung, ihrem strahlenden Lächeln dafür ein. Aus diesem Grund wirbt jede Unternehmung, jede Institution, die Bedarf an moralischer Legitimation hat, gern mit Kindergesichtern – oder, fast besser noch, mit Kinderzeichnungen, an deren Rand in unbeholfener Schrift die Wünsche der Kinder für eine bessere Zukunft notiert sind. So war es zum Beispiel bei der Weltausstellung »Expo 2000« in Hannover. Den Weg zu den Kassen säumten farbige Poster, auf denen von kindlicher Hand eine bessere Welt dargestellt war: ohne Waffen und Autos, ohne Hunger und mit sauberer Luft. Die Ausstellung selbst gab auf die interessante Frage, wie all dies zu bewerkstelligen sei, zwar keine Antwort; und sie war für Kinder eine ausgesprochen langweilige Veranstaltung. Aber die Kinder- und Zukunftszugewandheit ihrer Macher war auf diese Weise ausreichend dokumentiert.

Es ist seltsam: Kinder wählen, wenn sie für sich selbst malen, eigentlich nie Umweltprobleme oder den Hunger in der dritten Welt als Thema – sie bevorzugen Unterwasserbilder oder kleine Tiere, die im Geäst irgendwelcher Bäume leben, oder Blumen, oder Menschen, die irgend etwas Alltägliches tun, oder Ritterburgen, oder Pferde, oder die Monster aus der Fernsehserie, die sie gerade beschäftigt. Soll man Kindern daraus den Vorwurf machen, sie empfänden nicht genug Verantwortung für ihre Zukunft? Kaum. Umsomehr darf man bei den politisch engagierten Zeichnungen von Neunjährigen das Gefühl haben, es handele sich um so etwas wie Auftragsarbeiten.

Dieses Gefühl beschleicht einen auch bei manchem, was heutzutage unter der Überschrift »Kinderrechte« an Veranstaltungen ins Werk gesetzt wird. Äußerst umtriebig in dieser Hinsicht ist bei uns eine sogenannte »National Coalition für die Umsetzung der UN-Kinderrechtskonvention in Deutschland«, in der Verbände der Kinder- und Jugendhilfe mit anderen gesellschaftlichen Organisationen zusammenarbeiten. Die »National Coalition« macht klassische Lobbyarbeit, richtet Vorträge und Diskussionen aus, versucht, Journalisten einzubinden und Einfluß auf Politiker zu nehmen – im Namen der Kinder. Das kann prinzipiell nicht schaden in einer Zeit, in der Kinder zu einer bedrohten Spezies werden und Erwachsene vielleicht besonders leicht bereit sind, über kindliche Interessen hinwegzusehen. Was die Kinderrecht-Lobbyisten allerdings für kinderförderlich halten, ist äußerst diskussionswürdig. Sie sind Beteiligungsfreaks: In ihrer Vorstellungswelt können Kinder nur dann gut aufwachsen, wenn sie zu kommunalpolitischen Entscheidungen gehört werden, möglichst selbst das Wahlrecht erhalten und bei jeder »Kinderrechtsverletzung« einen Ombudsmann anrufen dürfen.

Dieses Programm soll Kinder zu politischen Subjekten machen. Und in der Rhetorik der »National Coalition« klingt es stets ein wenig so, als sei die mangelhafte Einbeziehung von Kindern in die Spielplatzplanung hierzulande vergleichbar mit Kinderrechtsverletzungen in der Dritten Welt: mit Hunger, Armut, Analphabetismus und der Rekrutierung von Kindersoldaten. Das ist auch das Grundproblem der UN-Kinderrechtskonvention: Sie setzt Unvergleichbares gleich. In den Entwicklungsländern fehlen aus vielfältigen Gründen die elementaren politischen und materiellen Voraussetzungen für die Einhaltung der Menschenrechte – UN-Konventionen haben dort den Charakter von utopischer Literatur. In Deutschland aber wird etwa das Recht jedes Kindes, Lesen und Schreiben zu lernen (Artikel 28) eher vom Dauerfernsehen zu Hause untergraben als durch irgendein staatliches Versäumnis, gegen das der Kinderbeauftragte in Stellung gebracht werden müßte (es sei denn, er hätte die Macht, das Privatfernsehen abzuschaffen).

Die »National Coalition« und manche anderen Akteure in der kinderpolitischen Fachszene – das können Vorsitzende eines Landesjugendringes sein, AWO-Funktionäre, Mitarbeiter des Kinderschutzbundes – haben sich, als Erwachsene, ein Bild von den Bedürfnissen der Kinder gemacht, das sie nie mehr auf seinen Projektionsanteil überprüfen. Als beispielhaft für diese Haltung kann eine Veranstaltung zur Feier des zehnjährigen Bestehens der UN-Kinderrechtskonvention gelten, zu der die »National Coalition« nach Berlin eingeladen hatte. Die Bundesfamilienministerin, Verbändevertreter, Wissenschaftler und Journalisten sollten dort, so sah es der Versuchsaufbau vor, miteinander über die Situation von Kindern in der Bundesrepublik diskutieren – und, so hofften offenbar die Gastgeber, vor allem über die Verbesserungen sprechen, die diese Situation durch die Ratifizierung der UN-Konvention erfahren habe. Man kann über den Sinn solcher Diskussionsrunden, in denen sich am liebsten alle einig sein sollen, ohnehin streiten. Auf jeden Fall war das Thema abstrakt, trocken, wenig anschaulich – und ganz bestimmt nicht geeignet, die Aufmerksamkeit eines Kinderpublikums zu fesseln. Das ist auch vollkommen in Ordnung: Erwachsene tragen die Verantwortung für das Aufwachsen der Kinder, und selbstverständlich dürfen sie sich – unter ihresgleichen – mit allem beschäftigen, was in diesem Zusammenhang von Bedeutung ist.

Die Veranstalter empfanden aber wohl doch, es fehle ihrem Festakt an etwas; und so hatte man mit einiger Mühe ein paar Kinder organisiert, die nun zu Ehren der Kinderrechtskonvention einen sehr langweiligen Vormittag im Roten Rathaus verbringen durften. Es gibt Schlimmeres; immerhin war zu ihrer Unterhaltung ein gripstheaterartiger Pantomime angeheuert worden, der freilich den hundertfünfzig versammelten Erwachsenen noch mehr Freude zu bereiten schien als den Kindern. Das Podium erweiterten die Organisatoren kurzfristig um eine zusätzliche Teilnehmerin, ein etwa zwölfjähriges bosnisches Flüchtlingsmädchen, das die Kinderrechte-Arbeitsgruppe irgendeines Jugendverbandes vertrat. Und nun zeigte sich, was eigentlich niemanden überraschen konnte: In dieser Konstellation ließ es sich nicht vernünftig diskutieren. Die erwachsenen Fachleute fühlten sich verpflichtet (und auch berechtigt), ihre für den Dialog mit Erwachsenen bestimmten Erkenntnisse und Meinungen vorzutragen. Die Zwölfjährige konnte damit erkennbar wenig anfangen. Schon nach kurzer Zeit sprang eine Frau im Publikum auf und rief erregt, es sei doch ungeheuerlich, wie hier an den Kindern vorbeigeredet werde. Aber eine Veranstaltung *für* Kinder ist etwas anderes als eine Diskussion *über* sie: Ein Erwachsener nimmt unterschiedliche Rollen ein, wenn er Kindern etwas erklärt oder sich mit Kollegen auseinandersetzt. Das Mädchen schließlich, dem die Rolle des ideellen Gesamtkindes zugefallen war, forderte, das in der UN-Konvention festgeschriebene Recht auf Bildung müsse für alle, auch für sie als Flüchtling, gelten. Da wurde es der Familienministerin zu dumm: Sie beugte sich zu dem Kind hinüber und fragte freundlich und bestimmt: »Aber du gehst doch hier zur Schule – oder nicht?« Das Mädchen nickte. Wer aber hatte es die Recht-auf-Bildung-Forderung auswendig lernen lassen?

Es ist schwer zu verstehen, daß gerade kinderpolitisch engagierte Erwachsene nicht merken, wenn sie Kinder überfordern – und sie damit zu Instrumenten für ihre, der Erwachsenen, Anliegen machen. Im Fall der netten Kinderrechtler mag das nur gutwillige Naivität sein – aber immer hat es auch Versuche von interessierter Seite gegeben, Kinder für politische Zwecke einzuspannen, die ganz und gar nicht im Interesse dieser Kinder lagen. Es ist kein Zufall, daß sich totalitäre Regime um die Jugend bemühen, die die Zukunft bedeutet; und es ist kein Geheimnis, daß Kinder über große Begeisterungsfähigkeit verfügen, ohne schon die Urteilskraft zu besitzen, die sie befähigen würde, die ihnen untergeschobenen Zwecke selbst zu bewerten.

Nicht umsonst zeigten Aktivisten der Friedensbewegung in den siebziger und frühen achtziger Jahren Elf- und Zwölfjährigen Filme über die verheerende Wirkung von Atombomben. Man konnte gewiß sein, daß die Kinder sofort Friedensgruppen würden gründen wollen. Niemand in diesem Alter ist in der Lage, sich der ungeheuren Suggestivkraft derartiger Bilder zu entziehen. Aber kann man mit zwölf Jahren wirklich schon den Nato-Doppelbeschluß beurteilen? Vermutlich nicht. Man kann sich nur fürchten und ein hoffnungsloses Bild von der Zukunft bekommen.

Mehr Spaß hatten da schon die achtjährigen »Falken«, die irgendwann in den achtziger Jahren Helmut Kohl bei einem Wahlkampfauftritt auf der Nordseeinsel Föhr niederbrüllten. Sie hielten dort ein Sommerlager, und ihre Betreuer waren zweifelsohne der Auffassung, die Kinder in deren eigenem wohlverstandenen Interesse gegen den Klassenfeind instruiert zu haben. Unwahrscheinlich ist es hingegen, daß die Achtjährigen von selbst das spontane Bedürfnis empfanden, Kritik am damaligen Bundeskanzler auszudrücken. Kinderrecht auf politische Meinungsäußerung? Oder Indoktrination?

Die Umweltschutzorganisation Greenpeace hatte kurz nach dem Umzug des Bundestages nach Berlin eine Kindergruppe zum Abgeordneteneingang des Reichstags mobilisiert. Die Kinder forderten die Abgeordneten auf, ihre Hände mit blauer Farbe einzustreichen und sie auf ein Plakat zu drücken – eine Aktion gegen den Walfang. Wer will schon gerne Kinder enttäuschen? Und wer möchte unmotiviert zu einer Stellungnahme *für* den Walfang gezwungen werden? Viele Abgeordnete spielten mit. Aber wieder bleibt fraglich, wie hoch der kindliche Eigenanteil bei dem Projekt war, und ob es wirklich der Emanzipation der kleinen politischen Subjekte gedient hat.

Besonders anrührend hat der Schriftsteller Rainer Kunze in seinem 1976 im Westen erschienenen Buch *Die wunderbaren Jahre* die politische Geiselnahme eines totalitären Regimes an Kindern beschrieben. Vielleicht können seine Beobachtungen heute noch Vorsicht lehren, wenn es um allzuviel »Beteiligung« von Kindern an der Erwachsenenwelt geht: Es gibt auch Dinge, an denen *unbeteiligt* zu sein Kinder geradezu ein Recht haben. »Ich bin in den Gruppenrat gewählt worden«, sagt ein Elfjähriger in einer von Kunzes Erzählungen. »Der Junge spießt Schinkenwürfel auf die Gabel. Der Mann, der das Essen für ihn bestellt hat, schweigt. ›Ich bin verantwortlich für sozialistische Wehrerziehung‹, sagt der Junge. ›Wofür?‹ ›Für sozialistische Wehrerziehung.‹ Er saugt Makkaroni von der Unterlippe. ›Und was mußt du da tun?‹ ›Ich bereite Manöver vor und so weiter.‹«

In DDR-Propagandafilmen aus dieser Zeit kann man sehen, wie das Regime sich Themen annäherte, die heute auch unter Kinderrecht-Lobbyisten beliebt sind: Die Leipziger Pioniere zum Beispiel hatten sich einmal »spontan« ihre eigenen Wahlzettel gebastelt, weil sie so gern an der Volkskammerwahl teilnehmen wollten – was Kindern leider, leider noch nicht erlaubt war. Aus dem Kinospot spricht das Selbstbewußtsein des Systems: Die Wahlbeteiligung von Kindern hätte die realsozialistischen Einheitswahlergebnisse auf über hundert Prozent verbessern können.

Heute sind, vom Umweltschutz vielleicht einmal abgesehen, die eindeutigen politischen Indoktrinationsziele wie Sozialismus, einseitige Abrüstung oder Weg-mit-Kohl auf dem Rückzug. Das Augenmerk der Kinderrechtler richtet sich mehr und mehr auf formale Verfahren, zum Beispiel auf das Wahlrecht. Auch hier begegnet uns wieder die aberwitzige Fiktion, Kinder (es gibt ernsthafte Forderungen nach einer Senkung des Wahlalters auf zwölf Jahre) oder auch Jugendliche seien aus sich selbst heraus umfassend urteilsfähig, man müsse sie nur machen lassen. Natürlich haben Kinder ein Bild von Politik: In der Regel wird es dem ähneln, das ihre Eltern sich machen; ergänzt vielleicht um den Einfluß der jeweils im Elternhaus genutzten Medien vom *Spiegel* bis zu *RTL explosiv*. Die Wahlentscheidung eines Kindes wäre eine mittelbare Elternentscheidung – oder reine Willkür, was sich im Interesse der Demokratie niemand wünschen kann.

In dieser Forderung steckt ein eigenartiges Abwälzen von Verantwortung auf jene, die sie noch gar nicht tragen können. Es bleibt nun einmal die Pflicht der Eltern, vernünftige Wahlentscheidungen zu treffen, die auch im Interesse (und zwar im langfristigen Interesse) ihrer Kinder liegen. Kinder wissen nicht selbst am besten, was gut für sie sein wird: Eltern zu sein bedeutet, es vorauszuahnen und dementsprechend zu handeln. Diese Verantwortung ist in jeder Hinsicht zurechenbar – man kann dabei fehlgehen, sei es erzieherisch, politisch oder indem man seine Familie in Armut stürzt. Gegen dieses Risiko gibt es keine Versicherung. Erwachsene müssen es auf sich nehmen, wenn sie Eltern werden.

Das Durchreichen der Verantwortung auf die Kinderebene hat eine fatale symbolische Wirkung: Zur Überforderung der Kinder gesellt sich der Eindruck, demokratische Rechte seien etwas Billiges, Voraussetzungsloses; etwas, wofür man nicht lernen, arbeiten, sich bemühen oder das man verdienen müßte. Es ist ja nicht so, daß es an den Schulen der Bundesrepublik eine vehemente Bewegung für die Senkung des Wahlalters gäbe; überall dort, wo die Sechzehnjährigen sich an Kommunalwahlen beteiligen dürfen, machen sie von diesem Recht nur sehr eingeschränkt Gebrauch (und senken auf diese Weise die allgemeine Wahlbeteiligung). Wem Demokratie hinterhergeworfen wird, der lernt sie nicht schätzen, sondern empfindet sie als Belästigung. In den für sie existierenden und altersangemessenen Gremien wie etwa der Schülervertretung engagiert sich ein gewisser Anteil von Schülern nach wie vor gern – nicht alle leben allein den Zielen der Egogesellschaft. Aber die Gegenstände, mit denen sich die Schülervertreter heute befassen, sind meist sehr konkret und auf die Schule bezogen: die nächste Fete, die Einrichtung einer Oberstufen-Cafeteria, die Gestaltung des Schulhofs, ein Sponsor für den nötigen Toilettenanstrich. Und eigentlich spricht auch nichts dafür, daß die Inhalte »politischer« sein müßten. Es reicht aus, wenn Jugendliche sich zunächst mit der Organisation ihres Nahumfeldes befassen.

In der Kinderrechte-Debatte droht permanent die Verwechslung von Politik *für* Kinder und Politik *durch* Kinder. Kinder haben objektive Interessen: Gute Schulen, ausreichende Spielmöglichkeiten und ein anregendes und freundliches Elternhaus gehören dazu. Es ist aber die Aufgabe der Erwachsenen, diese Dinge bereitzustellen; und die Planungsschritte, die für das Ziel »gute Schulen« notwendig sind, brauchen Kinder nicht im einzelnen zu interessieren. Der Kinder- und Jugendhilfeausschuß ist das lokale Gremium, in dem die Aufgaben der Jugendhilfe koordiniert werden; aber er ist kein Diskussionsforum für Kinder, sondern eine Spezialistenrunde.

Da man selbst in der Szene der Kinderrecht-Lobbyisten die noch eingeschränkte Übersichtsfähigkeit von Kindern nicht ganz leugnen kann, zielt eine beliebte Forderung auf die Einsetzung von erwachsenen Kinderbeauftragten: auf kommunaler und auf Landesebene, aber auch bei der Bundesregierung. Es mag sein, daß solche Beauftragten langfristig nötig werden. Lieber würde man annehmen (und dafür werben), daß verantwortungsvolle Erwachsene eine Politik machen, in der Kinder ohnehin vorkommen. Wenig hilfreich wäre es, wenn sich, wie man es bei den staatlichen Frauenbeauftragten beobachten konnte, auch unter den Kindervertretern ein spezifisches *In-group*-Verhalten etablierte, das nur ganz bestimmte kinderpolitische Auffassungen gelten läßt. Wer dann nicht für das Wahlalter zwölf wäre, oder Kinderparlamente nicht für kollossal lehrreich hielte, hätte schlechte Chancen, seine Argumente in den offiziellen »kinderpolitischen« Diskurs einzuspeisen.

Der Kinderrechtsbewegung haftet etwas diffus Antirepräsentatives an, ein Affekt, den man auch bei vielen Verfechtern der gerade ganz neu erfundenen sogenannten »Zivilgesellschaft« beobachten kann. Beide mißtrauen dem Staat und der legitimierten, mittelbaren Interessenvertretung, und rümpfen die Nase über demokratietragende Institutionen wie Parteien, Gewerkschaften oder Vereine. Beide suchen nach dem Authentischen, Direkten: die einen nach dem (möglichst in »Netzwerken«) sich selbst organisierenden Bürger, die anderen nach der Wahrhaftigkeit, die sie sich von kindergestalteter Politik versprechen. Die zuständige Verbändeöffentlichkeit sieht sich durch dieses Meinungsklima unter Druck und bequemt sich dem Individualisierungsgerede an; auch Organisationen, die auf langfristige, zuverlässige Mitarbeit ihrer Mitglieder angewiesen sind – das gilt für den Kirchenchor ebenso wie für die Rettungsschwimmer –, lassen sich durch die penetrant verkündete Botschaft verunsichern, Jugendliche wollten nur »kurzfristige Projekte«. In der Wirklichkeit spricht nichts dafür: Es mag einfach die mangelnde Qualität sein, die manches langfristige Angebot fade erscheinen läßt. Das ist vielleicht ein Anlaß, einen besseren Schwimmtrainer einzustellen, kein Grund, den Schwimmverein zu schließen, damit die Kinder selbstorganisiert in ein kommerzielles Spaßbad gehen (falls ihre Eltern den Eintritt bezahlen können).

Überhaupt sind womöglich die Sportvereine, die Jugendfeuerwehren, die Spielmannszüge, die Pfadfinder und selbst die Jugendorganisationen der Parteien »kinderpolitisch« weit effektivere Einheiten als die entrückten Veranstaltungen sämtlicher *Campaigner* der UN-Kinderrechtskonvention. Das mag damit zusammenhängen, daß sich dort, in der unspektakulären, nicht-virtuellen, ganz und gar un-schicken Zivilgesellschaft, die schon existiert hat, bevor der Begriff bei uns zum politikfeindlichen Modewort wurde, Menschen, Erwachsene, finden, die wirklich etwas für Kinder tun wollen: ihnen *wirklich* Tischtennis beibringen, oder Fußball, oder Wasserrettung. Häufig erledigen diese Trainer ganz nebenbei auch soziale oder erzieherische Probleme mit; fragen nach, warum es in der Schule nicht klappt, oder sprechen mit allzu strengen, nachlässigen oder chaotischen Eltern. Gewiß sind auch die Sportvereine in den vergangenen Jahren von Mitgliederschwund betroffen gewesen. Aber das liegt mindestens ebensosehr an der allgemeinen gesellschaftlichen Stimmung, die zur Bindungslosigkeit drängt, wie an etwaigen Defiziten in ihren Programmen.

Bedauerlicherweise sehen die traditionellen Organisationen nicht immer selbst, was für ein wertvolles Angebot sie machen: Die DLRG etwa, mit mehr als 100.000 jugendlichen Mitgliedern einer der größten Jugendverbände in Deutschland, könnte mit ihrer attraktiven Jugend- und Freizeitarbeit hochzufrieden sein. Wachdienst an deutschen Stränden während der Sommermonate hat offensichtlich ein so erfreuliches *Baywatch*-Image, daß man den Rettungsschwimmern nicht hinterherlaufen muß, um sie zu derartigen Einsätzen zu bewegen. Doch was tun die Delegierten einer DLRG-Bundesjugendkonferenz? Sie suchen nach einem Ersatz-Zweck, fragen sich in quälenden Debatten, ob ihr Verband nicht politischer werden müsse. Dabei ist er politisch für Kinder und Jugendliche durchaus wirksam: Er verbessert ihre Lebensbedingungen durch ein attraktives Freizeitangebot und stabilisiert durchaus den einen oder anderen schwierigen Lebenslauf. Ob die politische Betätigung *von* jugendlichen Rettungsschwimmern in ihrer Funktion *als* Rettungsschwimmer besonders nützlich wäre, ist hingegen fraglich; wenn sie sich nunmehr als Jugendliche für Politik engagieren wollten, spräche nichts dagegen, dies in der Jugendorganisation einer Partei zu tun.

Doch das schon Bestehende steht heute leicht unter dem Verdacht, nicht schnell, nicht schick, nicht modern genug zu sein, ganz egal, ob es seinen Zweck erfüllt oder nicht. Die Gesellschaft, die diese Fixierung auf vermeintlichen Fortschritt mitmacht oder klaglos erträgt, kappt sich selbst die Voraussetzung für ein halbwegs reibungsloses Miteinander. Beobachten läßt sich das im Fall des zunehmenden Rechtsextremismus: noch kein Kinder-, in einigen Gegenden Deutschlands aber ein massives Jugendproblem. Es ist mehr als fraglich, wie *politisch* die gewalttätigen Aktionen der Glatzen gegen Ausländer, Behinderte, Obdachlose oder einfach zum falschen Zeitpunkt spazierengehende Bürger sind. Jedenfalls muß die Gesellschaft ein Interesse daran haben, sie abzustellen. Statt nun aber alle Bemühungen auf eine breite, grundsätzliche und langfristige politische Bildung zu richten (und die Familienverhältnisse in den einschlägigen Milieus unter die Lupe zu nehmen), wird hektisch und aufgeregt in jedwede »antifaschistische« oder »antirassistische« Initiative investiert, die gerade des Weges kommt. Diese Initiativen mögen voll des guten Willens sein, aber ihre Handlungskonzepte sind häufig so eng, daß sie der gesellschaftlichen Breite und Tiefe des Problems »Skinheadbanden« ganz und gar nicht gerecht werden.

Sieht man sich hingegen die klassischen Instrumente politischer Bildung an, die Stiftungen, die Bundes- und Landeszentralen für politische Bildung, den Ring politischer Jugend, die politische Bildung im Rahmen des Kinder- und Jugendplans, dann muß man feststellen, daß all diese Programme in den vergangenen Jahren deutliche Mittelkürzungen haben hinnehmen müssen. Dabei sind dies die Einrichtungen und Organisationen, die entweder Multiplikatoren (zum Beispiel Lehrern) oder den Jugendlichen selbst direkte Möglichkeiten eröffnen, etwas über das politische System zu lernen. Gute alte Aufklärungsarbeit also, die vielleicht nicht ganz überflüssig ist, um den rechtsextremistisch aufgemachten Umtrieben zu begegnen.

Um an ihre Wirksamkeit zu glauben, muß man sich freilich sicher sein, daß es überhaupt möglich, darüber hinaus auch sinnvoll und notwendig ist, Kindern und Jugendlichen zunächst etwas über Politik beizubringen, bevor sie selbst agieren können. Wie voraussetzungsloses Agieren aussehen kann, machen besagte Schlägerbanden aufs Bestürzendste deutlich. Weder antifaschistische Aktionsbündnisse noch lose spontane Schülernetzwerke werden den Skinheads wirklich etwas entgegensetzen können. Um dieses Phänomen von Jugendverwahrlosung in den Griff zu bekommen, bedarf es einer radikal empirisch orientierten Politik für Kinder, die die desolaten Verhältnisse, das gefährliche Gemisch aus Gleichgültigkeit, Erziehungsunfähigkeit, Vernachlässigung, Fernsehwahnsinn und fehlenden Perspektiven zur Kenntnis nimmt und Schritt für Schritt auf Abhilfe sinnt. Mit Beteiligungsrechten ist das Schicksal dieser Kinder und Jugendlichen (die später zu einem schrecklichen Schicksal für andere werden) nicht zu ändern.

Die Debatte um Kinderrechte und eine größere politische Beteiligung von Kindern in Deutschland ist gut gemeint, und vermutlich schadet sie kaum einem Kind. Sie hat aber zwei problematische Nebeneffekte. Erstens unterstützt und verstärkt sie den Trend, Verantwortung für zentrale Lebensentscheidungen von den Erwachsenen auf die Kinder abzuwälzen. Das geschieht im Namen eines vermeintlichen Selbstbestimmungsrechts der Kinder, welches diese in Wahrheit noch gar nicht ausfüllen können. Um mündige Erwachsene zu werden, sind Kinder darauf angewiesen, daß ihre Eltern viele Entscheidungen – von der abendlichen Schlafenszeit bis zur Auswahl der weiterführenden Schule – für sie treffen. Die Bequemlichkeit vieler Eltern, die kurzfristig lästige, aber langfristig wichtige Auseinandersetzungen mit ihren Kindern scheuen, erfährt durch die Kinderrechtsbewegung eine Teillegitimation: bloß nicht bevormunden. Zweitens lenkt die Debatte die öffentliche Aufmerksamkeit in eine falsche Richtung: Nicht daß Kinder *selbst* zu wenig entscheiden dürfen, sondern daß vieles, was sie selbst noch nicht übersehen, von Erwachsenen nicht in ihrem Interesse entschieden wird, ist das Problem.

Nicht das Wahlrecht mit zwölf Jahren fehlt, sondern die Eltern, die ihrem Kind überhaupt erst beibringen, wie man eine Zeitung liest. Nicht die Beteiligung an der Spielplatzplanung, sondern die elementare Zuwendung in der Familie, die einem Kind Sicherheit, Geborgenheit und Selbstvertrauen gibt. Nicht Kinderbeauftragte sind dringend nötig, sondern genug Lehrer, damit alle Kinder Lesen und Schreiben lernen. Davon darf die Scheinpolitik der Kinderrechtsbewegung nicht ablenken.

12

DIE KINDERLOSE GESELLSCHAFT

Kind-Erwachsene sind sich selbst genug

Der größte Teil dieses Buches ist Fehlern gewidmet, die Eltern und staatliche Institutionen bei der Erziehung von Kindern machen. In gewisser Weise ist das eine einseitige und ungerechte Perspektive: Denn immerhin *haben* die hier kritisierten Eltern ja Kinder. Die schleichende Erziehungskatastrophe ist nur das eine langfristige Problem unserer Gesellschaft. Das andere, möglicherweise größere, besteht darin, daß überhaupt zu wenig Kinder geboren werden. Die »Nettoreproduktionsrate« in Deutschland (also der Umfang, in dem eine Frauengeneration durch die von ihr geborenen Töchter ersetzt wird) ist so niedrig, daß die Bevölkerungszahl auf lange Sicht um ein Drittel abnehmen wird. Die Republik wird kleiner und älter. Was dies für die sozialen Sicherungssysteme bedeutet, wird mittlerweile in allen Talkshows diskutiert, hat also zumindest Eingang in das öffentliche Bewußtsein gefunden.

Die Entwicklung der Bevölkerungszahl ist aber (wenn überhaupt) ein höchst abstraktes, allgemeines Argument für Fortpflanzung. Niemand wird sich in seiner konkreten, persönlichen Entscheidung für oder gegen Kinder darum scheren. Diese Entscheidung wird heute vor allem von zwei Erwägungen beeinflusst: von der Ich-ich-ich-Frage nach den möglichen Einschränkungen der persönlichen Freiheit – und der Angst, im flexiblen Kapitalismus mit Kindern nicht flexibel genug sein zu können. So gesehen ist die absichtliche Kinderlosigkeit die radikalste Konsequenz aus jenem Ideologiegemisch, das auch die Erziehungskatastrophe vorantreibt.

Die rückläufigen Kinderzahlen führen ironischerweise zu einer Infantilisierung der Gesellschaft. Es gibt keinen radikaleren Rollenwechsel als den vom Jugendlichen (und Kind sorgender Eltern) zum Elternteil mit eigenem Kind, keine deutlichere Markierung für Erwachsenheit. Immer weniger Erwachsene aber machen diese Erfahrung. Sie erleben nie, was es heißt, für jemanden verantwortlich zu sein, der existentiell darauf angewiesen ist. Keine Beziehung zu einem anderen Erwachsenen kann dieses besondere Eltern-Kind-Verhältnis simulieren. Die Verantwortung für ein Kind ist, wenn es gut geht, der entscheidende Schritt zur reifen Persönlichkeit der Eltern. Diese Reife nur durch Einfühlung und intellektuelles Verständnis zu erlangen, mag möglich sein, ist aber gewiß sehr schwer.

Die Kinderlosen von heute streben meist auch gar nicht nach dieser kinderlosen Erwachsenheit. Im Gegenteil, die gewollte Kinderlosigkeit soll ihnen ja gerade die Privilegien der Jugend sichern: Spontaneität, Zeit für sie selbst, berufliche Belastbarkeit, freie Beziehungswahl, Freiheit von Rücksichten – und das alles nicht auf Taschengeldniveau, sondern bei einem komfortablen Einkommen.

Auf diese Single-Einkommen richtet sich der kommerziell motivierte Jugendkult. Wer jung, schön, schlank, aufregend und erfolgreich sein will, muß junge, schöne, aufregende Mode tragen, muß verreisen, teure Möbel kaufen und extravagant essen gehen; er muß auf die Botschaft »neu« positiv reagieren und bereit sein, seinen Lifestyle ständig an die aktuelle Strömung anzupassen. All das ist ein wenig kindisch, oberflächlich, äußerlich. Aber der Haben-haben-haben-Reflex solcher Erwachsener wird ja nicht durch existentiellere Fragestellungen kontrolliert. Daß diese »Kind-Erwachsenen« in einer nicht zuletzt durch den Einfluß der Massenmedien nivellierten Gesellschaft auf Roller steigen oder sich Comic-Programme im Fernsehen anschauen, kann nicht überraschen. Es sind nur äußere Symptome einer weiterreichenden inneren Unreife.

»Jugend« hat ihren Status als Durchgangsstadium verloren und ist zu einem Selbstzweck geworden. Ihre Jugendlichkeit möglichst lange zu erhalten, ist das Ziel derjenigen, die heute erwachsen sein sollten. (Auch darin waren die Achtundsechziger, bis hin zum späten Kinderglück der fünfzigjährigen Lafontaines, vorbildlich.) Jugendliche aber interessieren sich notorisch wenig für Kinder – Kindheit ist eine Phase, die sie tendentiell verachten, eben weil sie ihr gerade erst entwachsen sind. Eigene Kinder wollen sie selbstverständlich noch nicht haben, und das ist völlig richtig so.

Was aber, wenn sich eine ganze Gesellschaft den geistigen Zuschnitt der Dauer-Jugendlichkeit zu eigen macht? Jugend als Dasein der »höchsten vitalen Leistungsfähigkeit und des erotischen Lebensjubels«, schreibt Karl Jaspers, werde zum erwünschten Typus des Lebens überhaupt. »Wo der Mensch nur als Funktion gilt, muß er jung sein; wenn er es nicht ist, wird er den Schein der Jugend herstellen. Dazu kommt, daß das Lebensalter schon ursprünglich nichts mehr gilt; das Leben des einzelnen wird nur augenblicklich erfahren, seine zeitliche Erstreckung ist eine zufällige Dauer, wird nicht als Aufbau unwiderruflicher Entscheidungen auf dem Grunde biologischer Phasen erinnert und bewahrt. Hat der Mensch kein Lebensalter mehr, dann fängt er stets von vorn an und ist stets am Ende: Er kann dies tun und auch das, und einmal dies, ein andermal jenes; alles scheint jederzeit möglich zu sein, nichts eigentlich wirklich. Der einzelne ist ein Fall von Millionen, warum sollte er seinem Tun Gewicht geben? Was geschieht, das ist bald geschehen und bald vergessen. Man benimmt sich daher, als ob alles gleich alt sei.«

Kinder würden in dieser Welt der nivellierten Lebensalter überfordert, Alte nicht mehr respektiert; freilich begäben die sich auch des Anspruchs auf Respekt, wenn sie, würdelos, nach künstlicher Jugendlichkeit strebten, schreibt Jaspers. Der Jugendkult hat seine eine Quelle in den kommerziellen Interessen der Trendgewinnler; seine andere ist die allgemeine Verunsicherung darüber, was eigentlich verbindliche Werte und Ziele einer Gesellschaft von reifen Erwachsenen heute noch sein könnten: »In der Auflösung aber gewinnt Jugend Wert an sich selbst. Von ihr wird geradezu erwartet, was in der Welt schon verloren ist. Sie darf sich als Ursprung fühlen (...). Es ist, als ob an die Jugend der Anspruch gehe, von sich aus zu schaffen, was die Lehrer nicht mehr besitzen. Wie die Staatsschulden kommenden Generationen aufgebürdet werden, so die Folgen der Vergeudung geistigen Gutes, das sie sich von neuem erwerben sollen.«

Aldous Huxleys *Schöne neue Welt* ist das Modell einer extremen Konsumgesellschaft, die einem hier staatlich verordneten Jugendkult huldigt. Die Kind-Erwachsenen in dem Roman aus dem Jahr 1932 kommen dem heutigen Leser nicht so fremd vor, wie es vielleicht angenehm wäre. In der Huxleyschen Welt gibt es noch echte Kinder – allerdings haben sie keine individuellen Eltern mehr. Babys werden aus Flaschen »entkorkt« und kollektiv aufgezogen. Weil den Erwachsenen in dieser Welt die Elternschaft als Schlußstein ihrer Persönlichkeitsentwicklung fehlt, passen sie sich um so bereitwilliger in das hintergründig-totalitäre Gesellschaftssystem ein. Mit unauffälliger Manipulation und sanftem Zwang wird sichergestellt, daß die Menschen innerlich bindungslos bleiben und in ständigem Konsum ihren Lebenszweck sehen.

Intimität ist praktisch abgeschafft, Sexualität wird quasi-öffentlich betrieben und darf auf keinen Fall zu stabilen Beziehungen führen. Triebaufschub, Verzicht und quälende Sinnsuche sind überflüssig geworden; Drogen und »Fühlkinos« stehen allenthalben zur Verfügung, um jeden spontanen Unlustanfall aufzufangen. Schon die Kinder werden zu sexuellen Spielen gedrängt, die Tabus, die klassischerweise auf Sexualität und Tod lagen, sind aufgehoben. Natürlich führt diese Entwicklung, parallel zu den neuen Annehmlichkeiten, auch zu einer gewissen Unmenschlichkeit: Alte Menschen etwa werden planmäßig und freundlich eingeschläfert. Außenseiter werden unter Druck gesetzt. Kinder trimmt man mit Elektroschocks und »Schlafschulunterricht« auf Bedürfnisse, die ihrer künftigen sozialen Kaste angemessen sind. Sogar Intelligenz und Körperbau werden vor der Geburt zugeteilt: Einige Embryos erhalten in ihren Brutflaschen mehr, die anderen weniger Sauerstoff.

Die Menschheit befindet sich in einer Art Dämmerzustand, eingelullt in einen schönen Tagtraum. Der, wenn er fadenscheinig zu werden droht, jederzeit mit Sex, Drogen und neuen Kleidern renoviert werden kann.

Nur frei sind diese Menschen nicht, nicht erwachsen, nicht mündig und nicht verantwortlich; vielleicht durch Zurichtung friedlich, aber nicht aus eigener Entscheidung heraus gut. Wenn ihnen die regelmäßige Befriedigung ihrer Triebe durch ein Mißgeschick versagt wird, dann werden sie zu kleinen, jammernden Kindern.

So weit sind wir noch nicht; aber man kann schwerlich behaupten, daß unsere Gesellschaft einen ganz gegenteiligen Weg einschlüge. Die verbreitete Kinderlosigkeit befördert manche Tendenzen, die in die Richtung der schönen neuen Welt weisen.

Indem die Gesellschaft sich den Bedürfnissen der Kind-Erwachsenen anbequemt, bereitet sie freilich einen unmittelbaren Übergang von der Infantilität in die Senilität vor: Für echte Kinder, und damit für echte Zukunft, bleibt in ihr kein Platz. Bewußt oder unbewußt, schrieb Konrad Adam einmal in der *Frankfurter Allgemeinen Zeitung*, werde bei uns für ein seniles Land geworben; ein Land »in dem die Rentner die Rentner bezahlen, die Alten für die Alten sorgen, Senioren die Senioren waschen und irgendwann die Toten die Toten begraben.«

Es ist leider gegen diesen Trend kaum etwas zu tun. Solange die eine, die kinderlose Alternative, die deutlich bequemere Variante des Lebens verheißt, werden sich die Menschen in diesen Zeiten für sie entscheiden. Weder mit Familien- noch mit sogenannter Bevölkerungspolitik kann man Leute zur Elternschaft locken oder zwingen. Man kann ihnen nur prophezeien, daß in dreißig Jahren jeder

Ruf nach »der Politik«, die nun bitte die Unannehmlichkeiten der Altenrepublik abstellen möge, vergeblich sein wird. Und in ihrem Interesse hoffen, daß diejenigen, die trotz allem Kinder bekamen, die Kraft aufgebracht haben, diese Kinder zu zivilisierten Mitmenschen zu erziehen.